KB022913

工夫 ---- 共扶

공부 공부

엄기호 지음

자기를 돌보는 방법을 어떻게 배울 것인가

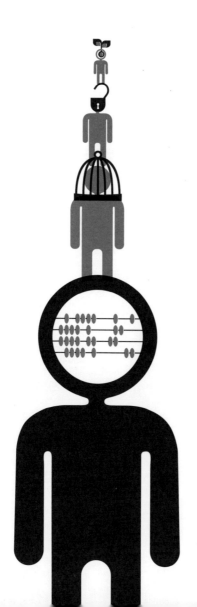

따비

오랫동안 공부는 해서 무엇하고 글은 써서 무엇하며 강의는 해서 무엇하나 하는 무기력에 빠져 있었다. 아무나 아무 말이나 아무렇게나 해도 부끄러워하지 않는 시대였다. 나만 그런 것은 아니었다. 가르치는 일을 업으로 삼은 많은 사람이 괴로워했다. 말이 개똥보다 못한 것이 된 시대에 말로 먹고사는 것의 괴로움을 이기기 힘들어했다.

이 시간을 버틸 수 있었던 힘은 곁에 선 이들과의 넋두리, 수다였다. 인권연구소 창의 류은숙과 여러 동료, 그들과 술방에서 벌인 '끝장' 수다는 말을 나누고 보태는 것의 기쁨을 느끼게 했다. 여전히 서로 생각을 나누며 가르치고 배우는 것이 기쁘다는 걸 알려주는 소중한 사람들이며 장소였다. 이 만남이 견디는 힘을 키우는 공부였다.

공부의 열매는 기쁨이다. 서로의 경험과 생각을 나누는 기쁨이며, 보태는 기쁨이며, 견디고 성장하는 기쁨이다. 그 슬픔의 시대에 여전히 이 기쁨이 가능하다는 것은 기적이었다. 생존조차 불가능해 보이던 시대였음에도, 아니 어쩌면 그렇기 때문에 이런 기적이 있었는지도 모르겠다. 우린 이 기적을 통해 그 슬픔의 시대에 기적적으로 살아남았다. 정말 감사하다.

내가 처음 느낀 공부의 기쁨은 부모님이었다. 내가 공부를 할 때 아버지는 연필 사각거리는 소리가 세상에서 제일 아름답다고 말해줬다. 그래서 나는 일부러 아버지 옆에서 숙제를 하곤 했다. 나 또한 그 연필 사각거리는 소리를 즐기면서 말이다. 어머니는 내가 학교에서 배운 것을 당신에게 들려드리는 것을 좋아했다. 재밌는 이야기라고 좋아하셨다. 아마 이때부터 나는 누군가에게 재밌는 이야기를 해주는 걸 좋아하게 되었는지 모르겠다.

이렇게 서로 기쁘게 하려고 마음을 쓰는 것, 그걸 에로스라고 부를 것이다. 사람의 삶에서 에로스가 넘쳐나는 것만큼 기쁜 것이 어디 있겠는가. 고맙게도 나에게는 이런 공부의 에로스를 알려준 사람들이 부모님 말고도 많이 있었다. 늘 나의 도반이 되어준 큰 누나를 비롯해서 아직도 나의 황당한 고민을 듣고 조언을 해주는 가톨릭학생회의 박승진과 정상현 등 친구들, 서울대교구가톨릭대학생연합회에서 인연을 맺은 나승구 신부와 정은정 등 도반들. 우리는 모두 서로를 기쁘게 해주기 위해 참 많이 애를 썼다.

특별히 나에게 가르침을 통해 공부에 관한 스승이 된 분들이 여럿 있다. 그중에서도 나는 이 책에 관해서는 내 스승이신 조한혜정 선생님에게 절대적으로 빚을 졌다. 선생님은 나에게 공부하는 이가 오만하고 교만해지면 그건 바로 망하는 길이라고 경고하셨다. 이분은 아직도 공부하기 위해 대학원생들과 함께 수업을 듣는 것을 즐겨하신다. 늘 배우는 분의 곁에 있었던 것이야말로 가장 큰 행운이었다.

또 한 분이 《우리교육》을 통해 인연을 맺은 후 줄곧 존경하고 따라 배운 박복선 선생님이다. 이분이 아니었다면 나는 공교육과 제도교육의 현장에서 고군분투하는 많은 교사를 만나지 못했을 것이고 교육에 관해 이렇게 큰 관심을 가지지도 않았을 것이다. 박복선 선생님의 어깨너머로 배운 게 헤아릴 수 없이 많다. 공부에 관해서는 조한혜정 선생님과 더불어 박복선 선생님이 나에게는 큰 스승이셨다.

그리고 2015년에 나와 함께 '비진학'을 연구하며 이 책의 바탕을 잡을 때 도움을 준 거품, 아키, 시스, 바른돌 등 하자센터의 연구원들에게도 크게 감사드린다. 요즘처럼 같이 공부하는 게 거의 불가능에 가까워진 시대에, 이들은 함께 공부하고 공부한 것을 거저 나누는 기쁨을 마다하지 않았다. 나도 그들의 생각과 글에 나를 보태는 게 기쁨이었다. 책임은 같이 지고 기쁨은 함께 나누는 것의 가능성을 이들과 함께한 것도 이 불가능성의 시대에 만난 기적이었다. 이 책을 구상하던 중에 하지현 선생님과《공부 중독》을 같이 쓰게 되었다. 하지현 선생님과의 대화가 이 책을 더욱 풍부하고 정교하게 만들었다. 선생님과 위고출판사에 감사한다.

이 책을 쓰고 나오기까지도 많은 분이 나와 함께했다. 이야기를 같이 나누고 힘들 때 엄청난 쉼터가 되어준 박준석, 박성경, 신수진. 이들이 없었다면 나는 이 책을 쓰는 것은 고사하고 제대로 버티지도 못했을 것이다. 이들과의 수다와 여행, 그리고 함께했던 시간은 늘 뭔가를 새롭게 도모할 힘을 내게 했다. 그 도모의 결과가 이 책이다. 감사하다.

2017년 7월

엄기호

차례

설령 천하를 얻었다 하더라도

공부를 왜 할까? 고등학교를 다니던 30년 전이라면, 나는 분명히 잘 먹고 잘살기 위해서라고 대답했을 것이다. 대학원을 다니던 20년 전이라면, 세상을 잘 이해하고 바꾸기 위해서라고 말했을 것이다. 인권운동의 언저리에 있으며 온 세상을 돌아다녔지만 세상을 바꾸는 것이 그리 쉽지 않다는 것을 깨달은 10여 년 전이라면, 공부 자체가 재미있기 때문이라고 말했을 것이다. 그리고 지금 내가 여전히 공부를 하는 이유는 나 자신이 망가지지 않게 돌보기 위해서다.

공부를 하면서 위기의식이 생겼다. 정확하게는 대다수 사람이

처한 위기가 눈에 들어왔다. 이 나라에서 내가 제대로 늙을 수 있을까 하는 공포다. 나이가 드는 것 자체도 힘든 일이다. 그런데 이 나라에서 나이를 먹는 것은 보통 일이 아니다. 젊을 때는 몰랐던 이 공포가, 주변에 노년에 접어드는 사람이 생기면서부터 눈에 들어오기 시작했다. 외롭지 않게 늙을 수 있을까? 폭력적이지 않게 늙을 수 있을까? 아니 더 정확하게는, 남을 괴롭히지 않고, 무엇보다 나 자신을 괴롭히지 않으면서 늙을 수 있을까?

이런 질문이 떠오른 다음에는 사람들을 다시 보게 되었다. 놀랍게도, 또한 아쉽게도, 이 질문에는 좌파와 우파가 없었다. 태극기를 들고 광화문으로 간 노인들뿐 아니라 사회운동을 하는 사람들도 그랬다. 세상을 바꾸고 주변을 돌보는 일을 하고 있지만, 정작 자신의 삶은 고통스럽다고 토로하는 경우가 허다했다. 자신에 대해 늘 자신감에 차 있던 사람조차 그랬다. 겉으로는 고통이 인간 삶의 본질이라고 말하지만 그 고통을 대면하고 다스릴 줄 아는 사람은 별로 없었다.

공부를 많이 했는가, 그렇지 않은가의 차이도 없었다. 공부를 많이 한 사람들도 그랬다. 그들은 자기가 공부한 것을 말할 때는 빛나는 사람이었다. 지식이 주는 기쁨을 누렸고 여전히 향유하고 있는 사람들이다. 그러나 그들의 기쁨은 아이러니하게도 자신의 일상 앞에서는 멈춰 서 있었다. 세상에 관한 명료한 해석과 자기 앎에 대한 환희에 찬 확신이 있었으나, 그들의 그 말은 자기 삶 앞에서는 해석의 언어로도, 실천의 언어로도 무능했다.

젊다고 해서 사정이 다르지도 않았다. 지금 청년들은 단군 이래 최대의 스펙을 가지고 있다고 한다. 정말 그렇다. 단지 점수에서만 그런 것이 아니다. '경험'도 그 이전 세대보다 많다. 배낭여행이니 해외 연수니 해서, 문화적 취향 등이 과거와는 비교가 되지 않을 정도다. 그러나 이들 역시 이 수많은 '능력'에도 불구하고 사는 건 별로 기쁘지 않다. 오히려 살아남기 위해 그 수많은 '능력'을 쌓느라 자기를 돌볼 여지가 없다.

'제대로 늙을 수 있을까?'라는 질문을 떠올리고 나서 살펴본 한국 사회에서의 삶은 이처럼 끔찍했다. 이 질문으로 우려하는 상황이 대다수 사람의 '지금 여기'에서의 삶이기 때문이다. 제대로 늙는 게 아니라 제대로 사는 사람이 손에 꼽을 정도로 적다. 다들 감당하지 못할 상처를 부여잡고 우울해하거나 화가 나 있다. 그런 상황을 바꾸지도 못하고, 그 상황에 처해 있는 자기 자신을 다스리지도 못한다. 그러니 그저 자신을 괴롭히며 살고 있다.

공부하는 사람으로서 내가 위기의식을 더욱 가지게 된 것은 공부가 이런 문제를 해결하는 데 아무런 도움이 되지 못한다는 사실을 알게 되면서였다. 도움이 되기는커녕 오히려 문제를 악화시키는 원인이기도 했다. 공부가 현실과의 대면을 유예하는 알리바이 구실을 하고 있었다. 내가 아직 공부가 부족해서 벌어진 일이라면서 '타석에 들어서지 않는 것'[01]을 합리화하는 알리바이 말이다.

한 학생이 이렇게 표현했다. 공부하느라 바빠서 공부할 틈이 없다고 말이다. 그래서 아는 것은 무척 많은데 다룰 줄 아는 것은 없다. 보이는 것은 많은데 제대로 할 줄 아는 것은 없다. 이러니 늘 당황해하고, 당황한 만큼 속상해서 화를 낸다. 자기의 무능과 무기력을 계속 확인할 뿐이기 때문이다. 능력을 쌓았는데 무능력만 확인하는 어처구니없는 일이 반복된다. 그래서 다시 능력을 쌓고자 '공부'로 후퇴하는데, 그것은 '다룰 줄 알게 하는 공부'가 아니라서 이 악순환은 반복된다.

수업 시간에도 종종 부딪치는 일이다. 예를 들어, 내가 가르치는 개념 중에 '장치와 배치'라는 말이 있다. 이 말을 설명하면 무슨 뜻인지는 곧 안다. 그래서 반복해서 설명하면 짜증을 내는 학생도 많다. 이미 그 의미를 아는데 왜 반복하느냐는 말이다. 그런데 정작 이 두 개념을 가지고 어떤 현상을 설명하라고 하면 당황해한다. 개념을 알기는 하지만 다룰 줄은 모르는 것이다. 그래서 공부에는 반복이 필요하다고 말하면, 이때도 머리로는 수긍하는데 몸으로는 받아들이지 못한다. 쫓기듯 해치우는 공부를 하느라 다루는 법을 배우지 못했기 때문이다.

학생들뿐만 아니라 온 국민이 열심히 공부하며 온갖 능력을 쌓고 있는데, 대부분 '아는 건 많은데 다룰 줄 아는 것은 없는' 상태로 후퇴하는 역설이 벌어지고 있다. 이 수많은 지식과 능력에도 불구하고, 우리는 왜 이렇게 무기력하고 무능력할까? 이 무기력과 무능력을 극복하기 위해 '노오력'하며 자기를 계발하고 있는데, 우리는 왜 퇴행하고 있을까? 왜 우리는 공부를 하면 할수록 기쁘기는커녕 자기 자신을 고통의 나락으로 밀어 넣고 있을까?

"온 천하를 얻으면 무엇하나. 자기 자신을 잃어가고 있는데."

사람들을 만나 이 문제를 연구하면서 저절로 이런 탄식이 나왔다. 정말 그렇다. 우리는 공부를 통해 온 천하에 관한 언어는 얻었다. 축구에서 정치까지, 의학에서 법학까지, 모두가 모든 것을 품평할 수 있을 정도다. 그래서 교실에서 술자리에 이르기까지, 모두가 앉아서 천하를 들었다 놨다 한다. 앉아서는 천 리를 보고 서서는 만 리를 내다본다. 그러나 정작 길을 걸으면서는 한 치 앞도 내다보지 못하고 있다. 자기 삶을 다루는 데는 무능하기 짝이 없다. 남을 조롱하고 파괴하는 기술은 기가 막히게 발달했지만 자기를 돌보는 언어와 기예는 없다. 자기계발 하느라 새벽부터 밤까지 공부하며 능력을 쌓고 있지만, 계발한다는 자기는 잃어버린 지 오래다. 무얼 계발해야 하는지도 모르면서 열심히 계발만 하고 있으니, 그 계발은 자기 자신을 파헤치는 삽질에 불과하다. 그래서 그 삽질의 노고와 피곤함에 분통만 터질 뿐이다.

이 악순환이 반복되면서 최악의 결과가 나온다. 한나 아렌트 Hannah Arendt 라는 철학자는 소크라테스를 인용해, "사람이 천하와

반목하더라도 자기 자신과 일치하는 편을 택해야 한다."[02]라고 말했다. 그런데 지금 우리 상황은 정확히 정반대다. 천하로부터 인정받고 받아들여지기 위해 자기 자신과 일치하는 길을 포기한 것처럼 보인다. 천하와 화해하느라 자기를 잃어버렸다.

자기 자신과 화해하려면 자기가 누구인지 알아야 한다. 누군지 모르는데 화해할 수는 없다. 또한, 화해하기 위해서는 자기가 어디에서 자신과 분열되어 있는지 봐야 한다. 어디서 만나야 할지 모르는데 화해할 수는 없다. 자기와 화해하려면, 자기가 누구인지 알려면, 자기에 집중해야 한다. 그런데 이렇게 자기에 집중하는 것이 지금 세상에서는 불가능하다. 세상이 원하는 게 뭔지 알아내 거기에 맞춰도 겨우 살아남을까 말까 한 지경이니, 자기가 아니라 세상에 집중해야 한다. 그래서 마르코복음에 나오는 예수의 저 말은 지금 세상에서는 이렇게 전도되었다.

"자기 자신을 얻으면 무엇하나. 천하로부터 버림받을 텐데."

이런 현실을 나에게 알려준 분들이 있다. 지금 같이 공부하고 있는 바리스타와 요리사들이다. 이들은 자기 분야에서 이름이 알려지고 자리도 잡은 분들이다. 이 책에서 말하려는 자기 한계도 잘 알고 자기 일을 능수능란하게 다루며 성장의 기쁨을 느끼고 있는 분들이다. 자기만의 스타일을 만들어 멋지게 사는 분들이다.

그런데도 이들이 늘 말한다. 세상의 유행이 너무 빨리 변해, 자기 자신에 집중하느라 세상의 흐름을 놓치면 망하기 십상이라고.

이들이 이럴 정도면 나머지 인생은 오죽할 것인가. 세상 전부와 척을 지더라도 자기 자신과 화해하는 것은 사치일 뿐이다. 세상과 화해해서 목숨을 구걸해야 하는 게 한국의 현실이다. 지금 공부란 생존의 도구 이상의 의미를 찾기 힘들다. 자기 자신과 화해하는 게 아니라 세상의 흐름을 알고 거기에 순응하기 위해 자신을 망각하고 죽이는 도구가 된 지 이미 오래다. 그런다고 해서 생존이 보장되는 것도 아니지만 말이다.

공부는 천하를 얻는 것은 고사하고 천하에 조그만 자리 하나 구하기 위해 자기 자신을 망각하고 버리도록 하는 게 되었다. 이런 시대에 참으로 딱하게 된 것이 가르치는 일이다. 사람을 살리겠다고 하는 게 공부고 가르치는 일인데, 자기를 죽이는 걸 가르칠 수는 없다. 그렇다고 너 자신에 집중하고 자신과 화해하라며 세상과 척지다 굶어 죽게 할 수도 없다. 이렇게 가르쳐도 할 짓이 아니고, 저렇게 하는 것도 가르치는 자가 택할 수 있는 길이 아니다. 이러니 가르치는 게 뭔지를 고민하는 사람들에게는 가르치는 걸 '포기'하는 게 유일하게 가능한 '윤리적 선택'이 되다시피 했다.

우리에게는 마치 주인의 폭력 아래 발가벗겨진 노예처럼 두 개의 선택지가 있는 것으로 보인다. 하나는 주인의 채찍 밑에서 목숨을 구걸하며 연명하는 '생존의 길'이다. 그나마 주인의 자비에 기대 목숨을 부지할 수 있기 때문이다. 다른 하나는 주인의 압제로부터 도망치다 총알에 맞아 죽는 길이다. 미국의 흑인 노예였던 프레더릭 더글러스의 주인이 그에게 강요한 선택이다. 비굴한 삶이냐 죽음이냐의 선택 말이다.[03]

그러나 글을 읽고 쓸 줄 알았던, 아니 글을 읽고 쓸 줄 아는 것을 통해 주인에게 반항할 수 있었던 더글러스는 이 선택을 거부한다. 그는 주인이 "생존의 길"이라고 불렀던 것이 사실은 죽음의 길이라고 말한다. 당분간은 주인의 자비에 의해 목숨을 부지하는 것 같지만, 그 채찍에 순종하는 순간 그의 목숨은 주인의 변덕에 의해 어느 때라도 죽을 수 있는 운명에 처하기 때문이다. 생존의 길과 죽음의 길이 있는 게 아니라 둘 다 죽음의 길에 불과하다. 그는 대신 자유의 길을 택한다. 목숨을 걸고 도망치는 게 자유의 길이었다. 읽고 쓸 줄 알았던 그는 자신의 이야기를 자서전으로 남겼고 역사 속에 살아 있는 인물이 되었다.

프레더릭 더글러스의 이 이야기는 공부가 무엇인지 말해준다. 공부는 언제나 자유와 삶을 선택하는 것이어야 하며 해방의 길이어야 한다. 자기에 집중하고 자기와 화해하다 굶어 죽거나 세상에 순응하기 위해 자기를 죽여야 하는 것은 '둘 중 하나'의 선택이 아니다. 더글러스가 간파한 것처럼, 이 둘은 사실 죽음이라는 점에서 하나다. 죽음의 공포 속에서 결국은 후자를 택하게 하는 하나의 선택일 뿐이다.

공부는, 둘 중의 선택으로 보이는 게 기만이고 하나일 뿐이라는 사실을 깨달아가는 과정이다. 또한, 하나에 불과한 둘을 거부하고 삶의 편에서 자유와 해방의 길을 택하게 하는 것이어야 한다. 공부는 자기 자신과의 화해냐 세상과의 화해냐 중에서 선택하는 게 아니라, 자기 자신과 화해하는 것이 공공선公共善이 되는 '좋은 세상'을 만드는 도구여야 한다. 자기 자신을 잃는다면 천하를 얻어봐야 아무 소용없는 짓이다. 거꾸로, 천하에 자리 한구석 차지하는 대가로 자기 자신을 잃게 하는 것은 '나쁜 세상'이다. 이런 점을 인식하고 바꾸는 게 공부여야 한다.

그렇기에 공부는 언제나 자기 자신과 화해하고 세상을 바꾸는 자유와 해방의 도구이자 과정이다. 다만 이때 경계해야 할 것이 있다. 세상을 바꾸는 데 집중하느라 자기 자신을 돌보는 일을 망각해서는 안 된다는 점이다. 이미 한국 사회는 세상을 '돌보느라' 자기를 망각하고 망친 사람으로 넘쳐나고 있다. 그리고 자기를 망각하고 망친 채 세상을 바꾸겠다고 나선 이들이 자기 자신을 돌보는 법을 모르는 세상을 만들었다. 이건 세상을 바꾼 것이 아니다. 아니, 세상을 이렇게 바꿀수록 더 나락에 떨어진 세상이 만들어진다.

이 책의 주요 개념인 '자기에 대한 배려'는 원래 후기 푸코Michel Foucault의 중요한 개념이자 문제의식이다. 사실 대학원을 다니면서 이미 접한 개념이었지만 그리 인상적이지는 않았다. 그런데 우연한 기회에 교사들과 함께 푸코의 《주체의 해석학》을 같이 읽으면서 '자기에 대한 배려'가 가르치는 이에게 유용한 '말 걸기'의 화두라는 것을 발견할 수 있었다. 마침 존 듀이John Dewey의 성장과 배움에 관해 공부한 다음이었다. 자기 자신과 일치를 추구하는 동시에 세상을 바꾸는 자유와 해방의 과정으로서 공부의 가능성을 생각해볼 수 있었다.

이 책은 푸코의 '자기에 대한 배려'를 설명하기 위해 쓴 책이 아니다. 내가 할 수 있는 일은 다만 가르치는 이에게 말을 걸기 위해 문제를 설정하는 데 '활용'하는 정도다. 그를 통해 이 책의 1부가 묘사하는 '신분 상승'과 '자아실현' 이후 무기력과 싸우고 있는 교육현장의 문제를 새롭게 인식하고 2부와 3부에서 말하는 교육의 새로운 목적을 설정할 수 있었다.

소크라테스는 정치에 뛰어들어 아테네의 대중에게 조언하려는 알키비아데스에게 묻는다. 네가 아는 것이 무엇인가. 그를 통해 소크라테스는 알키비아데스가 무지하다는 사실을 깨닫게 한다. 그는 "자신이든 다른 누구든 사적으로 자신과 자신의 것들만 돌보는 게 아니라 나라와 나라의 것들(나랏일)까지 다스리고 돌보고자 하는 사람은 우선 훌륭함부터 갖추어야 한다."[04]라고 말한다. 그래야 시민에게 훌륭함을 나눠줄 수 있으며 그게 '나랏일을 정의롭고 아름답게 행하는 것'이기 때문이다. 바로 이 점에서 소크라테스는 알키비아데스가 "배우는 일은 돌보지 않으면서 알지도 못하는 것들을 가르치겠다는 정신 나간 계획에 착수"[05]했다고 비판한다. 자신이 훌륭해지는 것을 돌보지 않은 자가 어떻게 다른 시민이 훌륭해지도록 돌볼 수 있겠느냐고 말이다.

훌륭함이 무엇인지 모르고, 훌륭해지기 위해 자기를 돌보지도 않은 자가 다른 사람이 훌륭해지도록 돕는 것은 불가능하다. 나아가 한 사람 한 사람이 훌륭해지는 정치공동체를 만드는 것은 불가능하다. 그런데도 정치공동체를 훌륭하게 만드느라 바빠 자기를 돌보지 않은 자가 정치공동체를 돌보면, 그 정치공동체가 과연 훌륭해질 수 있겠는가. 결국 자기도 모르는 걸 남을 위해 한다고 말하는 자만큼 어리석고 몽매한 사람이 없다는 말이다.

이 말은 이미 훌륭해진 사람만이 다른 사람을 가르칠 수 있다는 의미가 아니다. 역사 속의 현명한 사람들은, 자신이 지혜로운 자가 아니라 지혜를 사랑하는 자라고 말했다. 지혜로운 자는 어떤 경지에 이른 사람을 의미하지만, 지혜를 사랑하는 사람은 경지에 이르고자 노력하는 사람이다. 그들은 공부의 본질을 알고 있었다. 공부의 본질은 지혜에 대한 '사랑'에 있다. 마찬가지로, 훌륭한 이만 다른 사람을 가르칠 수 있는 게 아니라 훌륭함을 '사랑'하는 이가 다른 사람을 가르치며 더불어 성장을 도모할 수 있다.

그러므로 공부가 지혜에 대한 사랑이라는 것은 참으로 아름다운 말이다. 이 말은 세상을 지혜로운 자와 지혜롭지 못한 자로 나누지 않는다. 세상에는 지혜를 사랑하는 사람과 지혜를 사랑하지 않는 사람이 있으며, 세상을 망치는 것은 후자라고 말한다. 지혜롭지 못한 사람이 아니라 지혜를 사랑하지 않는 사람이 세상을 망친다. 우리가 경계해야 하는 것은 무식한 사람이 아니라 지혜를 사랑하지 않는 사람이다. 그러므로 공부를 통해 양성해야 하는 것은 지혜로운 사람이 아니라 지혜를 '사랑'하는 사람이다.

지혜를 사랑하는 사람은 누구인가? 자기가 모르는 게 무엇인지 아는 사람이 지혜를 사랑하는 사람이다. 모르는 게 뭔지 알기 때문에 알고자 노력하고, 알고자 하는 그 노력이 바로 지혜에 대한 사랑이다. 지혜로운 자는 더 이상 공부할 필요가 없지만, 지혜를 사랑하는 자는 공부를 멈출 수가 없다. 동서고금을 막론하고 지혜의 적은 오만이고 교만이었다.

이 책에서 나는 이것을 '한계를 아는 것'이라고 말한다. 지혜를 사랑하는 사람은 자기 한계를 아는 사람이다. 아는 것과 모르는 것, 할 줄 아는 것과 할 줄 모르는 것을 아는 사람이 지혜를 사랑하는 사람이다. 한계를 알기 때문에 섣불리 나서서 세상을 망가뜨리지 않는다. 오히려 세상을 조심스럽게 다루며 할 수 있는 일을 한다. 물론 그 한계에 머무르지도 않는다. 한계를 알기 때문에 오히려 조심스럽게 그 너머를 보며 성장을 도모한다. 그렇기에 나는 한계를 아는 것은 슬픔이 아니라 기쁨이라고 말할 것이다.

지혜를 사랑하는 사람은 자기 한계가 무엇인지 알기 때문에 배움을 위한 용기를 낼 수 있다. 자기가 모르는 것, 할 수 없는 것을 가르쳐줄 사람에게 자신의 무지와 무능을 드러낸다. 이것이 의미하는 바는 중대하다. 지혜를 사랑하는 사람은 다른 이에게 배움을 의지하기를 두려워하거나 부끄러워하지 않는다. 배우려면 다른 사람에게 의지하고 의탁해야 하기 때문이다.

철학자 존 듀이는 배움의 근본적인 특징이 '의존성'이라고 말하며 섣부른 '독립'을 경계했다. 그의 철학에 따르면, 살아간다는 게 곧 배우는 것이기 때문에 살아 있는 사람은 이미 누군가에게 의존하고 의탁하며 배우고 있다. 따라서 홀로 배운다는 것은 있을 수 없는 일이다. 자기가 이미 누군가에게 의존하고 의탁하고 있다는 것을 망각했을 뿐이다. 이게 배움을 가로막는 또 하나의 교만이다. 공부는 '홀로'라는 교만에 저항한다.

그렇기에 공부工夫는 공부共扶가 된다. 더불어 돕는 게 공부다. 더불어 도우며 성장을 도모하기 때문에 공부는 '사랑', 즉 에로틱한 과정이다. 그리스에서 스승과 제자가 연인 관계였고, 동양의 공부에서 도반道伴을 강조한 것이 바로 이런 이유다. 더불어 도우며 성장을 도모하기 때문에 이것은 서로를 고양하며 기쁨을 주는 관계다. 우리가 우정이라고 부르는, 서로를 기쁘게 하는 관계가 바로 가르치고 배우는 관계다.

그러므로 지혜를 사랑하는 것이 공부라면, 더불어 공부하는 관계, 즉 가르치고 배우는 관계에서 우선 회복해야 할 것이 바로 기쁨이다. 가르치고 배우는 것은 서로 기쁜 일이어야 한다. 기쁨을 주고받는 과정이어야 하며, 서로의 성장을 고양하며 기뻐하는 행위여야 한다. 내가 가르치는 이의 성장을 보는 것만큼 기쁜 일이 있을까? 가르치는 이에게 나의 성장을 보여주는 것만큼 기쁜 일이 또 있을까? 이런 기쁨을 주고받는 게 사랑이 아니라면 무엇이 사랑이겠는가! 가르치는 자라면 이 기쁨이 바로 극락極樂이라는 사실을 잘 알 것이다. 가르치는 일을, 가르치며 배우는 일을 그만두지 못하는 이유가 여기에 있다. 맹자가 군자의 세 가지 즐거움 중 으뜸이 제자를 얻어 가르치는 것이라고 말한 이유가 이것이다. 천하를 얻는 것보다 더 큰 기쁨이다. 아니, 맹자는 천하를 얻는 것은 군자가 취할 기쁨의 목록에 들어가지도 못한다고 비판했다.

천하를 얻은들 기쁨이 없다면 무슨 소용이겠는가.

그러므로 공부란 공부를 하며 기쁨의 관계를 맺는 일이다. 모든 관계가 기쁨을 주지는 않는다. 가르치고 배우며 서로 성장을 추구하도록 기운을 북돋우는 이 사랑의 관계가 우리에게 기쁨을 준다. 그래서 공부는 세상을 비판하는 한편, 기쁨의 관계를 구축하는 과정이다. 더불어 서로의 공부를 도움으로써 우리는 기쁨을 구축하는 법을 배운다. 사랑의 구축을 배우는 방법이 따로 있는 게 아니다. 공부가 바로 그런 기쁨을 구축하는 법을 배우는 과정이다. 더불어 공부해본 사람은 안다. 그것이 얼마나 에로틱한지 말이다.

그러나 현실은 반대다. 가르치고 배우는 사람들의 만남이 에로틱하기는커녕 고통이 돼버렸다. 그 결과, 가르치는 일을 하는 나와 내 친구들이 점점 왜소해지는 것이 안타깝다. 배우는 사람들이 공부를 하면서 힘을 받기는커녕 점점 지치고 찌들어가는 것이 안타깝다. 공부가 사람들에게 기쁨을 주는 게 아니라 고통이 된 현실에 분노한다. 사정이 이렇게 되면서, 가르치는 일을 하는 사람들이 어떻게든 학생들의 주목을 끌어 공부에 초대하고자 종합 엔터테이너가 되어야 하는 현실이 개탄스럽다. 그 결과 교육현장에서 기쁨은 사라지고 재미만 남는 것이 또 우려스럽다. 공부하느라 공부할 틈이 없어 공부에 지쳐버린 학생들이 안타깝다. 그들이 그렇게 공부에 지쳐 공부를 해치우는 것으로 여길수록 성장의 기쁨을 누리는 것은 불가능해진다. 성장의 기쁨은커녕 세상에 적응하고 순응하며 생존을 위해 몸부림칠수록 자기를 망각하고 파괴하는 것이 정말 우려스럽다. 그래서 더더욱 공부는 귀찮고 피곤하고 고통스러워 멀리해야 하는 것이 돼버렸다.

공부와, 공부를 통한 성장의 기쁨을 망가뜨린 현실에 저항해야 한다. 이 현실을 바꾸지 않으면 우리는 공부를 통한 성장의 기쁨을 다시는 누리지 못할 것이다. 서로의 성장을 도모하려고 가르치고 배우는 이가 만나는 기쁨을 경험하지 못할 것이다. 이 현실을 바꾸지 않으면서 공부를 기쁨의 자리로 돌려놓는 것은 불가능하다.

그러나 이런 세상에 저항하기 위해서라도, 우리는 공부가 어떤 기쁨을 주는지 먼저 알아야 한다. 공부가 주는 기쁨을 조금이라도

24

미리 맛볼 수 있다면 우리는 그 기쁨을 전면화할 수 있는 세상을 위해 싸울 수 있을 것이다. 나는 이 책을 통해 공부가 어떤 기쁨을 가져다줄 수 있는지 말하려 한다. 그것을 한계, 능수능란함, 자유, 탁월함, 멋짐, 향유라는 말로 설명할 것이다. 전작《나는 세상을 리셋하고 싶습니다》에서 내가 강조한 대로, 공부의 가장 큰 힘은 해방을 미리 당겨서 맛보게 한다는 것이다. 노예 더글러스가 읽고 쓰는 것을 공부하며 해방의 힘을 미리 당겨서 맛볼 수 있었고, 그리하여 용기를 내 자유인이 된 것처럼 말이다. 그가 읽고 쓰는 것을 통해 해방을 맛보지 못했다면 가능하지 않은 일이었다.

이것은 내가 학생들을 가르치고 배우며, 그리고 여러 교사들과 함께 공부하고 서로의 경험을 공유하면서 나눈 이야기이기도 하다. 그들 속에서 내가 맛본 기쁨이자 그들과 함께 내가 도모한 해방이다. 그렇기 때문에 이 기쁨과 해방은 지금 여기에서 이미 가능하다. 가르치고 배우는 일을 하는 사람들에게, 이미 가능한 이 기쁨과 해방을 지금 도모해보자고 제안하고 싶었다. 내가 이 책을 쓴 이유다.

공부할
이유가
사라지다

신분 상승과 반학교 문화

反學校

1990년대 이전에는 학교에서 공부를 하는 이유가 분명했다. 신분 상승이었다. 사회는 공부를 하면 잘 먹고 잘살 수 있다고 약속했고, 사람들은 그 말을 믿었다. 여기서 중요한 것이 바로 약속과 믿음이다. 한 사회가 제대로 굴러가려면, 그 사회가 사람들에게 약속하는 것이 있어야 한다. 그 당시에 가장 중요한 약속이 바로 교육이었다. 학생이 교사의 말을 잘 듣고 열심히 공부하면 밝은 미래가 보장된다는 것이 사회가 한 약속이었다.

물론 사회는 약속만으로 작동하지 않는다. 그 약속을 사람들이 믿어야 한다. 그것이 아무리 사실이라 해도 사람들이 믿지 않는다면 의미가 없다. 따라서 사회는 믿을 수 있는 약속만 하거나, 아니면 약속이 믿을 만하다는 것을 보여줄 여러 장치를 만들어 사람들 주변에 배치한다. 사람들은 이 장치들이 잘 배치된 효과에 의해 믿음을 가지게 된다.

그 당시에는 공부를 하면 미래가 달라질 수 있다는 것을 믿게 하는 여러 장치가 있었다. 대표적인 것이 〈장학퀴즈〉였다. 매주 일요일 아침이면 까까머리와 단발머리를 하고 까만 교복을 입은 학생들이 나와 문제 풀이를 겨루었다. 거기서 일등을 하면 학교의 자랑이자 가문의 영광이었고 동시에 개인에게는 큰 명예였다. 공부 좀 한다는 학생들은 〈장학퀴즈〉를 보며 꿈을 키웠다. 공부를 잘하는 게 얼마나 중요한지 전국에 알리는 가장 좋은 문화적 장치였다고 할 수 있다.

이런 장치들의 효과는 컸다. 한 동네에서 서울대에 진학하는 학생이 한 명에 불과할지라도 그 한 명이 있다면 여전히 신분 상승은 가능한 것이었다. 내가 태어나 자란 동네에도 공부를 잘하는 형이 딱 한 명 있었다. 동네 사람들은 그 형이 서울대 법대에 가리라는 것을 의심하지 않았다. 공부를 좀 하는 학생들은 날이면 날마다 그 형의 이름을 들으며 공부를 더 열심히 해야 한다는 이야기를 들었다. 사실 그 형 자체가 바로 '공부하면 성공한다'라는 신화의 장치였던 셈이다. 신화는 이런 장치들을 통해 현실적 힘을 가진다.

신화가 현실적 힘을 가질 때 사람들은 현실을 넘어 가능성을 중심으로 세상을 바라본다. 1990년대 초반까지 대학 진학률은 2년제를 포함하여 33퍼센트에 불과했다. 3명 중 2명은 대학에 진학할 수 없었다.[06] 현실적으로 보면, 이 70퍼센트의 학생들은 학교에서 공부를 할 이유가 없었다. 그러나 진짜 현실은 정반대였다. 공부를 정말 못하거나 소위 날라리라 불리는 30퍼센트 정도의 학생들을 제외하고 나머지 70퍼센트의 학생들이 공부를 했다. 대학에 갈 성적이 못 된다는 것을 알면서도 말이다.

　물론 그 공부를 하게 한 가장 큰 기제는 강압이었다. 공부하는 것 말고 다른 것은 허용되지 않았다. 당시의 학생들은 현실적으로 대학에 갈 수 없다는 것을 알면서도 '일단' 공부를 했다. 혹시 갈 수 있을지 모른다는 생각도 했겠지만, 그렇게 해야 했기 때문이다. 이를 잘 보여주는 것이 tvN 드라마 〈응답하라 1988〉(2015~16)의 도룡뇽과 덕선이다. 둘 다 대학에 갈 성적이 되지 않았지만 고3이 되자 어쨌든 한 번 도전을 한다. 첫해에 실패하자 노량진에서 재수를 하면서 대학에 들어가려고 했다. 그 드라마에는 7수생의 이야기도 나온다. 이처럼 대학에 진학하는 것은 30퍼센트뿐이었지만 공부는 거의 전부가 해야 했다.

신분 상승, 공부의 목적

　　　　　　　이들이 공부를 하며 꿈꾸던 것은 단순했다. 신분 상승이다. 공부를 하면 좋은 대학에 입학할 수 있고, 좋은 대학에 가면 좋은 직장을 얻을 수 있고, 좋은 직장을 얻어야 잘 먹고 잘살 수 있다고 철석같이 믿었다. 사회학에서 말하는 개념으로 보면, 현재의 교육자본이 미래의 경제자본으로 교환된다는 말이다.

　실제로 한국은 고졸과 대졸 간 임금 격차가 컸다. 어느 정도의 학교를 나오고 어느 레벨의 대학을 나왔는지가 그 개인의 경제적 미래를 결정했다. 1980년대의 경우를 보자. 1985년을 기준으로 학력별 초임 평균을 비교하면, 중졸 임금을 100으로 뒀을 때 고졸 임금은 115, 대졸 임금은 170이었다.[07] 이 보도에 따르면 일본은 거의 10년 전인 1979년에도 고졸은 115, 대졸은 139였다. 1990년대 들어 이 격차를 일본 수준으로 줄이는 게 국가의 목표였다. 당시의 지나친 교육열이 임금 격차 때문이라는 사실을 알고 있었기 때문이다. 한국에서 대학 입학이라는 교육자본은 한 사람의 경제적 미래를 좌우하는 결정적인 요소였다.

　현재의 교육이 결정하는 것은 미래의 경제자본뿐만이 아니다. 한국 사회에는 그보다 더 결정적인 것이 있었다. 사회자본이다. 사회자본이란 한마디로 말해 인맥, 즉 그 사람의 주변에 어떤 사람들이 있는지를 의미한다. 한국처럼 혈연과 지연, 학연에 얽매인 사회도 없다. 아직도 지방에서는 국회의원 선거부터 지역 상권에 이르기까지 모든 것이 해당 지역의 어떤 고등학교를 나왔는지에 좌우되는 경우가 종종 있다.

심지어 대학의 경우에는, 어느 학교를 졸업했는지보다 더 중요한 것이 어느 학교에 몇 학번으로 입학했는가였다. 입학한 대학의 이름은 신라의 골품제도처럼 그 사람의 삶에 영원히 새겨지는 신분이 되었다. 지방 캠퍼스를 나온 학생들이 그 신분을 평생 숨기는 일까지 벌어지곤 한다.[08] 그러니 죽기 살기로 대학 입시에 목을 맬 수밖에 없는 것이다.

이런 점에서 한국은 전형적인 학벌 사회였다. 학學이 곧 벌閥이 되는 사회였다는 말이다. 내가 어디서 무엇을 배웠는지가 나를 둘러싼 사람들, 특히나 권력이 되고 자원이 되는 사람들의 무리를 결정했다. 그 무리는 완전히 폐쇄돼 있으며 평생을 따라다니는 신분이었다. 사회의 구조적 모순에 저항한다는 소위 '운동권'에서도 다르지 않았다. 서울대 출신이 절대다수를 차지했고 연고대가 그 뒤를 따랐다. 어디에서나 교육자본은 곧 권력을 의미했다.

물론 교육자본이 사회자본을 결정짓는다는 사실이 부정적인 의미만 갖는 것은 아니다. 교육자본이 달라짐에 따라 그 사람을 둘러싼 사람들이 달라지면서, 자신의 삶의 질도 달라졌다. 교육 정도에 따라 그 사람이 살면서 겪는 이러저러한 위기 국면에서 그가 동원할 수 있는 조언과 충고, 그리고 실제적 조치들이 달라지기 때문이다.

예를 들어보자. 갑자기 어디가 아플 때, 전화해서 물어볼 수 있는 의사 친구가 있는 사람과 없는 사람은 삶의 질이 결정적으로 다르다. 얼마 전 한 친구가 겪은 일이 이런 경우를 잘 보여준다. 그의 부인이 밤중에 갑자기 두통을 호소했다. 그에게는 즉시 전화를 할 수 있는 의사 친구가 있었다. 그 의사는 증상을 묻고는 바로 응급실로 뛰어가라고 했다. 진찰 결과 가벼운 뇌출혈이 온 것을 확인할 수 있었고 늦지 않게 치료받을 수 있었다.

이른바 명문대인 연세대학교를 나온 나의 경우도 교육자본으로 사회자본을 만든 대표적인 사례다. 나는 사돈의 팔촌을 뒤져서 의사는 고사하고 대학 나온 사람이 드문 한미한 집안에서 나고 자랐다. 전통적인 사회자본인 친척과 인척에서 내가 동원할 수 있는 자원은 거의 없었다. 그러나 연세대학교에 들어간 뒤로 내 주변에는 의사와 변호사 등의 지인이 다수 생겼다. 내게 무슨 일이 생겼을 때 전화를 하면 그들은 가장 적절한 조언을 해준다. 그들의 조언으로 인해 나는 시간을 절약하는 것을 넘어 '현명하게' 살아갈 수 있다.

그러나 이런 '조언과 충고의 네트워크'가 없는 사람들이 무슨 일이 생길 때 물어볼 곳은 인터넷밖에 없다. 질병과 관련해서 인터넷 검색을 해본 사람들은 그 결과가 무엇인지 잘 안다. '멘붕'이다. 처음에는 속이 약간 쓰려서 검색을 시작했지만 검색이 계속될

수록 그가 얻는 답은 '암'이다. 나 또한 그런 경험이 많아서 잘 안다. 그럴 때 의사 친구에게 전화해서 물어보면 발 닦고 잠이나 자라는 핀잔만 돌아온다.

이런 점에서 공부의 목적인 신분 상승은 그저 경제적인 수준이나 권력 같은 부패한 탐욕만 충족하는 것이 아니다. 공부를 통해 사회자본을 쌓으면 내 삶의 질이 달라진다. 현명하고 합리적인 처신이 가능해지는 것 또한 중요한 효과다. 이런 것을 통해 그 사람의 경제자본과 사회자본, 그리고 문화자본이 달라진다. 읽는 책에서부터 보는 영화와 듣는 음악 등 교양과 문화가 달라진다. 이 또한 공부를 통한 신분 상승의 중요한 목적이었다.

예측 가능성, 사회의 약속

현재의 교육자본이 미래의 경제/사회/문화자본으로 교환된다는 것이 사회의 약속일 때, 이 약속이 지켜지리라 믿는 것을 '예측 가능성'이라고 한다. 내가 하는 행동과 그 결과를 예측할 수 있다는 뜻이다. 이 예측 가능성이야말로 한 사회가 사회로 기능하기 위해 결정적으로 중요한 요소다. 사람들이 자기 행동의 결과를 알 수 있기 때문에 그 결과를 자기 책임으로 인식하게 되며, 그럴수록 그 사회는 책임을 개인에게 돌리고 책임으로부터 면제되기 때문이다.

적어도 1990년대 이전의 교육에서는 이 예측 가능성이 꽤 잘 맞아떨어졌다. 일등부터 꼴등까지 완벽하게 한 줄로 세워진 학교에서, 내 성적과 졸업장은 곧 나의 미래였다. 내가 어느 정도 내신에 어느 정도 모의고사 점수를 받는가는 곧 내 학력고사 점수를 예측하게 했으며, 그 학력고사 점수는 곧 내 미래의 월급이자 교양 수준의 상당 부분을 결정했다. 예측이 맞는 정도가 아니라 아예 고정되어버린다는 것이 문제일 정도로 예측 가능했다.

이렇게 미래를 예측할 수 있을 때 사람들은 계산을 하며 살아간다. 내가 원하는 결과를 얻기 위해서는 어떤 노력과 자원이 필요한지, 그리고 그것이 지금 나에게 주어진 것인지 아닌지 계산한다. 근대적 인간의 가장 큰 특징인 계산, 즉 합리성은 이처럼 예측 가능성의 자식이라고 할 수 있다. 사람은 예측 가능한 곳에서는 계산을 하고, 예측이 되지 않는 곳에서는 운명에 자신을 맡긴 채 그 운을 알아보기 위해 '점'을 친다.

여기서 재미있는 것을 하나 알 수 있다. 근대적 계산이란 실은 부정성[09]에 기초한 것이다. 즉, 덧셈을 통해 확실성을 찾아가는 게 아니라 뺄셈을 통해 확실성에 다가가는 것이 근대적 합리성이다. 대학 진학과 관련해 생각해보자. 내가 고등학교 2학년 때까지 탱탱 놀았는데 3학년에 올라가서 갑자기 대학에 가야겠다고 결심했다. 그럼 내가 제일 먼저 해야 하는 일은 포기할 것을 포기하는 것이다. 잘하는 것이 무엇인지를 중심으로 생각하는 게 아니라, 해도 안 되는 것, 포기해야 하는 것을 가장 먼저 정렬한다. 그러고 난 다음에 해도 되는 것, 그중에서 집중할 수 있는 것을 찾는다. 이게 계산이다.

사람이 자기가 하고 싶은 일을 찾는 것도 마찬가지로 부정성에 기초해야 합리적으로 찾을 수 있다. '좋은' 부모나 교사는 자기 자녀나 학생이 하고 싶은 일을 발견하게 도우려고 이렇게 말하곤 한다. "너는 하고 싶은 일이 무엇이냐? 하고 싶은 걸 찾아라. 돈 벌고 출세하는 것보다 그게 더 행복한 일이다." 뒤에서 말하겠지만, 자아실현이 바로 이런 하고 싶은 일을 찾고 그 일을 하면서 살아가는 삶이다.

그러나 자기가 하고 싶은 것을 일찍 발견했거나 자기가 하고 싶은 공부를 잘하는 학생들을 제외하면, 이 말은 사람을 더 당황스럽게 만들 뿐이다. 흔히 자기가 하고 싶은 것을 발견하면 그걸 열심히 노력해서 잘하게 되리라고 생각한다. 그러나 내가 지금까지 학생들의 성장을 관찰한 바에 따르면, 이 말과 반대인 경우가 더 많다. 하고 싶은 것을 찾아서 노력함으로써 잘하게 되는 것이 아니다. 오히려 어느 정도는 잘하고 있는 것 중에서 하고 싶은 것을 발견하고, 좀 더 노력해서 그걸 마음에 들 정도로 잘하게 되는 것이다. 잘하지 못하는 것을 하고 싶어하는 경우는 별로 없다. 특히 한국처럼 잘하지 못할 때 초기부터 사람을 위축시키는 경우에는 더욱 그렇다.

공부를 못하는 학생들이 자기가 잘하는 게 하나도 없다고 말하는 이유도 여기에 있다. 한국 사회에서는 잘하는 것과 잘하지 못하는 것의 범주를 대부분 학교에서 정하고 평가한다. 그러다 보니 학교에서 평가하지 않는 것, 즉 학교화된schooling[10] 공부가 아닌 것은 아예 잘하고 못하고의 평가 대상이 되지 못한다. "잘하는 게 뭐냐?"라는 질문에 대한 답으로 아예 고려되지 않는 것이다. 그래서 공부를 못하는 학생은, 아무리 다른 어떤 것을 잘한다 해도 자기가 잘하는 게 하나도 없는 상태라고 스스로 생각한다.

반대로, 공부를 잘하는 학생들은 한 과목만 잘하는 경우보다는 대부분의 과목을 잘하는 경우가 많다. 그래서 잘하는 것들 중에서 특히 더 배우고 싶거나 다루고 싶은 것을 '내가 하고 싶은 것'이라고 생각하게 된다. 잘하는 것 중에서 자기가 하고 싶은 것을 발견하는 것이지, 못하는 것에서 잘하고 싶은 것을 발견하는 게 아니라는 말이다. 잘하는 것 중에서 '하고 싶은 것'을 발견한 학생은 추상적으로 무엇을 하고 싶다고 말하는 게 아니라 좀 더 구체적으로 말하는 경향이 있다. '의사가 되고 싶다'가 아니라 치과의사가 되고 싶고, 그중에서도 어린이 치과의사가 되고 싶다고 말한다. 그리고 그 이유를 비교적 분명하게, 자기 경험을 가지고 말한다.

그러나 상당수 학생은 자기가 잘하는 것에 대해 잘한다는 평가를 공적으로 받아본 경우가 드물다. 그래서 자기가 잘하는 것이 없다고 생각한다. 당연히, 자기가 하고 싶은 일이 무엇인지 잘 모르는 경우가 많다. 게다가 "하고 싶은 것이 뭐냐?"라는 말에 하나를 꼽아야 한다는 강박을 갖는다. 그런데 그 가장 긍정적이고 확정적인 '하나'를 찾고 말하는 것은 매우 어려운 일이다. 발견하지 못한 것이기 때문에 말할 수 없다. 확신에 이를 만한 것을 아직 발견하지 못한 상태에서 "하고 싶은 것이 뭐냐?"라는 긍정적인 질문은 답할 수 없는 질문이기 때문에 사람을 더 위축시킨다.

이 경우에는 "죽어도 하고 싶지 않은 것이 뭐냐?" "'어떻게'는 살기 싫은가?"라는 질문이 좀 더 합리적이다. 하고 싶은 게 무엇인지 확실하게 발견하지는 못했지만, 하고 싶지 않은 것이나 할 수 없는 것은 이미 지난 경험 속에서 알게 되었기 때문에 '말할 수 있는' 것이다. 말하는 것을 통해 자기에 관한 부정적 앎에는 도달할 수 있다. 적어도, 자신이 하고 싶지 않은 것이 무엇인지 알면 그것을 피해 다른 것을 시도할 수 있다. 그렇게 '하고 싶은 것'의 범위를 좁혀가다 보면 마침내 발견할 수 있다. 이것이 부정성에 기초한 합리적 사유의 방식이다.

물론 이들과 함께 지내면서 이들이 스스로 발견하지 못한 '잘하는 것'을 같이 찾는 존재가 필요하다. 이들이 학교의 평가 너머에서 스스로를 바라보고 찾는 '긍정성'이 동반되어야 한다. 그래야 지금처럼 학교화한 평가로 사람을 체계적으로 주눅 들게 하고 무기력하게 만드는 것을 넘어설 수 있다. 가르치는 사람은, 자신이 비록 학교 안에 있더라도, 학교를 넘어서서 사람을 보고 파악하고 그들에게 말을 걸 수 있어야 한다. 그래야 학교에 갇혀 주눅 든 이들이 학교를 넘어 자기를 바라보고 발견할 수 있도록 도와줄 수 있다. 가르치는 사람이 학교 안에 갇히면, 그는 학교에 적응하고 최적화된 학생들에게만 다가설 수 있다.

다시 계산의 문제로 돌아가보자. 사람은 계산을 정확하게 하는 것을 통해 인생의 미래를 기획할 수 있다. 나는 이것을 기획 가능성이라고 말한다. 기획을 중심에 놓을 때, 삶의 시점이 달라진다. 현재를 중심으로 바라보는 것이 아니라 미래를 기준점으로 놓고 역추산하여 현재를 본다. 물론 이때 미래란 아주 먼 미래가 아니라 곧 도래할 가까운 미래를 말한다. 한국 사람들은 대체로 5년에서 10년을 생각한다. 5년에서 10년 후가 예측 가능할 때, 그 시점에 내가 무엇을 어떻게 할 것인지를 기준으로 놓고 거슬러 내려와서 지금 무엇을 해야 하는지 계산해내는 것이 삶을 기획하는 방법인 것이다.

과거에는 삶의 기획이란 아주 소수만 할 수 있는 것이었다. 자기 삶의 주인인 자유민, 그것도 남성만이 자기 삶을 기획했다. 자기 삶의 운명이 남에게 달린 사람들은 자기 삶을 기획할 수가 없었다. 기획을 한다 해도 제 운명이 주인의 변덕에 달렸기 때문에 그 기획은 무의미했다. 바로 이 점에서 신분제의 해체가 중요했다. 신분제가 해체됨으로써, 적어도 이론적으로는 삶이 모든 이에

게 자기 자신의 것이 되었고, 모두가 자기 삶을 기획하며 살아가
게 된 것이다.

예측 가능한 사회에서 사람들은 계산을 하고 미래를 기획한다.
이것을 다른 말로 바꾸면, 예측 가능한 사회에서 사람들은 과거를
보며 '성찰'하고 미래를 보며 '기획'한다. 성찰과 기획, 이것이 근
대 사회에서 '사유'라고 불리는 것의 핵심을 차지한다. 내가 지금
까지 어떻게 살아왔는지 성찰하여 그 과거로부터 나에게 주어진
것과 남은 것이 무엇인지 냉정하게 돌아보고, 그것을 밑천 삼아
내 삶을 설계하는 것이 우리가 흔히 말하는 '사유'다.

그리스인들은 미래를 점치는 게 아니라 과거를 돌아보고 그 과
거로부터 교훈을 얻는 것을 공부라고 여겼다. 미래를 점치는 것은
불온한 것으로 여겼다. 이런 점에서, 기획은 늘 미래를 생각하게
해 사람을 허황되게 만들 수 있기에 '기획 중심'의 사유는 경계할
필요가 있다. 기획이라는 이름으로 사람의 삶을 나쁜 의미에서 공
학적으로 바라보며 현재를 억압하거나 착취할 가능성이 크기 때
문이다. 그러나 이런 점을 경계한다면 기획 역시 성찰과 마찬가지
로 사람에게 교훈을 주고 배움을 촉진할 수 있다.

우리가 흔히 "아이가 아무 생각이 없다."라고 말할 때의 '생각'
이 바로 이 성찰과 기획을 의미한다. 자녀가 어느 정도 나이가 되
면 부모는 '생각을 하며 살아가기'를 기대한다. 자기 미래를 근심
하고 그 미래를 준비하기 위해 과거를 돌아보고 현재 자신의 모습

을 파악하는 게 바로 '생각'이다. 그렇기 때문에 근대적 삶에서 '사유'는 언제나 시간을 축으로 작동한다. 현재에 충실한 삶은, 적어도 근대적 관점에서는 '아무 생각 없는 삶'이다.

공부하는 몸이 만들어지다

사회가 예측 가능하고, 그에 대한 믿음 속에서 자기 삶을 기획할 수 있으며, 그 기획이 다른 무엇이 아니라 공부를 통해 이룰 수 있는 것일 때, 사람은 가만히 앉아 있을 수 있다. 공부가 재미없고 지루하며 지금 당장 나를 솔깃하게 만드는 흥미로운 일이 있어도 참고 앉아서 공부를 할 수 있다. 현재의 재미에 눈이 팔리기보다 미래에 돌아올 더 큰 이익을 생각하면서 가만히 앉아 공부할 수 있는 것이다.

이런 점에서, 학교가 '교육의 약속'을 통해 만드는 것은 바로 몸이다. 미래에 대한 약속으로써 지루함을 견디는 몸을 만들어간다. 앞에서 말한 대로, 계산을 해보니 지금 좀 지루하더라도 참는 것이 가까운 미래에 더 큰 이득이 되기 때문이다. 이 약속이 보장될 때 비로소 훈육이 가능해진다. 훈육은 그저 강압적으로 폭력을 행사한다고 해서 가능한 것이 아니다. 훈육을 당하는 이의 자발성이 없다면 거의 모든 훈육은 실패한다. 아무것도 하지 않고 의자에 가만히 앉아 있는 몸은, 교사의 몽둥이가 두렵기도 하지만 그것이 나에게 이익이 된다고 생각하기 때문에 만들어진다.[11]

우리는 이 '가만히 있으라'는 주문이 어떤 비극을 만들어냈는지 안다. 세월호 참사다.* 선내 방송을 통해 나오는 말을 믿고 가만히 있었던 승객들이 너무나 애통하게 희생되었다. 가만히 있으면 그것이 더 큰 이익으로 돌아오고 내 생명을 구하는 일이 된다는 사회의 약속이 깨진 것이다. 그렇기에 우리는 이 약속을 더 이상 믿지 않는다. 세월호 참사가 일어난 지 얼마 후에 발생한 서울의 지하철 사고에서 사람들이 "가만히 있으라."는 방송을 무시하고 선로에 내려온 것이 그 예다. 사회의 약속이 깨졌을 때 사람들이 어떻게 위험천만한 상황으로 몰리는지 극명하게 보여주었다.

그러나 이 '가만히 있는 몸'은 지배와 명령에 복종하는 몸이기만 한 것이 아니다. 사실 가만히 있는 몸, 지루함을 견디는 몸이 되어야 비로소 '공부'를 할 수 있다. 시험에 대비하기 위한 공부만이 아니라 인생의 지혜를 터득해나가는 공부 역시 가만히 있을 때 가능하다. 생각은 몸을 움직일 때가 아니라 가만히 있을 때 할 수 있

---

* 우리는 이제 학생들이 남긴 여러 증언을 통해 그들이 가만히 있지 않았다는 것을 알고 있다. 가만히 있으라는 말에 수동적으로 순응했다고 보는 관점이야말로 이들의 능동성에 대한 모욕이라는 것을 안다. 여기서 가만히 있으라는 말이 비극을 만들었다는 것은, 세월호 희생자들이 순응했다는 점이 아니라 국가가 안전을 보장하기 위해서가 아니라 그저 기계적으로 가만히 있으라고 명령했다는 점을 의미한다. 이것이 남긴 가장 큰 파국적 결과는 "가만히 있으라."는 시스템의 명령이 안전을 보장해주리라는 신뢰의 완전한 파괴다.

기 때문이다. 동서고금을 막론하고 사람들이 생각을 할 때는 주로 가만히 있거나 산책 같은 최소한의 활동을 할 때였다.

이것은 존 듀이의 경험론을 통해 잘 알 수 있다. 듀이는 인간의 경험은 능동적인 것과 수동적인 것으로 이루어져 있다고 봤다. 우리가 불에 손을 집어넣는 것은 능동적인 경험이다. 반면 불에 손을 데는 것은 수동적인 경험이다. 우리는 이런 경험을 통해 '불에 손을 넣으면 화상을 입는다. 그러니 다시는 불에 손을 넣지 말아야지.'라는 교훈을 얻는다. 듀이는 이때 얻는 교훈이, 손을 불에 넣는 능동적인 '함'에서 오는 것이 아니라 불에 손을 데는 수동적인 '겪음'으로부터 오는 것이라고 말한다.[12]

왜냐하면, 인간의 생각이란 능동적인 '함'이 아니라 수동적인 '겪음'에서 촉발되기 때문이다. 바지런히 무엇인가를 하는 동안에는 생각을 하지 않는다. 내가 대상에 힘을 가하는 게 아니라 대상이 나에게 힘을 돌려줄 때, 그 반발력을 느끼는 것이 바로 '겪음'이다. 무엇인가를 한 것이 튕겨 나올 때, 즉 '함'이 대상에 부딪쳐 반발되는 것을 겪으면서 사람들은 '어, 이게 왜 이러지?' 하며 비로소 생각하기 시작한다.

대상의 현존을 인식하며 그 대상의 힘에 관해 생각할 때, 우리는 '골똘히' 생각하게 된다. 그 힘의 실체를 깨달아야 하기 때문에 다른 것에 정신을 팔지 않고 오롯이 나에게 벌어진 일에 집중한다. 이 집중이 다름 아닌 생각이다. 이렇게 집중하기 위해서는 다른 일을 아무것도 하지 말아야 한다. 겨우 가능한 게 신체를 최소한으로 활성화하는 산책 정도다. 그렇기 때문에 생각을 하기 위해서는, 생각을 통해 교훈을 얻기 위해서는, 가만히 있을 줄 아는 몸이 만들어져야 한다. 생각하기 위해 멈출 줄 아는 몸, 이 몸이 공부하는 몸이다.

두 가지의 공부와 몸의 문제

여기서 우리는 학교가 처한 난처함이 무엇인지 생각해볼 필요가 있다. 공부는 두 가지로 구성된다. 하나는 가르쳐주지 않으면 알 수 없는 것이고, 다른 하나는 가르쳐줄 수는 없지만 배워야만 하는 것이다. 전자는 지식 공부와 같은 것이다. 천재가 아닌 다음에야 가르쳐주지 않으면 알 수 없는 것이 있다. 특히 자연과학에 관한 지식은 가르쳐주지 않으면 알기가 대단히 어렵다. 따라서 이런 지식 공부에서는 '교육과정'이 매우 중요하다. 교육과정을 통해 체계적으로 가르쳐야 하기 때문이다.

이런 지식 공부를 하려면 움직임이 최소화한 몸이 필요하다. 실험을 하고 활동을 통해 배울 수도 있지만 지식 공부에서 중요한 것은 '생각하는 것'이다. 그저 가르쳐주는 대로 습득하는 것을 넘어 왜 그러한지 생각하고 내가 온전히 이해할 수 있을 때 비로소 그 지식은 내 것이 된다. 그대로 받아들이지 않고 '왜?'라는 질문을 던지기 때문에, 지식 공부에서 중요한 것은 가르치는 이와 이야기를 주고받는 것이고 혼자서 골똘히 생각하는 것이다.

따라서 지식 공부에서 몸의 움직임은 최소화된다. 그러나 이것이 지적 활동을 하는 동안 몸이 정말 가만히 있다는 것을 의미하지는 않는다. 완전히 '가만히 있는 것'은 불가능하다. 우리는 고도의 지적인 활동을 할 때조차 몸을 사용한다.[13] 수업에 집중한 학생들을 잘 살펴보면 이를 알 수 있다. 결코 가만히 있지 않는다. 고개를 끄덕이기도 하고, 자신이 전혀 몰랐던 새로운 내용을 배우면 의자에 몸을 깊숙이 묻어버리기도 하고, 볼펜을 코밑에 끼우고 머리 위에 손을 올리기도 한다. 매우 흥미로운 이야기를 들으면 몸을 앞으로 내밀기도 한다. 어떻게 해서든 우리는 몸을 사용하고 몸을 통해 흥미와 지루함을 표현한다. 따라서 가르치는 사람에게 필요한 것은 몸을 억압하는 기술이 아니라 몸의 언어를 읽는 기술이다. 배우는 사람이 몸을 통해 무엇을 어떻게 표현하는지 읽고, 그 표현을 통해 배움의 순간을 포착하는 기술을 익혀야 한다.

반대로 공부, 즉 교육을 오로지 머리를 사용해 추상적이고 기호학적인 능력을 키우는 지적 활동으로만 여기면, 듀이가 혹독하게 비판하는 것처럼 몸을 교육의 방해꾼으로 생각하게 된다. 그래서 학교에서는 끊임없이 학생들에게 "조용히 있으라, 가만히 있으라."고 말한다. 몸을 움직이고 다른 사람과 상호작용하는 것 자체를 지적이지 못한 활동이라고 억압하는 것이다. 그러나 이처럼 몸을 억압하면 머리에 집중하게 되는 것이 아니다. 가만히 있으라는 말은 '판단하지 말라'는 말과 동일한 의미로 사용된다. 수동적으로 듣고 따르기만 하라는 말이다.

이런 식으로 몸을 억압한 결과, 정신은 오히려 피로해지고 만다. 생각을 몸이 따라가지 못함으로써 몸도 피곤해진다. 머리만 쓰게 함으로써 피곤이 곱절이 되는 것이다. 이 아이러니한 결과가 교실에서 흔히 보이는 '널브러진 몸'이다. 공부를 거부하거나 포기한 학생들만 수업 시간에 가만히 있는다. 아예 배움을 포기한 상태이다 보니 몸을 움직이지 않고 그저 널브러져 잠을 자거나 무력하게 가만히 있는 것이다.

한편, 몸이 최대한 활성화되어야만 배울 수 있는 게 있다. 바로 '가르쳐줄 수는 없되 배워야만 하는 것'이다. 이런 공부를 할 때는, 지적인 과정에서 몸이 반응하는 게 아니라 몸을 통해 배우면서 지적인 과정이 자극된다. 활동을 통해서만 배울 수 있는 것이 바로 이런, 가르쳐줄 수는 없되 배워야만 하는 것에 속한다. 대표적으로, 눈치나 사람을 대하는 법 같은 것이다. 이것은 사람들 사이에서, 사람들과 부딪치면서 시행착오를 통해 배울 수 있다.

어린이는 물론 청소년에게도 또래집단이 중요한 이유가 여기에 있다. 또래집단 안에서 사람은 인기를 얻으려고 경쟁하기도 하고 우정을 쌓기도 한다. 어떤 행동을 하면 위험에 처하는지를 알게 되면서 자기를 보호하는 법을 배우는 곳이기도 하다. 남을 기쁘게 하는 법을 배우기도 하고 다른 사람의 협력을 이끌어내는 법을 배우기도 한다. 어떤 사람이 사기꾼이며 다른 사람을 이용만 하는지 파악하기도 한다. 사람 사는 법은 대부분 '활동'을 통해 배운다. 이런 점에서 이들의 활동은 장려되어야 한다.

1990년대 이전 학교에서 어린이와 청소년의 활동은 억압되거나 방치되었다. 암기 위주의 일제식 수업에서는 활동을 통해 무엇인가를 배운다는 것이 애초에 불가능했다. 몸은 최대한 억압되었다. 지적인 과정에 동반되는 몸의 움직임마저 억압했다. 실험이나 공동 작업을 통한 배움은 애초에 존재하지 않았다. 학생들의 자치 활동도 존재하지 않았다. 학생들이 활동을 통해 배우는 것은 전적으로 비공식적인 시간에 비공식적인 활동을 통해서였다. 점심 시간이나 쉬는 시간이 바로 이런 비공식적인 활동의 시간이었다.

학교 밖에서도 마찬가지였다. 학생들이 갈 공간은 별로 없었다. 당구장이나 만화방, 분식집이 대부분이었고 기껏해야 롤러스케이트장 정도였다. 대신에 반합법적이자 공식적인 활동의 공간이 딱 하나 있었다. 교회였다. 교회에서는 성가대니 뭐니 하며 기타를 치거나 노래를 부르고, 또 가을마다 있던 문학의 밤 등을 통해 자치적 활동을 했다. 이성을 만날 수 있는 거의 유일한 공식적 공간이기도 했다. 그래서 당시에는 교회를 '예배당'이 아니라 '연애당'이라 불렀다.

그러나 지금은 이런 비공식적 '활동'마저 위험하고 불온하다고 생각한다. 그러다 보니 활동을 통해 배워야 하는 것을 체험을 통해 배우는 것으로 바꿔놓았다. 삶에서 실제로 부딪치며 배우는 게 아니라 모든 것이 짜여 있는 프로그램에 따라 시뮬레이션을 통해 체험하면서 배운다. 모든 위험이 제거된 상태에서 가상으로 배운다. 당연히 이런 배움에 몸으로 깨닫는 과정은 없다. 배움의 흉내만 있을 뿐이다. 그 결과, 몸은 대단히 활성화되지만 정작 배움은 없다. 그저 분주하기만 할 뿐이다.

이런 식으로 경험을 체험화하면서 교육현장에서 역효과를 보고 있는 게 있다. 체험학습-글쓰기 프로그램이다. 우리는 체험학습을 하면 학생들이 보고 듣고 느낀 것, 즉 겪은 것이 많으리라 기대한다. 그래서 체험학습 후에 학생들에게 글쓰기를 시키는 경우가 많다. 글을 쓰면서 자기가 겪은 것에 관해 생각함으로써 배움이 일어나게 하려는 것이다. 그렇게 배운 것은 주입된 지식이 아니라 살아 있는 지식이 될 것이라 기대한다.

그러나 실제 교육현장에서 일어나는 일은 기대와는 정반대다. 많은 학생이 체험학습에 으레 따라붙는 글쓰기를 싫어한다. 하고 싶은 말이 없는데도 억지로 써야 하니 거짓말을 해야 한다고 반발한다. 극단적인 경우에는 체험학습을 포기하기까지 한다. 글을 쓰기가 너무 싫어서다. 배움으로 이끌려고 의도한 것인데 정반대로 배움에 대한 거부만 일으킨다. 당연한 결과다. 경험의 능동-수동,

경험과 사유의 관계를 완전히 오해했기 때문이다.

지금 교육현장에서 이루어지는 체험학습 후의 글쓰기는 겪음에 관해 사유하는 시간이 아니라 그 자체가 또 하나의, 아니 체험학습과는 별개의 '함', 즉 능동적인 것이다. 다시 말해, 글쓰기가 체험학습의 '겪음'과 이어지는 사유의 과정이 아니라 그것과 단절된, 독자적인 또 다른 '함'이 되었다. 이러니 학생들이 집중하는 '겪음'은 글쓰기에 관한 겪음이다. 겪은 것을 글로 쓰는 게 아니라 글을 쓰는 것을 겪는다. 학생들은 이 글쓰기를 매우 고통스러운 것으로 겪음으로써 교훈을 얻는다. 글쓰기는 재미없고, 의미 없고, 고통스럽기만 하다는 교훈 말이다. 배운 것이 없는 게 아니라 글쓰기에 '관해' 배운 것이다.

지금 아무리 참아도 미래에 돌아올 이익이 더 크지 않거나 매우 불확실하다면, 아무도 공부하기 위해 가만히 있지 않을 것이다. 미래의 보상으로 돌아오지 않는다면, 지루함을 견디는 이 과정은 '고통'일 뿐이다. 아무 의미도 반전도 없는 고통을 감수하려는 사람은 많지 않다. 당연히 가만히 있지 않고 현재의 즐거움을 취하려 할 것이다. 과거를 성찰하고 미래를 기획하지 않으며 오로지 현재의 쾌락에 집중할 것이다. 민가영은 이를 가리켜 "비유예의 문화"[14]라고 불렀다. 이게 손해를 덜 보는 길이기 때문이다.

변별력, 신분 상승 시대의 공부

공부의 목적이 신분 상승인 시대에, 지식은 또한 신분 상승의 도구라는 의미를 가진다. 따라서 이 시대에 공부하는 이가 절대 묻지 않는 것이 있었다. 바로 공부를 통해 습득하는 지식의 목적이다. 이걸 왜 공부하며, 어디에 써먹을 수 있는지에 관해 묻는 사람은 없었다. 공부의 목적은 분명했고, 그 공부의 목적이 분명할수록 공부를 통해 얻는 지식의 목적 또한 분명했기 때문이다. 신분 상승의 도구였다. 대학 입시를 위해 공부하는 것이지 다른 이유는 없었다.

따라서 1990년대 이후에 나타나는 "선생님, 이거 공부해서 어디다 써먹어요?"라는 학생의 질문 자체가 없었다. 혹여 누가 그런 말을 하면 교사는 "공부가 하기 싫으니 별 생각을 다 하는구나. 이리 나와. 좀 맞자."라고 대응했다. 다들 그런 질문 자체가 공부를 방해하는 쓸데없는 것이라고 생각했다. 당시에는 삶의 도구로서의 공부라는 인식 자체가 없었다고 봐야 한다.

따라서 당시의 공부는 철저하게 변별력 중심으로 구성되었다. 누가 대학에 갈 수 있고 누가 갈 수 없는지 가르기 위해 평가를 했기 때문에, 시험 문제에서 제일 중요한 것이 '변별력'이었다. 어차피 학생들 중 3분의 2는 대학에 진학하지 못했기 때문에 그들의 성적을 변별하는 것은 무의미했다. 중요한 것은 누가 서울대를 가고 누가 서울대 법대를 갈지 가르는 것이니, 당연히 상위권 중심으로 변별력을 갖는 것이 평가의 목적이 될 수밖에 없었다.

변별력의 핵심은 떨어뜨리는 데 있다. 살아가기 위해 필요한 것을 가르치고 그걸 제대로 배우고 익혔는지 확인하는 데 있지 않다. 후자와 같은 시험은 수학할 능력이 되는지만 알아보는 시험이다. 지금 학생들이 보고 있는 수학능력시험 같은 것이다. 반면, 이전의 학력고사는 학력을 알아보기 위해 치는 시험이 아니었다. 대학에 갈 수 있는 학생들 중에서도 상위 10퍼센트의 '차이'를 변별하기 위해 치는 것이었다. 그들 간의 차이를 분별해내야 서열을 지을 수 있기 때문이다.

당연히 시험 문제는 갈수록 어려워질 수밖에 없었다. 〈관동별곡〉을 외워야 했고, 고려에서 도자기가 구워질 무렵에 서구에서는 무슨 일이 벌어졌는지 비교할 줄 알아야 했다. 중학교에서 기하학을 배웠지만 자기가 배우는 게 기하학이라는 사실을 알지도 못한 채 문제만 죽어라 풀었다. 배우는 것의 이름도 모르는 공부를 했지만, 그런 지식이 어떤 가치와 효용이 있는지 묻는 '왜?'라는 질문은 허용되지 않았다. 그런 질문 자체가 학교에 대한 반항으로 여겨져 가혹하게 탄압받았다.

변별력의 영향력은 여전히 막강하다. 많은 시험이 여전히 '변별력'을 중심으로 출제된다. 학교 공부뿐만이 아니다. 대다수의 고시는 변별하기 위해 시험을 내고, 사람들이 열심히 공부할수록 변별이 힘들기 때문에 더 어렵고 쓸모없는 문제를 낸다. 대표적인 것이 교사 임용고시다. 몇 해 전 초등학교 교사 임용고시에서는 천마총에서 발견된 천마도가 그려진 말안장 장니의 나무 재질을 묻는 시험 문제가 나왔다. 자작나무가 답이었는데, 초등학교 교사가 되는 것과 그 문제의 연관성이 무엇인지는 그 문제를 출제한 사람도 모를 것이라고, 이야기를 들려준 교사는 확신했다.

교육이 신분 상승의 도구가 되고 그 경쟁이 치열해질수록 시험 문제는 쓸데없이 어려워지기만 한다. 이렇게 되면 그나마 공부를 하던 학생들도 점점 더 공부에서 밀려날 수밖에 없다. 공부를 해봤자 도무지 알 수도 없고 왜 알아야 하는지도 모르는 문제만 나오니 일찌감치 공부에서 낙오하게 되는 것이다. 공부에 흥미를 느끼기는커녕 공부 자체에 질리고 포기하게 만드는 게 이 변별력 중심의 평가였다.

이 과정에서 점점 더 많은 학생이 공부를 해야 할 이유를 찾을 수 없게 되었다. 공부하기 위해 책상 앞에 앉아는 있지만, 공부를 해야 하는 이유는 희미했다. 따라서 이들의 몸은 지루함을 참되 지루함에 항상 저항하는 몸이다. 완전히 순응한 것도 아니고, 그렇다고 완전히 반항하는 것도 아닌 어정쩡한 상태의 몸이다. 한마디로 말해, 주리를 틀면서 앉아 있게 된다. 이 어정쩡한 상태에서 다수의 학생은 학교에 '개겼다'. 이것을 영국의 교육인류학자인 폴 윌리스Paul Willis가 사용한 개념으로 '반학교 문화counter-school culture'라고 할 수 있다.

신분 상승과 반학교 문화

　　폴 윌리스는 《학교와 계급 재생산》에서 영국 노동계급의 자식들이 왜 역시 노동계급이 되는지 연구했다.[15] 그 책에서 윌리스는 노동계급의 자식들은 일찌감치 교육의 이데올로기를 '간파'한다고 말한다. 즉, 학교 공부는 미래에 대한 약속으로 그들이 학교 권위에 순응하게 만드는 지배의 도구다. 그 약속은 개개인에게 적용될 수 있을지언정 전체 노동계급에게는 적용될 수 없다는 사실을 학생들은 꿰뚫어 본다.

　학교의 체제 이데올로기적 기능을 간파한 학생들은 학교에 반항counter하게 된다. 그러나 이 저항은 학교를 떠나는 것과 같은 전면적인 거부는 아니다. 대신, 학교 안에 머무르며 학교의 권위에 저항하는 형태로 나타난다. 수업 시간에 깐죽거리고 개긴다거나, 짓궂은 질문을 한다거나, 수업을 교란한다거나, 무단 조퇴를 하거나 땡땡이를 치는 것 등이 반학교 문화의 특징이다. 학교의 권위에 도전함으로써 사회의 약속을 승인하기를 거부한다.

　일차적으로 이들이 학교의 권위에 도전하는 가장 중요한 방법은 그 권위의 원천인 '지식'을 무효화하는 것이다. 윌리스에 따르면, 영국 노동계급의 자식들은 학교의 지식을 '탁상공론'이라고 부른다. 학교에서 배우는 지식은 실제 생활에 하등 도움이 되지 않는다고 강조한다. 그건 먹물의 헛소리고 '진짜 지식'은 노동현장에 있다는 것이다.

노동계급의 문화가 강력한 영국에서, 학생들은 이것을 자기 아버지와 삼촌 같은 노동자들이 술집에 모여 떠벌리는 말에서 배운다. 예를 들어 "김 대리 그 새끼, 대학 나왔다고 잘난 척하지만 오늘 문제 생기니까 멘붕이잖아. 그 자식 밀어내고 내가 해결했지. 책상에서 배운 게 무슨 쓸모가 있어? 서울대 공대 나오면 뭐하냐고!"와 같은 노동자의 말에서 학생들은 학교의 권위를 무력화할 수 있는 강력한 문화적 자원을 끌어오는 것이다.

교사들은 그들이 적대해야 하는 '먹물'의 대표다. 따라서 학교의 권위에 대한 도전, 학교 권위의 원천인 지식을 무효화하려는 도전은 교사에 대한 도전으로 나타난다. 교사가 가진 지식을 무효화하기 위해 이들은 끊임없이 교사를 골탕 먹이는 질문을 한다. 한국에서는 대표적인 것이 '첫사랑' 이야기를 해달라고 조르는 것이다. 사랑에 관한 호기심이 가장 높을 때여서 물어보는 것이기도 하지만, 동시에 사랑 같은 삶의 실제적이고 중대한 문제에 관해 먹물인 네가 뭘 알겠느냐며 조롱하는 의미도 있다. 사랑에 관한 한 먹물인 교사보다 '싸나이'인 자신이 더 많이 알고 있다는 것이다.

이 반학교 문화를 가장 잘 보여주는 것이 학생들의 교복이다. 어느 나라에서나 교복은 학교의 권위에 대한 순응을 상징한다. 그렇기에 교복을 주어진 그대로 입는 것은 '찐따' 같은 일이다. 스스로를 모범생, 그것도 학교의 권위에 그대로 순응하는 모범생이라고 고백하는 일과 같다. 따라서 교복을 얼마나 '훼손'하는지에 따라 자신이 학교의 권위에 얼마나 저항하는지가 드러난다. 학생들의 소영웅주의를 가장 격렬하게 드러내는 지표가 바로 이 교복이다. (한국에서는 교복과 함께 머리 모양 역시 중요한 반항의 지표다.)

학생들의 교복 변천사를 보면 어른들은 도저히 이해할 수 없을 정도로 '엽기적'이다. 모든 이가 하는 것은 반항일 수 없기에, 유행이 된 반항의 지표는 빠르게 다른 것으로 대체된다. 어느 때는 교복을 늘려 입는 것이 반항의 지표가 되고 어느 때는 줄여 입는 게 유행이다. 여전히 반학교 문화가 강한 한국에서, 지금 남자 청소년들은 교복을 줄여 입는다. 어느 정도로 줄여 입는가 하면 이것은 더 이상 바지가 아니라 스타킹이라고 불러야 될 정도로 줄여 입는다. 입는 게 아니라 거의 신는 수준에 가깝다.

패션으로 표현되는 학생들의 반학교 문화가 이처럼 도를 넘어 기괴하고 엽기적인 형태를 띠는 가장 큰 이유는, '권위에 대한 저항'을 통해 학생들 간의 위세 경쟁이 펼쳐지기 때문이다. 공식 세계에서는 성적을 통해 학생들의 서열이 정해지지만 학생들의 또래집단 안에서는 권위에 도전하는 위세 경쟁을 통해 서열이 매겨진다. 누가 더 반항하는가, 누가 더 용감하게 반항하는가를 통해 위세가 결정되기 때문에, 교사에게 구타를 당하는 일까지 불사하며 '목숨을 걸고' 위세 경쟁을 펼친다.

이 위세 경쟁에서 중요한 것은 위험을 감수하는 '용기'를 얼마나 내는가다. 이런 점에서 한국 학교의 반학교 문화에서 가장 용감한 일로 간주되던 것은 지각이나 결석이 아니라 무단 조퇴다. 이런 반학교 문화가 잘 드러난 영화가 바로 "대한민국 학교 다 ×까라 그래!"라는 대사로 유명한 〈말죽거리 잔혹사〉(2004)다. 무단 조퇴는 교문을 지키고 있는 교사, 당시에는 주로 교련 교사로 대표되는 폭력 교사의 구타를 피하는 위험을 감수해야 감행할 수 있는 일이기 때문이다. 지각이 그저 게으른 것이라면, 무단 조퇴는 '용감'한 것이기 때문에 '만용'을 부려볼 만한 일이었다.

그런데 반학교 문화가 가진 역설이 있다. 반학교 문화는 학교 안에서 일어나는, 학생들의 문화적 현상이다. 따라서 반학교 문화에서는 학교가 학생들에게 세계의 전부다. 학교 바깥에는 학생들을 위한 공간이 없다. 소수에게는 롤러스케이트장이나 당구장, 만화방 혹은 교회와 같은 공간이 있었지만, 학생들 대부분의 생활은 학교 안에서 꾸려진다. 그렇기에 반학교 문화는 학교라는 틀/세계 안에서 일어나는 대항적인 하위문화가 되는 것이다.

반학교 문화는 학생 모두에게 중요하다. 물론 반학교 문화는 주로 공부를 잘 못하는 학생들의 것이다. 성적이 아닌 또래집단 내에서 위세를 얻는 것이 목적이기 때문이다. 그러나 아주 일부의 말 잘 듣는 학생을 제외하고는 다수의 학생이 이 반학교 문화에 참여한다. 모범생이라고 다르지 않다. 또래집단 내부에서는 교사를 흉보고 학교의 권위에 반항하거나 불만을 제기하는 것으로 '동참'할 수 있기 때문이다. 따라서 모범생도 적당한 수준에서 반학교 문화에 기꺼이 참여한다. 이런 점에서, 반학교 문화는 학교를 거부하는 학생들의 하위문화가 아니라 공부의 목적이 신분 상승인 시기의 보편적인 학생 문화라고 볼 수 있다.

자아실현과 탈학교 문화

脫學校

공부의 목적이 신분 상승이던 시대에, 대학에 진학할 수 없는 70퍼센트의 학생들에게 학교는 무의미한 공간이었다. 대다수의 학생이 대학에 진학할 수 없는 상황임에도, 교육 자체는 모두가 대학에 간다는 전제로 짜여 있었다. 1장에서 말한 것처럼, 변별력 중심의 평가는 학생 다수의 학력 수준과 점점 더 무관해졌다. 입시만을 위한 지식은 애초부터 삶의 문제를 대면하고 해결하는 것과는 상관이 없었다. 이런 교육현장에서 다수의 학생은 '행복'은 커녕 고문을 당하며 불행할 수밖에 없었다.

비록 그들도 신분 상승의 약속을 믿었기에 앉아서 공부를 하기는 했지만, 점점 더 이런 교육에 대한 반발과 저항이 거세졌다. 이런 상황에서, 저항 담론의 형태로 공부의 새로운 목적을 제시하는 흐름이 제도교육 안팎에서 나타났다. 제도교육 안에서는 전국교직원노동조합과 참교육학부모회로 대표되는 교육운동이 등장했다. 바깥에서는 공동육아, 대안학교와 같은 흐름이 만들어졌다. 다양한 교육운동의 흐름을 하나로 정리할 수는 없지만, 이들의 문제의식은 하나의 구호로 집약되었다. "행복은 성적순이 아니잖아요."다.

이들은 교육이 신분 상승의 도구가 아니라 삶의 도구가 되어야 한다고 주장했다. 학생들이 학교에서 배우는 교과목 상당수가 삶의 실제적인 문제와는 상관이 없고, 공부란 그저 시험 문제를 풀기 위해 외우는 것에 불과하다고 비판했다. 또한 일제식으로 진행되는 단순 암기 위주 수업 방법과 폭력적인 학교 문화 역시 고발 대상이었다. 대신 이들은 공부가 좀 더 자유롭고 즐거운 과정이 되어야 한다고 주장했다.

무엇보다 이들은 공부가 절대다수의 학생이 자신의 꿈을 탐색하고 발견하고 준비할 수 있게 도와주어야 한다고 생각했다. 입시 위주의 교육에서 학생들은 자기 꿈을 탐색할 수도, 발견할 수도 없었기 때문이다. EBS 다큐멘터리 〈학교란 무엇인가〉(2010)가 보여준 것처럼, 학교는 꿈을 묻지 않았다. 꿈에 관해 이야기하면 쓸데없는 생각은 하지 말라는 말이 돌아왔다. 학생들이 '하고 싶은 일'이라는 욕망을 드러내면 그 모든 것은 대학에 들어가고 난 다음에 하라며 억압되었다.

이런 점에서 '행복은 성적순이 아니잖아요'라는 구호에서 "행복"이 의미하는 바가 무엇인지 드러난다. 사람은 꿈을 가지고, 그 꿈을 실현하며 살아갈 때 행복하다. 사람은 자기가 하고 싶은 일을 하며 살아갈 때 제일 행복하다. 꿈이 없는 사람이 불행하며, 꿈을 가지지 못한 사람이 불행하다. 꿈을 가지고 있더라도 실현할 수 없는 사람은 불행하다. 따라서 학교는 절대다수의 학생에게 매우 불행한 공간일 수밖에 없었다. 꿈을 묻지도 않고 발견하는 데 도움이 되지도 않았다. 오히려 학교에서 대학 이외의 꿈은 철저하게 억압되었다.

이 당시의 저항 담론은 바로 이런 현실을 고발하며, 학교와 교육, 공부와 지식이 '꿈'을 중심으로 재편되어야 한다고 제안했다. 학교에서 다양한 학습과 활동을 보장해 학생들이 자기 꿈을 탐색하며 발견할 수 있도록 도와주고, 꿈을 발견한다면 그것을 실현할 수 있도록 준비하는 과정이 되어야 한다고 주장했다. 학생들이 꿈을 실현하기 위해 반드시 대학에 들어가야 하는 것이 아니라, 다양한 삶의 진로가 개발되고 제시되어야 한다며 입시 위주의 교육을 비판했다.

책임에서 욕망으로

        이런 흐름은 학생들 안에서의 변화로 나타났다. 이전 시기에 학생들이 사회의 약속-학교의 권위에 저항하는 말이 "제가 이런다고 대학에 갈 수 있나요?"였다면, 꿈을 물어야 하는 시기에 학생들은 "저는 헤어디자이너가 되고 싶은데 왜 〈관동별곡〉을 외워야 돼요?"라고 질문했다. 이런 형태의 '반항'이 의미하는 바는 상당하다. 드디어 학생들 입에서 '○○ 하고 싶은데'라는 말이 나온 것이다. 무엇을 하고 싶다는 꿈 혹은 개인의 욕망이 등장한 것이다. 이는 한국 사회가 이전과는 질적으로 다른 상황에 돌입했다는 것을 의미한다.

    나는 1장에서 공부의 목적이 신분 상승이었다고 말했다. 그러나 신분 상승이라고 할 때 상승하는 단위는 개인이 아니었다. 나 혼자 잘 먹고 잘살기 위해 공부하는 것이 아니라는 말이다. 나만 하더라도, 공부를 한 가장 중요한 목적은 고생하는 부모님을 호강시켜드리는 것이었다. 시장에서 어머니가 다른 아주머니와 머리카락을 잡고 싸우는 것이나 집주인에게 괄시받는 것을 보면서, 나는 공부를 더 열심히 하겠다고 전투의지를 불태웠다. 공부를 통해 고생하는 어머니를 호강시켜드리고 싶었다.

    어머니 또한 종종 물어보곤 했다. "우리 기호는 나중에 무슨 호강을 시켜주려고 이렇게 열심히 공부하냐."라고 말이다. 어머니가

대가를 바랐다는 말이 아니다. 어머니는 내가 공부 잘하는 걸 기뻐했고, 그 기쁨을 그런 언어로 표현한 것이다. 그건 내 공부의 목적을 다시 확인하는 과정이었다. 또한, 그 공부의 목적인 신분 상승의 단위가 나라는 '개인'이 아니라 가족이라는 것을 되새기는 과정이기도 했다.

그렇다. 신분 상승이 목적이던 시대에 욕망의 주체는 개인이 아니었다. 개인의 욕망을 드러내고 그것을 중심으로 살아가는 것은 윤리적/도덕적으로 비난받을 만한 행동이었다. 신분 상승이라는 욕망은 있었지만 그 욕망의 주체는 '가족'이었으며, 가족이라는 이름으로 개인의 욕망은 엄격하게 금지되었다. 단적으로, 의대나 법대에 갈 수 있을 정도로 공부를 잘하는 아이가 부모의 바람과 달리 인기 없는 철학이나 문학을 전공하겠다고 하면 부모로부터 이런 말이 돌아왔다. "너는 네 생각만 하냐?"

따라서 그 시대에 개인이 어떤 행동을 선택하고 추구하는 기준은 '욕망'이 아니라 '책임'이었다. 내가 공부를 열심히 한 것은 나를 위해 고생하는 부모님을 위해서였다. 나를 책임지는 부모님에게 책임을 다하는 것이 중요했다. 공부는 자기가 책임져야 하는 사람들을 책임지는 가장 좋은 길이었다. 또한, 그 당시의 교육은 바로 그 '책임'을 강화하는 기제였다. 나라에 책임을 다하는 국민이 되는 '충'과 부모에 대한 '효'를 강조했다. 그렇게 책임을 다하는 존재를 '훌륭한 사람'이라고 불렀다.

책임을 다하는 것이 곧 '선'이라고 배운 세대의 특징이 있다. 이들은 일이 되게 해야 한다. 책임을 진다는 것은 곧 일이 되게 하는 것이다. 그래서 이들은 책임을 다하기 위해 불법이나 탈법도 불사하는 경향이 있다. 또한, '일 중독'이라고 불릴 만큼 장소와 시간을 가리지 않고 일을 한다. 여기에 압축적 근대화까지 결합되어, 이들은 최대한 빨리 일이 되게 하는 것, 그것이 선이자 능력이라고 생각한다.

그 결과, 이들 세대에게는 노동에 관한 감각이 거의 없다. 이들은 노동하는 순간에도 자신이 하는 것이 노동이 아니라 활동이라고 생각한다. 사람을 가르치는 일 역시 마찬가지다. 사람을 가르치는 일에는 이중적 성격이 있다. 임금을 받아 생활을 영위한다는 점에서 직업이자 노동인 한편, 그럼에도 불구하고 학생들의 성장을 도모하는 일이라는 점에서 노동으로만 수렴되지 않는 '활동'인 것이다.

책임을 다하고 일이 되게 하는 것을 자기 윤리로 받아들인 사람들은 노동의 성격보다는 활동의 성격을 지나치게 중시한다. 그래서 소명의식을 강조한다. 가르치는 일은 여느 노동과는 다른 의의와 가치를 갖고 있으므로, 그 가치를 소중히 여기고 실현하려고 노력하는 것이 가르치는 자의 윤리적 태도라는 것이다. 그렇기 때문에, 이들은 가르치는 일의 노동으로서의 성격만을 강조하는 것을 경멸하는 경향이 있다. 나를 비롯해 대다수의 40대 이상 세대는 이 책임과 '일이 되게 하라'는 윤리관을 온몸으로 받아들인 사람들이다. 나중에 말하겠지만, 이들이 지금 한국 사회에서 후배 세대와 곳곳에서 충돌하며 '문제적'인 존재가 되었다.

그러나 어느 순간부터 학교는 '훌륭한 사람'이 되라는 말을 더 이상 하지 않게 되었다. 교사들은 어느 순간부터 이 말이 신기할 정도로 사라졌다고 기억한다. 심지어 훌륭한 사람이 되라고 말하는 것은 낯간지럽고 손발이 오그라드는 일이 되었다. 대신 그 자리를 차지한 말이 '행복한 사람'이었다. 진보와 보수를 가리지 않고, 공부의 목적은 행복이며 공부를 통해 행복한 사람이 되기를 바란다고 말했다.

이 '행복'의 핵심에 꿈, 즉 욕망이 있다. 나는 이때가 비로소 한국 사회에서 개인이 출현한 시기라고 본다. 개인이 더 이상 다른 사람에 대한 '책임'이 아니라 자신의 '욕망'을 중심으로 자기를 바라보기 시작했기 때문이다. 자기 욕망을 중심으로 인생을 성찰하고 기획하는 존재, 그것이 개인이다. 따라서 '나는 ○○가 되고 싶은데'라는 말로 교육의 권위와 정당성에 도전한 것은 이런 욕망의 주체로서 개인이 탄생하기 시작했다는 것을 의미한다.

그렇기에 당시 '꿈'이라는 말은 해방의 언어였다. 꿈을 묻는 부모와 교사는 '좋은' 부모였다. "엄마/아빠는 네가 좋은 대학 안 가도 된다고 생각해. 사람이 꼭 좋은 대학을 가야 행복한가. 자기가 하고 싶은 일 하면서 사는 게 제일 행복한 거야. 그래서 넌 뭐하고 싶어?"라고 물어보는 부모가 생겼다. 교사도 마찬가지였다.

꿈이 해방의 언어라고 할 때, 그것은 단지 입시 위주의 교육에서 학생들을 해방하겠다는 의미만이 아니다. 이 해방은 보다 근원적이다. 국가나 가족이라는 집단주의로부터 각각의 사람을 '개인'으로 해방하겠다는 약속이었다. 국가의 일원, 가족의 일원이라는 것이 중요한 게 아니라 자기 자신으로 살아가는 게 행복의 원천이라며, 사람을 개인으로 해방하자는 강력한 요구가 바로 '꿈'이라는 말로 표현된 것이다.

소비자본주의와 청소년의 등장

꿈을 묻는 교육에 대한 요구에 진보적인 의미만 있는 것이 아니었다. 이것은 또한 당시 한국 자본주의의 요구이기도 했다. 1990년대에 들어 한국 자본주의는 본격적인 소비자본주의의 길로 들어서고 있었다. 먹고사는 문제를 중심에 둔 저개발 국가에서, 삶의 질을 따지기 시작한 '살 만한 나라'로 전환하고 있었다. 이런 사회에서 사람들이 생존이 아닌 '수준 있는 삶'을 바라는 것은 당연한 결과였다. 무엇보다, 자본주의의 발달에 따라 생산직 노동자도 중산층 대열에 들어서기 시작했다. 이것을 잘 보여주는 곳이 울산의 현대중공업이다.

1990년대 이전에 한국 사회에서 생산직 노동자는 '패배자'에 가까웠다. 대학 진학에 실패하고 공장에 취업한 사람에게는 사회적으로 패배한 자라는 낙인이 찍혔다. 수입도 형편없었으며, 공장에서도 사람이 아니라 거의 노예에 가까운 취급을 받았다. "4년제 대학을 가야 사람 구실 한다."라는 말이 그래서 나왔다.

1987년의 민주화 항쟁과 그에 뒤따른 789 노동자 대투쟁, 그리고 3저 호황에 따른 경제의 비약적인 성장은 노동자의 삶도 바꾸어놓았다. 우선 대기업 생산직 노동자를 중심으로, 가장 한 명이 돈을 벌어 4인 가족이 생활을 영위하며 교육에 투자할 수 있는 삶이 가능해졌다. 울산의 현대중공업이 그 시작을 알렸다. 노동자들은 결혼하면서부터 소위 가부장적인 '정상 가족'의 꿈을 가졌다. 야근을 하고 돌아와 아이의 몸을 씻기며,[16] 아이를 학원에 보내기 위한 돈을 모았다. 그 뒤를 현대자동차와 같은 자동차산업, 그리고 다른 산업이 따랐다.

부모들에게는 소원이 하나 있었다. 자신은 비록 먹고사는 문제에 집중하느라 제대로 누리고 살지 못했지만, 자식들은 그러지 않기를 바랐다. 자식들이 부모를 책임지는 것이 아니라 자기가 하고 싶은 일을 하며 살기를 바라는 부모가 나타났다. 그러면서 자식들의 '문화생활'에 돈 쓰는 것을 아끼지 않았다. 꿈을 탐색하고 발견하고 준비하는 과정으로서 교육은, 자식의 요구이기만 한 것이 아니라 부모의 바람이기도 했다.

중산층이 확장되면서 청소년의 구매력이 늘어났고, 이들이 소비자본주의의 주된 문화적 소비자가 되었다. 시장은 이들의 구매력에 주목하면서 재빨리 문화산업을 발전시켰다. '서태지와 아이들' 등으로 대변되는 대중문화와 팬덤 등 십대 문화의 확산이 이를 보여준다. 소비자본주의의 세례를 받으면서 청소년은 빠르게 문화적 주체로 성장해, 그 이전의 '대학 문화'를 대체하는 '십대teenage 문화'를 형성했다.

이것은 한국 사회에 '청소년'이라는 주체의 탄생을 알리는 신호였다. 그 이전까지 십대는 '학생'으로만 존재했다. 십대는 모두 학교에 있다고 가정되었다. 학교에 있지 않는 십대는 '비행 청소년'이라고 불렀다. 다른 말로 하면, '청소년'은 존재하지 않았다. '학생'이라는 말에서 알 수 있듯이 이들의 존재 가치는 오로지 '학습'이었다. 다른 일을 하는 것은 한눈파는 짓이며 해서는 안 되는 짓이었다. 공부 이외의 것에 욕심을 내면 "어디 학생이!"라는 말이 꼭 따라붙으며 엄격하게 금지되고 탄압되었다.

대신, 모든 '욕망'은 대학 입학 이후로 미뤄졌다. 그러다 보니 1990년대 이전의 문화적 주체는 오로지 대학생이었다. 대학 문화라는 말이 자연스러웠다. 대학가요제나 강변가요제가 대표적이다. 노래를 부르고 춤을 추는 것은 대학생이 하는 것이었다. 노래를 부르고 싶으면 대학을 가야 했고 연극을 하고 싶어도 대학에 가야 했다. 대학에 가지 '않은' 존재인 청소년과 대학에 가지 '못한' 존재인 노동자는 '문화적 주체'가 될 수 없었다. 1990년대 들어 이런 현상을 부수고 청소년이 본격적으로 문화적 주체, 소비의 주체로 등장하게 된 것이다.

그 전까지 학교가 세계의 전부였고 학생이라는 단일한 정체성으로만 살았던 이들이, 소비자본주의에 의해 확장된 문화적 공간에서 "놀이하는 주체, 자신의 감성대로 움직이는 사적 주체로서의 자아를 실현하고자 하는 욕구"[17]를 드러내기 시작했다. 한마디로, 자기가 하고 싶은 일을 하며 살고 싶다는 '욕망'이 생긴 것이다. 자아에 대한 의식이 생겨났고, 그 자아는 곧 내가 무언가를 하고 싶다는 '욕망'을 의미했다.

이때부터 자의식을 가진 개인의 탄생을 알리는 문화적 장치들이 본격적으로 나타났고 보편화되었다. 무엇보다 '자기만의 방'을 가진 청소년이 생겼다. 이전에 '자기 방'이란 소수의 부잣집 아이들이나 가질 수 있는 것이었다. 자기만의 방은 개인의 탄생에 결정적인 역할을 한다. 세계와 떨어져서 자기 내면에 침잠하는 시공간을 가능하게 하는 것이 바로 자기만의 방이기 때문이다. 방이 생김으로써 청소년들도 '사생활'이라는 감각을 갖기 시작했다. 또 하나의 상징적인 물건이 휴대용 카세트 플레이어다. 드라마 〈응답하라 1988〉에서, 덕선이가 장기자랑대회에 나가 상품으로 받고 싶어한 그 '마이마이' 말이다. 그 이전까지 음악이 흉측하게 커다란 카세트 플레이어로 다른 사람들과 함께 듣는 것이었다면, '마이마이'는 길을 걸으면서도 자기만의 세계, 자기만의 시공간을 만들 수 있다는 걸 보여주었다. 이어폰을 꼽고 음악을 듣는 순간부터, 누구와 함께 있든 자기만의 세계로 들어갈 수 있는 것이다. 자기만의 방과 '마이마이'에 이어, 1990년대 후반에는 아파트, 자가용 등이 보편화되기 시작했다.

학교 바깥이 세계인 탈학교 문화

이렇게 자아에 대한 욕망을 갖고 욕망의 자아가 된 이들에게, 1990년대의 학교는 촌스럽기 그지없는 곳이었다. 학교 밖에서는 욕망을 자극하는 상품들이 끝도 없이 쏟아져 나왔지만 학교는 욕망을 금지하는 곳이었다. 여전히 머리를 죄수처럼 빡빡 깎아야 했고 오로지 공부만이 허용되었다. 당연히 학생들은 질문했다. "나는 노래를 부르고 싶은데, 미적분을 왜 풀어야 하나요?" 아무도 제대로 답해주지 않았다. 대학 가려면 풀어야 한다는 말만 돌아왔다.

이처럼 학교와 가정은 이들을 학교에만 묶어둘 능력을 상실[18]하고 있었으며, 이에 따라 1990년대에는 십대들의 탈학교 현상이 두드러지게 나타났다. 그 이전의 학교가 학생이라는 단일한 정체성만 허용하는 세계의 전부였다면, 이때부터 청소년에게 의미 있는 공간은 더 이상 학교가 아니라 학교 바깥의 세계였다. 어른들은 청소년이 갈 만한 곳이 없다고 말했지만, 사실 청소년이 갈 곳은 학교 바깥에 무궁무진했다.

이들은 학교 바깥에서의 문화적 자본과 소비 공간에 더 많은 관심을 가지고 있었고, 자신들의 정체성과 삶의 의미를 학교 바깥에서 찾았다. '서태지와 아이들'의 출현과 함께 팬클럽이 활성화되기 시작했다. 이런 문화 소비를 통해 자기 주체성에 대한 강한 욕망을 가진 청소년들이 실제로 탈학교를 감행했다. 그러지 않고 학교에 남아 있는 학생들에게도 학교는 '가주는 곳'이었을 뿐, 의미 있는 세계는 학교 바깥에 있었다. 반학교 문화가 학교가 곧 세계이던 시대의 것이라면, 탈학교 문화에서 학생들의 세계는 학교 바깥이었다.

이 말은 다수의 학생이 학교를 그만두고 뛰쳐나갔다는 의미가 아니다. 물론 학교를 실제로 그만두는 학생도 나타났지만 대다수 학생은 학교 안에 남았다. 학교를 그만두기 위해서는 부모와 교사를 설득하는 어려운 과제를 해결해야 했다. 아무리 자녀가 하고 싶은 일을 하며 살기를 바라는 부모가 생겼다고는 해도 학교는 아직 신성한 곳이었다. 여전히 십대는 학교에 있어야 하는 존재였다. 청소년은 학생의 '부가적인' 정체성이지 그보다 근본적인 정체성은 아니었다.

이 때문에 학교에 '와주는' 학생들이 생겨났다. 이들은 학교에 공부하러 오는 것도 아니고 개기러 오는 것도 아니다. 학교 자체가 무의미했지만 어른들의 강압 때문에 어쩔 수 없이 왔다. 그러다 보니 학교에 오는 것이 일이고, 학교에 오는 것으로 자기가 할 일을 다 했다고 생각한다. 등교하여 자기 자리에 앉는 순간부터 학교를 나가는 순간까지 엎드려 잠을 잔다. '당신들이 하라는 것 다 했으니 건드리지 마시오.'라는 '포스'를 확 풍기고 있다. 교사들 역시 이들을 보며 '오는 것만으로도 수고했다.'라고 생각한다.

'무기력'의 문제가 교육현장에 본격적으로 등장하기 시작했다. 수업 시간이고 쉬는 시간이고 잠만 자는 학생들이 나타났다. 이들은 학교에서 아무것도 하지 않았다. 교사나 부모가 보기에 이들은 완전히 무기력했다. 그러나 이들의 무기력은 '어른들 앞'에서만, '학교와 집'에서만 나타나는 것이었다. 학교를 벗어나면 이들은 살아났다. 아파트 단지 상가 화장실을 보면 알 수 있었다. 하교 시간이 되면 상가 화장실은 옷을 갈아입는 학생들로 붐볐다. 학교에서는 허용되지 않는 화장을 하고 옷을 갈아입으며 세계로 들어가기 위한 준비를 본격적으로 했다.

물론, 학교가 무의미해졌다고 해서 모두가 학교 안에서 무기력하게 잠만 잔 것은 아니었다. 오히려 학교에 온 김에, 학교 바깥의 세계에서 할 일을 학교에서 하는 학생도 있었다. 여학생들의 팬클럽 활동이 대표적이다. 이들은 쉬는 시간을 활용해서, 또는 과감하게도 수업 시간에 팬클럽 활동을 열성적으로 했다.

한때 이들은 온 시간을 다 바쳐 연예인 '오빠'들의 필통을 만들었다. 오빠들의 사진을 정성껏 오리고 그걸 하드보드지에 정교하게 붙여 세계에서 단 하나밖에 없는 수제 필통을 만들었다. 한 웹툰에 이 수제 필통 만들기가 등장한다. 수제 필통을 만들다가 교사에게 걸려 된통 혼이 났던 여학생이 이번에는 다이어리를 꾸미다가 교사에게 빼앗기고 말았다. 이를 본 친구가 "왜 그걸 학교에 와서 하냐? 집에서 했으면 안 뺏겼잖아."라며 안타까워하자 다이어리를 뺏긴 학생이 이렇게 말한다. "이런 쓸데없는 건 수업 시간에 해야 제맛인 거다!"[19] 학교는 쓸데없는 짓이나 하는 데 어울리는 쓸데없는 장소다.

교실 붕괴와 학교 폭력

이처럼 학생들의 욕망과 학교의 문법은 전혀 맞지 않았다. 학생들은 본격적으로 자기표현의 욕망을 드러냈지만, 학교는 여전히 획일주의적 군대 문화였으며 수업은 입시 위주의 암기식 공부였다. 학교와 교실이라는 공간에 몸을 억지로 끼워 맞추고 있으니 교실에서 아무리 잠을 자고 팬클럽 활동을 한다 해도, 학교는 기본적으로 폭력적이고 무의미하면서 고통만 유발하는 공간이었다. 학생들의 몸은 이 공간을 견디지 못했다.

이때부터 학교는 내부로부터 붕괴하기 시작했다. 그 결과, 1990년대 후반부터 한국의 제도교육은 학교 붕괴, 교실 붕괴 담론에 시달렸다. 학생들은 교사의 권위에 이전처럼 고분고분하게 복종하지 않았다. 학부모의 교육 수준이 높아지면서 교사의 지적 권위도 도전받는 상황이었다. 반학교 문화의 맥락에서 본다면, 교사 권위의 원천인 지식의 권위가 붕괴되었다. 신분 상승의 도구로서 대학 진학을 위한 지식 전달에서는 학교와 교사보다 학원과 강사가 더 효율적이었다. 반면, 학교의 지식은 학생의 꿈을 찾고 실현하는 데 도움을 주는 것과는 여전히 거리가 멀었다.

가장 큰 원인은 교육의 내용과 방법에 있었다. 문화적 욕망의 주체가 된 이들에게 가장 필요한 것은 경험이었다. "문화자본은 인간의 다양한 경험의 장 없이는 축적되지 않기"[20] 때문이다. 당시에 정보화니 뭐니 새로운 교육 방법에 관한 논의가 나왔지만, 문화적 관점에서 본다면 "정보를 축적하고 유통시키는 체제 정비도 중요하지만 먼저 경험을 할 수 있는 체제"[21]를 만드는 것이 더 중요했다. 그래야 "의사소통이 가능하고 집단적으로 공유하고 있는 문제를 알아차릴 수"[22] 있게 하는 자기표현 능력을 키울 수 있기 때문이다.

1990년대에 폭증하기 시작한 교실 붕괴와 학교 폭력 담론은 바로 이 두 가지에서 당시 한국의 제도교육이 실패했다는 것을 뜻한다. 경험을 쌓게 하는 활동 위주의 교육이 절실하던 시점에 제도

교육은 입시를 위한 획일적인 암기 교육만 반복했다. 의사소통을 통해 공유하고 있는 문제를 함께 알아내고 해결해가는 경험이 필요했지만, 여전히 학교 안에서의 의사소통은 일방적인 의사 '전달'이었다. 서로를 존중해가며 말하는 법을 배우지 못하니 학교 내의 관계가 폭력적으로 변화하는 것은 당연한 귀결이었다.

초등학교에서는 학생들을 '통제'하는 데 애를 먹기 시작했다. '가만히 앉아서' 하는 공부가 더 이상 통하지 않는 몸이었는데도 수업은 여전히 일제식/강의식/단순 암기식이다 보니, 학생들이 교실을 이리저리 돌아다니는 통에 수업을 시작할 수조차 없다고 하소연하는 교사가 늘어났다. 이런 학생들을 강압적으로 대하면 항의하는 부모가 나타나 이전처럼 폭력적으로 수업을 이끌 수도 없었다.

중고등학교에서도 학생들은 이전처럼 고분고분하지 않았다. 가만히 자고 있는 학생을 건드리면 폭력적으로 돌변하기도 했다. 분필을 던져가며 모욕을 주고 깨우는 것은 더 이상 통하지 않았다. 대놓고 자는 학생부터 교사의 말에 참지 '않고' 대드는 학생까지 나타나, 고전적인 생활 '지도'와 학급 운영, 수업은 점점 어려워지고 있었다. 가르치는 이에게도 배우는 이에게도 교실은 더욱더 고통스러운 곳이 되었다.

배움의 공간으로서 교실에서만 문제가 생긴 것이 아니다. 교실 붕괴 담론과 함께 학교 폭력에 관한 담론도 폭증했다. 물론 이 말이 학생 간의 폭력이 이 시기에 급증했다는 뜻은 아니다. 이전과는 달리 폭력을 폭력으로 인식하기 시작했다는 뜻도 포함되어 있다. 학교 안에서 벌어지는 폭력에 학부모부터 민감해졌다. 또한, 의미를 상실한 공간에 구겨 넣어져 있던 학생들의 몸 역시 조금만 건드려도 언제든 폭발할 지경이 되었다. 교사와 학생, 학생과 학생 사이의 관계가 점점 더 폭력적이고 적대적인 관계로 변한 것이다.

폭력에 관한 한 학교는 언제 터질지 모르는 시한폭탄이 되고 있었다. 욕망이 분출되는 시기에 욕망을 억누르기만 하는 곳이었으니, 어찌 보면 당연한 결과였다. 지금 당장 하고 싶은 것이 있는 학생들에게, 학교는 나중을 위해 지금 당장은 참으라는 말만 반복했다. 그러나 학교가 말하는 그 '나중'은 학생들이 원하는 나중이 아니었다. 그들이 원하는 현재는 물론 나중 또한 학교 바깥에 있었다. 지금과 나중을 연결하는 방법과 문법이 완전히 어긋나 있었다. 꿈을 묻지 않는 학교는 학생들 사이에서 점점 더 낙후되었다.

꿈이 억압이 되다

그러나 1990년대 후반부터, 저항과 해방의 언어였던 '꿈을 위한 교육'은 예상치 못한 방향으로 흘러가기 시작했다. 꿈을 해방이 아닌 억압의 언어로 받아들이면서 꿈을 묻는 것을 싫어하고 저항하는 학생들이 생겨나기 시작한 것이다. 앞에서 말한 것처럼 "엄마/아빠는 네가 좋은 대학 안 가도 된다고 생각해. 사람이 꼭 좋은 대학을 가야 행복한가. 자기가 하고 싶은 일 하면서 사는 게 제일 행복한 거야. 그래서 넌 뭐하고 싶어?"라고 물으면, 인상을 찌푸리며 꿈이 없다고 말하거나 꼭 꿈을 가져야 하느냐고 반문하는 학생이 생겼다.

꿈이 해방의 언어가 아닌 새로운 억압의 언어가 된 이유는 꿈을 묻는 교육이 간과한 질문이 있기 때문이다. 꿈을 묻는 이들은, 이 꿈이라는 게 긴 인생 중 어느 시기에 묻고 찾고 발견하고 준비해야 하는 것인지 질문하지 않았다. 진보적인 사람도 보수적인 사람도 그것은 당연히 청소년 시기에 해야 하는 것이라고 생각했다. 한마디로, 대학 가기 전에 꿈을 발견하고 준비까지 마쳐야 한다는 것이다. 입시 위주의 교육을 비판했지만, 생애사적 기획의 관점에서 보면 '꿈을 묻는 교육'을 말한 사람들조차 이 모든 것을 열여덟 살, 즉 대학에 들어가는 나이 이전에 해내야 한다고 자기도 모르게 생각하고 있었다.

그러다 보니 사람들은 한 사람의 생애와 발달 과정에 관해 망상에 가까운 시나리오를 가지고 있었다. 이들은 우선 초등학교 3학년 때까지는 아동이 '밝고 건강하게' 자라야 한다고 생각한다. 그래서 이 시기에는 학교의 강압적이고 획일적인 교육에 반대한다. 어린이는 '자유'롭게 뛰어놀며 신나고 행복하게 생활해야 한다고 믿는다.

문제는 '밝고 건강하게'가 마냥 '밝고 건강하게'인 것이다. 이 때문에 이 시기에는 책만 읽으며 혼자 있는 자녀를 오히려 '걱정'하는 경우도 많다. 어린이가 밝고 활달하지 않은 것을 참지 못하고 근심거리라고 생각한다. 혹시 우리 아이가 소아우울증인 것은 아닐까, 감정 조절에 실패하는 것은 아닐까, 과잉행동장애인 것은 아닐까, 자녀를 키우는 내내 노심초사한다. 나는 이것을 어린이 시기의 '병리학'화 현상이라고 부른다. 조금만 이상해도 발달 과정의 이상 증후로 받아들이는 것이다.

그러다 자녀가 초등학교 4~5학년이 되면 그때부터 자기의 꿈, 즉 자아 탐색을 시작할 것이라고 생각한다. 그러면서 부모의 태도가 돌변한다. 자녀가 5학년이 되어서도 마냥 '밝고 건강하면' 그게 또 걱정거리가 된다. 자아 탐색을 할 때면 자녀가 슬슬 홀로 있기도 하고 '어두워져야' 할 텐데, 너무 밝으니 걱정인 것이다. 그래서 부모는 늘 "우리 아이는 밝고 건강해요. 씩씩하기'만' 해요."라며 한탄한다. 자기 삶에 관한 고민을 시작해야 하는데도 노는 데만 정신이 팔려 있다면서 "우리 아이는 아무 생각이 없다."라고 말한다.

대부분의 부모가 말하는 것을 들어보면, 이 자아 탐색의 시기를 대체로 중학교 2학년 때까지로 생각하는 것 같다. '중2병'이라는 말이 괜히 나온 것이 아니다. 중학교 2학년이 되면 자기 자신에 관한 질문과 자기가 살아가는 이 세계의 의미와 가치, 방향에 관한 질문이 정점에 이른다고 생각하기 때문이다. 이 시기를 넘어서면 드디어 자기 꿈을 발견할 수 있으리라 기대한다. 그래서 중학교 2학년이 넘어서도 여전히 자기에 관한 '실존적' 고민에 빠져 있으면 '중2병'에 걸렸다고 비난한다.

중학교 2학년에서 고등학교로 넘어가는 시기에 자기의 꿈을 발견하면, 그다음에 부모가 기대하는 것은 일종의 '폭풍 성장'이다. 자기 꿈이 무엇인지 아니까, 그걸 실현하기 위해 자녀가 미친 듯이 공부하거나 자기가 하고 싶은 일에 완전히 집중하고 몰두하면서 쑥쑥 성장해가리라 기대한다. 공부하기를 기대하는 부모는 이때 자녀의 성적이 '비약적'으로 올라서 상위권 대학에 갈 것으로 기대한다. 항간에 떠도는 말처럼, 보수적인 부모는 자녀가 서울대를 가기를 바라고 진보적인 부모는 자녀가 비판적인 서울대생이 되기를 바란다는 얘기가 이래서 나온다.

이렇게 말하면, "나는 내 아이가 학교 공부를 잘하기를 기대하지 않는다."라며 항변하는 부모가 있다. 그러나 이 부모들 역시 '다른 방면'에서 자녀가 폭풍 성장하리라 기대한다. 기타를 치면 기타에서, 농사를 지으면 농사에서, '두각'을 나타내리라고 생각하는 것이다. 때문에 이때가 되어서도 자기 자녀가 무엇을 하고 싶은지 발견하지 못했거나, 하고 싶다고 말한 그 무엇을 잘하지 못하면, 부모와 자녀의 갈등이 정점에 이른다. 자녀가 고등학교 2

학년 정도 되었을 때 부모가 집중적으로 하는 말이 있다. "사람이 잘하는 것이 하나는 있어야지, 너는 도대체 잘하는 게 뭐냐?"

이런 부모에게, 자녀가 어느 정도 잘하기를 바라느냐고 물어보면 돌아오는 답이 비슷하다. "일등 하기를 바라는 것이 아닙니다. 그래도 어느 정도는 해야지요."라는 답이다. 그 "어느 정도"가 어느 정도인지 다시 물어보면 최소 중간 이상이다. 이 정도는 되어야 '어느 정도' 하는 것이 된다. 영역이 학교 공부에서 다른 분야로 옮겨간 것일 뿐, 명시적으로 일등을 바라는 것은 아니라 해도 사실상 중상위권 안에 들기를 바라는 일등주의자들인 것이다.

그 결과, 탈학교 시대의 후반기로 갈수록 어린이/청소년을 해방하고자 한 언어인 '꿈'은 본의 아니게 억압의 언어가 되었다. 꿈을 가지지 못하면 '지질한' 사람이 되고, 꿈을 가지면 그 모든 준비를 열여덟 살 이전에 완수해야 하는 '강압의 언어'가 된 것이다. 오히려 입시에 의한 압박보다 꿈에 의한 압박이 사람을 더 궁지로 몰아넣고 비참하게 만든다. 부모와 교사가 자기 꿈을 위해 저렇게 적극적으로 도와주는데도 아직 꿈을 발견하지 못한 자신은 구제 불능에 형편없는 존재가 되는 것이다.

이 때문에 꿈은 청소년을 해방하는 게 아니라 열패감, 즉 열등감과 패배감의 근거가 되어버렸다. 나만 뒤처진 것 같은 열등감과 패배감에 시달리는 청소년/청년이 늘어갔다. 열패감이 깊을수록 초조해지고, 초조해질수록 이들은 '아무것'이나 '급하게' 잡는 경향이 있다. 안타깝게도, 그럴수록 그것은 자기가 원하는 '꿈'이 아닐 가능성이 높다. 그래서 이 과정을 서너 차례 반복하다 보면 부모도 자신도 폭발한다. 부모는 "도대체 너는 끈기 있게 집중하는 게 하나도 없냐?"고 불만을 토로한다. 자기도 그런 자신의 모습이 못마땅하기 때문에 열패감은 더 깊어지고, 그에 따라 완전히 무기력해지는 경향이 나타난다.

따라서 우리가 이 꿈을 묻고 발견하고 준비하도록 도와주는 교육에 관해 반드시 물어야 하는 것이 있다. 이것을 대체 언제 해야 한다고 우리는 생각하는가. 열여덟 살 이전에 꿈을 찾고 발견하고 준비하는 것, 이게 과연 가능한가라는 질문이다. 게다가 한국은 패자부활전이 없는 사회다. 한번 진로를 정한 다음에는 되돌리기가 쉽지 않다. 일단 길을 정하고 나면 끝까지 가야 한다. 꿈이 가변적이라는 것이 허용되지 않는 사회다.

강의를 하면서 어른들에게도 물어보곤 한다. 자기가 무얼 하고 싶은지 아는 사람이 있느냐고 말이다. 대부분 고개를 숙이고 대답을 하지 못한다. 이걸 아는 게 쉬운 일이 아니기 때문이다. 내일 지구가 망한다면 오늘 무얼 하겠느냐고 물으면, 사람들은 대부분 자기가 가장 하고 싶은 일을 하다가 최후를 맞을 것이라고 대답한다. 그런데 그때 가장 하고 싶은 게 무엇인지 아는 사람이 몇이나 될까? 대부분은 최후의 그 순간까지 자기가 가장 하고 싶은 것이 무엇인지 찾느라 우왕좌왕하다가 아무것도 제대로 못 하고 죽고 말 것이다.

자기가 하고 싶은 것이 무엇인지 찾는다는 게 이렇게 어려운 일이다. 그런데 한국 사회는 그것을 열여덟 살 이전에 다 끝내야 하고, 그 이후에는 수정도 하면 안 된다고 말한다. 나는 이것이 열여덟 살 이전에 득도하라고 강요하는 것과 다름없다고 생각한다. 수정 불가능할 정도로 자기가 하고 싶은 것이 있고 그것이 무엇인지를 깨닫는 것, 그게 득도가 아니면 무엇이 득도이겠는가.

이처럼 청소년을 해방하기 위해 등장한 '꿈'이라는 말은 한국 사회에서 생애사가 어떻게 구조화되어 있는지 묻지 않은 채 제시됨으로써, 탈학교 시대의 후반기로 갈수록 입시 교육보다 더한 억압의 언어가 되었다. '꿈'이라는 말에 질려서 반항하는 일군의 학생이 나온 것은 당연한 귀결이다.

01_3

교육 불가능과 즐거운 학교
教育 不可能

　해방의 언어였던 꿈이 제도화되면서 또 다른 억압이 되는 동안 사회는 급변했다. 영원히 계속될 것 같던 경제 성장은 1997년의 IMF 경제위기를 기점으로 롤러코스터를 타기 시작했다. 활황일 때는 경제가 미친 듯이 성장하다가 갑자기 전 세계적인 금융위기와 함께 침체가 시작되었다. 경제 자체가 조울증에 걸린 것처럼 널을 뛰었지만 대세는 하강이었다. 1980~90년대의 좋았던 시절은 저물었다. 청년 실업률이 올라가고 좋은 일자리는 사라졌다. 삶의 안정성이 심각하게 훼손되었다.

　이른바 생존주의의 시대[23]가 도래했다. 공부를 왜 하느냐는 질문에, 사람들은 더 이상 '신분 상승'이나 '자아실현' 같은 것을 말하지 않았다. 공부를 잘하는 학생들도, 나처럼 "공부를 잘해서 고생하는 부모님 호강시켜드리겠습니다." 같은 말을 하지 않았다. 부모 역시 자녀에게 "공부를 이렇게 열심히 해서 엄마/아빠 무슨 호강을 시켜주려고 하니?" 같은 말을 하지 않았다. 대신 아이가 그런 이야기를 하면 부모가 딱한 듯이 바라보며 "너나 잘 먹고 잘살아."라고 말했다. 아이도 부모도 '신분 상승'이 가능하지 않다는 것을 분명히 알고 있었다.

신분 상승의 자리를 대신한 것이 생존과 계급 재생산이다. 자식이 부모보다 잘살 가능성은 거의 사라졌다. 대학 진학률이 상승하기 시작한 1970년대생이 부모가 되면서, 자식이 부모보다 더 나은 학력을 가지는 것도 힘들어졌다. 부모가 고졸이라 해도 자식이 부모보다 더 많은 돈을 버는 것이 힘들어졌다. 그러다 보니, 중산층을 중심으로 교육의 가장 중요한 목적은 '지금처럼 사는 것'이 되었다. 현재의 경제적 부와 사회적 지위를 유지하는 게 최종적인 목표가 된 것이다.

중산층 이하 생산직 노동자층에서는 교육을 자발적으로 포기하는 경우도 생겼다. 취직에 도움이 안 되는 하위권 4년제 대학에 진학하는 것이 생애사적으로 결코 유리하지 않다는 사실을 간파했다. 특히 몇몇 대기업 정규직 노동자의 경우에는 생산직 보호 조치에 의해 전문대 이하의 학력만 입사할 수 있다. 하위권 종합 대학에 진학하는 것보다 차라리 전문대에 진학한 후 대기업 생산직에 취업하는 것을 권유하는 부모가 많아졌다.

학벌이 아래로부터 붕괴했다. 상위권 대학 중심의 대학 서열은 여전히 강고한 듯 보였지만 그 아래의 학벌은 무의미해졌다. 지방대학을 중심으로, 대학은 서울에 있는 대학에 가기 위해 임시로 머무르는 곳이 되었다. 지방대에 진학하는 것은 '실패'로 간주되었다. 과거에 명성을 날리던 지방국립대라고 해도 사정은 다르지 않았다. 내가 대학 입시를 치렀던 때만 해도 지방국립대는 그지역에서 연고대를 가기에 집안 사정이 어렵거나 성적이 조금 떨어지는 경우에 가던 명문대였다. 여학생들의 경우에는 타지에서공부하는 걸 부모가 허락하지 않아 서울대에 갈 성적으로도 진학하던 대학이었다. 그러나 내가 지금 지방국립대 학생들을 만날 때가장 많이 듣는 말은 "제가 서울에 가지 못해서……"다. 서울에 있는 대학을 가지 못했다는 것을 패배로 인식하고 있었다.

그 결과, 학교의 정당성에 도전하는 말이 바뀌었다. 신분 상승의 시대에는 "제가 공부한다고 대학에 갈 수 있나요?"였고 자아실현의 시대에는 "저는 헤어디자이너가 되고 싶은데 공부를 왜 해야하나요?"라고 물었다면, 지금 학생들은 "제가 이런다고 서울에 있는 대학을 갈 수 있나요?"라고 묻는다. 서울에 있는 대학에 입학하는 것이 취직을 통해 경제자본이 될 수 있는 교육자본이다. 그 이하의 교육자본은 자본으로의 기능을 거의 상실하다시피 했다. 교육이 생존의 도구가 되었다는 증거다.

중산층과 기획의 대상이 된 교육

생존이 지상명령이 된 사회에서 중산층은 더욱더 교육에 '올인'했다. 이제 중산층은 자신이 가진 자산만으로는 자식에게 경제적 부와 사회적 지위를 물려줄 수 없다. 빌딩 3채 정도는 있어야 가능하다. 그렇지 않고서야 한국의 중산층이 자식에게 해줄 수 있는 것은 교육에 전적으로 투자하는 것과 결혼할 때 아파트 전세금을 마련해주는 것 정도다. 교육에 전적으로 투자한다는 것은, 자식이 대학이나 대학원을 졸업해서 직장을 구할 때까지 아르바이트 같은 것을 하지 않고 온전히 학교 교육에 몰두할 수 있게 해주는 것을 말한다. 좀 더 잘사는 사람들은 유학을 보내주고 결혼할 때 아파트를 사준다.

그 이후 자녀의 사회적 지위와 부는 그 자신의 직업에 따라 좌우된다. 부모가 변호사나 의사 같은 전문직이라 해도, 그 정도의 생활수준을 자식이 유지하려면 자식 역시 그런 전문직이어야 한다. 그래서 한국의 중산층은 자식의 교육에 모든 것을 건다. 거기에 그 가족의 계급적 사활이 걸려 있기 때문이다. 당연히 사교육비는 하늘 높은 줄 모르고 치솟았고 전문직 중산층도 그 비용을 대느라 허리가 휘는 지경에 이르렀다.

사정은 전문직 이하의 '평범한' 중산층이라고 해도 다르지 않다. 한국 경제가 성장하던 시대에는 대기업 생산직 노동자들까지 30평대 아파트와 중형 자동차가 있는 삶이 가능했다. 그러다 보니 이전 세대에 비하면 꽤 높은 비율의 청소년이 이런 중산층적 분위기에서 성장했다. 그래서 이 계층의 청소년 역시 부모처럼만 살고 싶은 '소박한 꿈'을 가지고 있다. 경기도교육연구원이 연구한 바에 따르면, 그 '소박한 삶'은 정확하게 위에서 말한 것과 일치한다. 34평 아파트, 3,000cc급 중형 이상의 자가용, 그리고 일 년에 두 번 정도의 국내여행과 한 번 정도의 해외여행 말이다.[24] 때문에 '평범한' 중산층 역시 사회·경제적 지위를 재생산하려면 자식 교육에 올인하지 않을 수 없다.

이들은 사교육비에 의해 가장 '고통'받는 계급·계층이다. 내가 아는 의사들 중에는 배우자가 '알바'를 뛰는 경우가 제법 있다. 의사가 상당한 고소득 직업인데도, 대치동에 살면서 지출되는 사교육비를 감당하기 힘들기 때문이다. 그렇다고 이들이 사교육의 철폐를 원하는 것은 아니다. 오히려 이들은 사교육비가 이 정도 비싼 것이 교육에 대한 진입장벽을 높여 시골의 '못살지만 공부는 잘하는' 학생들을 아예 배제하는 좋은 전략이라고 말한다. 따라서 살인적인 사교육비를 기꺼이 지출한다.[25]

이 상태에서 부모가 자녀에게 바라는 것은 단 하나, 오로지 공부에 전념하는 것이다. 그것도 대학 입시에 유리한 공부에만 투자하도록 강요한다. 이전의 부모 세대와 달리 이들은 자녀가 책을 읽는다고 마냥 좋아하지 않는다. 그 책이 대학에 들어가는 데 유리할 때만 환영한다. 기준은 '공부에 도움이 되는가, 아닌가'다. 도움이 되지 않는다면 못 읽게 하는 경우도 많아졌다. 우리 부모님처럼 내가 읽는 것이 좋은 책인지 나쁜 책인지 모르고 그저 책 읽는 것이 곧 공부라고 생각하던 세대와는 전혀 다르다.

진보적인 부모가 바라는 것은 학교 공부에 국한되지 않는다. 그들은 입시와는 거리를 두지만, 그럼에도 자녀가 읽는 책이 자신이 알고 있는 '발달 단계'에 맞는지 맞지 않는지를 두고 평가하고 검열한다. "아직은 네가 볼 책이 아니야."라거나 "그거보다는 이 책이 나아."라며 자녀가 읽을 책을 부모가 고르고 정한다. 넓은 의미에서, 자녀의 자율성은 사라지고 육아와 교육이 부모의 '기획' 대상이 되었다는 점에서 보수 진보를 가리지 않는다.

이것은 양육과 교육의 방식에서 1990년대를 지나면서 큰 변화가 생겼음을 의미한다. 그 이전에 진보적인 부모는 대체로 자유주의적 성향을 가지고 있었다. 그들은 내버려두면 자식이 저절로 잘 자랄 거라고 생각했다. 그게 2장에서 살펴본 대로 부모가 기대하는 18세까지의 성장 시나리오였다. 그러나 이 시나리오대로 성장한 경우보다는 '실패'한 경우가 더 많았다. 이미 말했다시피, 18세 이전에 자아 탐색과 꿈의 발견, 그리고 그것을 이룰 준비를 마친다는 것은 거의 불가능하기 때문이다.

그러자 진보, 보수를 가리지 않고 자유주의 양육 대신 소위 관리하는 양육이라는 것을 채택했다. 뇌과학의 발달과 더불어, 아동의 성장 과정에서 어떤 호기심과 동기를 자극해야 공부에 흥미를 갖는지에 관한 담론이 범람했다.[26] 이에 따라 자녀가 공부에 동기화되는가 안 되는가는 전적으로 부모의 책임이 되었다. 이에 실패한 부모는 죄책감을 느끼기 딱 좋았다. 부모는 자녀들을 위해, 그리고 또 자신이 죄책감을 느끼지 않기 위해서라도 자녀의 교육을 기획하고 관리했다. 자녀의 '성공'이나 '실패'는 곧 부모로서의 성공과 실패를 의미했다.

중산층은 집안의 가용 자원을 총동원해 자식 교육에 쏟아 부었다. 어느 정도 따라갈 수 있는 지방의 중산층도 이에 동조했다. 학업 성적이 우수한 중산층 학생들은 입시 경쟁에 최적화된 형태로 기획-관리되며 성장[27]하고 있다. 이들 중산층 부모는 자녀의 친구 관계부터 사교육, 진로, 심지어 감정에 이르기까지 대부분의 것을 기획하고 관리하고 있다. 그 관리는 자신이 거주하는 아파트 내에 독서실을 운영하면서 CCTV를 달고 자녀들의 출입을 실시간으로 통보받을 정도로 철저하다. 자녀들 역시 부모의 이런 관리에 순응하고 있다.

성과사회[28]의 주체가 된 '공부하는 학생'들

그 결과 자녀가 학교 공부에서 싹수를 보이면 부모는 자식 공부에 올인했다. 아이에게도, 다른 것은 부모가 알아서 해결해줄 테니 공부에만 전념하라고 말했다. 공부를 통해 생존과 계급 재생산에 성공할 가능성이 있기 때문에 다른 모든 것은 배제하고 거기에만 집중하게 했다. 실제로 내가 만난 어떤 부모는 "아이가 공부하는 길에 걸림돌이 되는 모든 것을 치워줄 준비가 되어 있다."고 말했다. 학생은 공부만 하면 된다는 것이다.

학교에서도 이 '공부하는 학생'들은 다른 존재로 취급되었다. 이들은 서울대에 진학해 학교를 빛낼 학생들이었다. 많은 학교가 불법을 감수하며 정독실이니 뭐니 만들어 이들이 공부에만 전념하게 했다. 또래 친구들도 이들을 건드리지 않았다. 한 학교에서 학생들에게서 이런 이야기를 들었다. "에이 쌤, ○○는 공부하는 애예요. 건드리면 안 돼요." 자기들은 공부를 하지 않지만 공부하는 친구를 방해하지도 않는다는 것이다.

물론, 이들이 전념하는 공부는 교육자본으로 전환될 수 있는 공부다. 즉 성적으로 성과가 나는 공부를 말한다. 생존주의 시대에 생존을 위한 공부의 의미는 이전 시기보다 훨씬 더 협소해졌다. 신분 상승의 시대에도 그랬지만, 성과로 이어지지 않는 것은 공부로 취급되지 않는다. 그 결과, 학교 공부 또한 공부할 필요가 있는 공부와 그럴 필요가 없는 공부로 나뉘었다. 자기가 선택하지 않은 교과는 아예 공부할 필요도, 호기심을 가질 필요도 없다는 태도가 점점 노골화되었다.

학교를 성과 중심으로 바라보면서, 교사를 바라보는 시각 역시 '성과'를 중심으로 위계화되었다. 한 학생은 자기는 국어 교사를 싫어하지만 그에게는 노골적으로 싫다는 티를 내지 않고 상냥하게 대한다고 말했다. 반면, 체육 교사는 자기를 나쁘게 대하지 않지만 자기가 깔본다고 했다. 체육은 대학 진학에 도움이 되지 않는 과목이기 때문에 무시해도 된다는 말이다. 교육현장이 철저하게 성과 중심으로 재편되면서, 교사들 역시 학생에게 얼마나 이익이 되는가를 중심으로 위계화되는 것이다. 이런 과정에서 소위 주요 교과가 아닌 과목을 가르치는 교사들이 느끼는 소외감과 자괴감은 매우 크다.

무엇보다, 학생이 학교 공부를 통해 성과를 내는 경우 그의 부모가 나서서 공부 이외의 모든 일을 해결해준다. 너는 공부에만 전념하라는 것이다. 그 결과, 학생은 자기가 노력한 만큼 성과를 내면서 만능감에 젖게 된다. 자기가 마음먹고 노력하면 다 된다고 생각하고 이 모든 것이 자기 노력의 결과라고 착각한다. 그것이 자기가 다른 일을 하지 않아도 되는 조건 때문에 가능한 것이라고는 생각하지 않는다.

여기서, 성과 중심으로 공부하는 학생들의 특징이 드러난다. 성과가 되는 것만 공부하고 성과가 나지 않는 것은 공부하지 않다 보니, 성과가 나지 않으면 '신기할 정도로' 삽시간에 공부를 그만둔다는 것이다. 이런 경우, 교사들도 부모도 당혹스러울 수밖에 없다. 특별히 문제가 있는 것도 아닌데 갑자기 학생이 공부를 그만두고 무기력해지는 경우가 종종 발생하기 때문이다. 공부가 내적으로 동기화되지 않았으니 당연한 결과다.

이런 점에서 나는, 소수의 특출한 사람을 제외하면 무기력은 생애의 어느 순간에는 모두가 경험하는 것이 되었다고 말한다. 박수를 치면 움직이고 박수를 치지 않으면 움직이지 않는 인형처럼, 성과가 보이지 않으면 한순간에 모든 것을 그만두고 무기력해진다. 이는 인생의 어느 순간에 벌어지는가 하는 시기의 문제일 뿐 보편적인 현상이 되고 있다. 초등학교인가, 중학교인가, 고등학교인가, 아니면 대학이나 심지어 취업한 이후에 벌어지는가의 차이만 있을 뿐이다.

이렇게 된 이유는 단순하다. 한국은 지금 경쟁이 내부화된 상태다. 경쟁이 전쟁 수준으로 치열해진 것도 문제지만, 그보다 더 큰 문제는 내부화된 경쟁 탓에 탈락이 일상화되었다는 점이다. 그래서 지금은 살아남았다 해도 어느 순간에는 탈락하는 일이 벌어진다. 대학의 상대평가 제도가 대표적이다. 내가 아무리 잘해도 친구들이 나보다 더 열심히 하고 성과를 내면 탈락할 수밖에 없다. 내가 한 노력이 성과로 인정받기는커녕 탈락의 근거가 되어버리는 것이다.

　이런 문제는 상위권 대학에서도 똑같이 나타난다. 상위권 대학에 진학한 학생들은 고등학교를 졸업할 때까지 성과를 내지 못한 적이 없다. 늘 노력한 만큼 성과를 내는 데 익숙하다. 그런데 대학에 진학한 다음 그들이 맞닥뜨리는 것은 노력한 만큼 성과가 나오는 게 아니라 그중에서 3분의 1은 무조건 탈락하게 되어 있는 현실이다. 대학의 상대평가 제도가 그들이 한 번도 받아본 적 없는 점수인 C학점 이하를 받게 한다. 학생들은 처음에 C학점을 받으면 좀 당혹스러워하지만 자기가 놀았기 때문이라고 생각하고 다음 학기에는 열심히 공부한다. 그러나 자기만 그런 게 아니다. 대부분 공부하는 데 익숙한 학생들이라 그중에서 3분의 1은 또 C학점을 받는다. 당황하며 더 열심히 공부하지만 그럼에도 또다시 C학점을 받는다. 이게 몇 번 반복되고 나면 이들은 중고등학교 교실에서 무기력하게 널브러져 있는 학생들과 똑같이 널브러진다.

　이들은 좌절을 다루는 데 익숙하지 않다. 좌절 자체가 자신의 삶에 없던 경험이기 때문이다. 그래서 좌절을 몇 번 겪으면 정신적 충격에서 헤어나지 못하는 일이 종종 벌어진다.[29] 몇몇 명문 대학에서 일어난 학생 자살이 그런 경우다. 사실 지금 상위권 대학에서 학생 관리와 관련해서 가장 신경 쓰는 것 중 하나가 정신 건강이다. 연세대학교에는 화장실마다 자살 예방 스티커가 붙어 있다. 서울대 공대는 2016년 2학기부터 자살 예방이 필수 과목으로 들어갔다.

정신의학자들은 사람의 성장이란 좌절을 경험하면서 좌절을 다루는 능력이 커지는 것이라고 말한다. 만능감은 어렸을 때 안정감을 갖기 위해 필수적인 것이지만 인간의 성장과 더불어 깨진다. 자신을 만능의 존재로 바라보다 좌절을 다룰 줄 아는 존재로 전환하는 것이다. 이런 점에서 좌절은 사람의 성장에 필수적이라고 할 수 있다. 그런데 공부 이외의 것을 부모가 다 알아서 해주고 자기는 온전히 공부에만 집중하며 늘 성과를 내다 보니, 만능감이 해체되는 것이 아니라 더 강화되며 좌절을 다루는 역량은 커지지 않는 불상사가 벌어진 것이다.[30]

그래서 이들은 자기 뜻대로 통제되지 않는 상황을 참지 못한다. 《공부 중독》에서 건국대 정신의학과의 하지현 교수와 나눈 대담에서도 말했지만, 이런 만능감이 가장 문제가 되는 분야가 '연애'다. 연애란 나 혼자 노력해서 성과를 내는 일이 아니라 나와 다른 사람, 내 마음대로 되지 않는 사람과의 일이다. 당연히, 내가 아무리 노력해도 마음대로 되지 않는 경우가 비일비재하다. 그런데 모든 것을 늘 자기 의지와 노력대로 통제하던 이들은 이 마음대로 되지 않는 상황에서 참지 못하고 분노를 터뜨리거나 스토킹, 데이트 폭력 같은 범죄까지 일으키곤 한다. "내가 이렇게 좋아하는데 어떻게 나를 안 좋아할 수 있습니까?"

또래집단의 식민화

관리를 통해 자녀를 관리하는 부모의 등장이 커다란 영향을 끼치고 심각하게 파괴한 것이 또 하나 있는데, 바로 자녀들의 또래집단이다. 《아이들의 숨겨진 삶》[31]에서 저자는 또래집단을 통해 어린이/청소년이 추구하는 것은 인기와 우정이라고 말한다. 인기와 우정은 다른 것이다. 인기가 많다고 우정을 나누는 친구가 많은 것도 아니고, 우정을 나누는 친구가 있다고 인기가 많은 것도 아니다. 저자는, 어린이/청소년의 세계에서 인기가 고속도로와 같은 것이라면 우정은 이면도로라고 말한다. 고속도로에서 서로 빨리 가기 위해 질주하는 것처럼, 인기를 얻기 위해 서로 우열을 가르고 경쟁하는 경향이 있다. 반면, 우정은 경쟁적이지 않다. 사람의 삶에 신뢰와 안정감을 주는 것은 우정이다.

그러나 저자가 말하는 것처럼, 또래집단에서 우정만 중요한 것은 아니다. 인기 역시 중요하다. 인기를 얻기 위해 경쟁함으로써 '정치'를 배우기도 하고 타협과 협력을 이끌어내는 기술도 배운다. 1장에서 말한, 삶을 통해 배우는 과정 중 하나가 또래집단 내부의 위세 경쟁이다. 물론 이 과정에서 야합이나 배제, 그리고 폭력이 일어나기도 한다. 이를 통해 사람은 자기 성향을 알게 되고 그 성향에 따라 어떻게 살아가야 하는지 생각하기도 한다.

인기를 얻기 위해서는 또래집단 내부에서 명성을 가질 수 있는

'자본'이 있어야 한다. 이 자본은 연령에 따라 다르고 시대와 사회에 따라 달랐다. 내가 어렸을 때 시골에서 초등학교를 다니는 남학생에게 가장 중요한 인기 비결은 딱지치기였다. 딱지를 잘 치는 친구가 '영웅'이었다. 나는 딱지치기에는 별 재주가 없었다. 공부를 잘해서 교실에서는 부러움의 대상이었을지 몰라도 동네 공터에서는 별 볼 일 없는 존재였다. 좀 더 나이가 들어서는 축구를 잘하는 게 최고의 인기 비결이었다. 남자 청소년의 세계는 '축구'라는 말 하나로 모든 게 결정되었다. 반 대항이든 학년 대항이든 혹은 동네 대항이든 '대항'전이 늘 있었다. 누가 이기고 누가 지는가가 초미의 관심사였다. 안타깝게도 운동에 아무런 소질이 없던 나는 거의 투명인간에 가까웠다. 골 결정력이 있고, 다른 친구들을 진두지휘할 수 있는 카리스마를 가진 친구가 영웅이었다.

이처럼 어린이/청소년이 자신들의 세계에서 인기를 얻는 데 외부의 자본이 개입할 여지는 상대적으로 차단되어 있다. 어린이/청소년에게는 그들만의 세계가 있고 그 안에서 중요한 것에 관한 나름의 가치가 있다. 이 독자성이 존중되고 지켜져야 한다. 그들 스스로도 이 가치를 어른들의 개입으로부터 지키려고 한다. 어른들이 자신들의 판단으로 그들의 세계에 개입하면 이 독자성이 무너지고, 이건 그 세계의 와해를 의미하기 때문이다. 어른들의 개입을 막는 것은 세계를 지키기 위한 행동이다.

그러나 지금 교사들의 현장 경험에 따르면, 어린이/청소년 또래집단의 독자성이 심각하게 위협받고 있다. 외부에서 또래집단에 노골적으로 개입하는 경우가 점점 늘어나고 있다는 것이다. 특히 부모들의 개입이 문제다. 또래집단에서의 '인기' 역시 부모들의 관리 대상이 되었다. 부모들은 자녀의 '명성'을 관리하기 위해 생일파티를 열거나 학급 선거 등에 개입한다. 친구들은 생일에 어떤 선물을 나눠줬고 어디서 파티를 했는지를 보고, 그에 '지지 않기 위해' 위세 경쟁을 펼친다. 어린이/청소년의 위세 경쟁이 부모들의 위세 경쟁이 된 것이다.

다른 한 축에는 어린이/청소년 또래집단을 식민화하는 소비문화가 존재한다. 과거에도 외모는 그들 사이에서 인기를 얻는 데 중요한 요소였다. 외모 자체만큼이나 외모를 가꾸는 기술 또한 인기를 얻는 데 중요한 자본이었다. 그러나 지금은 외모가 부모에 의해 관리되는 경향이 있다. 키부터 화장, 옷차림 등 많은 것이 부모의 관리 목록에 오르면서 외모를 가꾸는 것이 또래집단 내부의 독자적 경쟁이 아니라 부모의 자본에 의한 경쟁으로 바뀌고 있다.

그 결과, 어린이/청소년 세계에서의 '인기'가, 완전히는 아니지만 점점 부모의 입김에 따라 움직이는 경향이 나타나고 있다. 부모의 경제, 정치, 사회, 문화적 자본이 자녀의 인기에 끼치는 영향이 점점 더 커지는 것이다. 이제 어린이/청소년은 자기들 내부에서 자기들끼리 경쟁하는 게 아니라 부모의 위세를 업고 부모가 해준 일을 가지고 경쟁한다. 내가 가르쳤던 한 학생의 증언에 따르면,

서울의 모 지역에서는 또래집단이 아파트 평수에 따라 형성된다. 아이들 또래집단이 부모들이 가진 가치의 식민지가 된 것이다.

나아가 한국 사회에서 계급 구조의 고착화는 공간을 분할하는 형태로 나타나고 있다. 이것은 한국뿐만 아니라 다른 사회에서도 마찬가지다. 형편과 가치관이 비슷한 같은 계급이 같은 동네에 산다. 이제 학교에서 학생들이 서로 경제적, 정치적, 문화적 수준을 가로지르며 만나는 일이 없어졌다. 먼저, 학교 자체가 경제적 수준에 따라 '분리'되어 있다. 그 결과, 부모의 '친구 집단'이 곧 자녀의 '또래집단'이 되는 현상이 중산층을 중심으로 점점 일반화되고 있다. 엄마 친구의 자식이 곧 내 친구가 되는 것이다. 이런 상황에서 부모의 입김으로부터 독립된 그들만의 세계가 출현하기는 대단히 힘들다. 어린이/청소년 세계와 부모들 세계의 경계가 같고, 또한 부모들의 손바닥 위에 놓이게 되었다.

부모들의 친구 집단과 자신들의 또래집단이 동조화하자 어린이/청소년은 쉽게 부모들의 언어와 가치, 그리고 판단을 자기들의 언어로 받아들이게 되었다. 특히 중산층에서, 부모의 친구가 곧 나의 친구가 되는 집단에서는 부모와 자식들이 함께 노는 경우가 많다. 함께 놀러가되 부모는 부모끼리, 자식들은 그들끼리 논다고 하지만, 같은 공간에 있기 때문에 그들은 부모가 하는 말을 다 듣고 받아들인다. 부모들이 교사에 관해 어떤 이야기를 하는지, 동네에 관해 어떤 이야기를 하는지, 자기 친구에 관해 어떤 이야기를 하는지 듣고 그 평가를 받아들인다. 그러고는 이렇게 말한다. "우리 엄마가 그러는데!"

물론 이렇다고 어린이/청소년의 세계가 완전히 부모에 의해 식민화되지는 않는다. 특히 부모의 계급에 따라, 학교의 위치에 따라 이 현상은 다르게 나타난다. 여전히 남자 청소년의 세계에서는 축구가 중요한 역할을 한다. 게임을 잘하는 게 인기 비결인 것도 부모의 자본에 의해 완전히 식민화되지 않았다는 증거 중 하나다. 이런 점에서, 교육을 고민하는 이들은 어린이/청소년 또래집단의 계급별, 지역별 분화와 그 안에서의 위세 경쟁 방식이라는 청소년 문화에 관해 좀 더 깊이 있게 관찰할 필요가 있다.

성과를 내지 못하는 '불안한 학생'들

다시 성과와 학생들의 관계로 돌아가자. 공부를 통해 성과를 내며 만능감에 젖어 있는 학생들 뒤에는, 공부를 해도 성과를 내지 못하는 학생들이 있다. 이들은 경제적 수준과 개개인의 성격에 따라 자신이 성과를 내지 못하는 데 다른 반응을 보인다. 그중에서 내가 주목하는 경우는 부모가 전문직 중산층에 개방적이지만, '불행히도' 자신은 공부에서 성과를 내지 못해 스트레스를 받는 학생들이다.

이들의 부모에게는 몇 가지 공통점이 있다. 첫째, 대체로 전문직 종사자다. 의사나 변호사, 대기업 임원 등 중산층이기도 하다. 둘째, 자녀를 '자유'롭게 키우려는 소신을 가지고 있다. 공부가 다라고 생각하지 않는다. 원한다면 대안학교를 보낼 생각도 있다. 억압이나 강요와는 분명히 거리가 있다. 셋째, 부모 자신이 책 읽는 것을 좋아하고 교양이 있다. 부부가 모두 그런 경우도 있고, 한쪽만 그렇다 해도 적어도 다른 쪽이 '무식'하지는 않다. '교육적'이라는 점에서 본다면 부족함이 없다.

문제가 되는 학생들에게도 한 가지 공통점이 있다. 공부를 못한다는 것이다. 여기서 공부를 못한다는 것은 내신성적으로 6등급이나 7등급이라는 말이 아니다. 3등급 이하면 학생 자신이 공부를 못하는 것이라고 생각한다. 그 정도 등급으로는 원하는 대학과 학과에 갈 수 없기 때문이다.

문제는 부모가 공부를 못한다고 구박을 하는 것도 아닌데, 본인 스스로 자기는 공부를 해야겠다고 주장하거나, 공부를 못하는 것 때문에 스트레스를 많이 받거나, 혹은 공부를 못하는 것이 콤플렉스라는 점이다. 마지막의 경우는 노골적일 때도 있고 그렇지 않을 때도 있지만 공부에 콤플렉스를 가지고 있는 경우는 많다.

이런 자녀 앞에서 부모는 어이없어한다. 공부를 잘하라고 강요한 적도 없고, 하지 않아도 된다고 말해주기까지 했다. 그런데도 자기가 굳이 공부를 해야겠다며 스스로 스트레스를 받고 있는 것이다. 그렇다고 공부를 열심히 하는가 하면 그렇지도 않다. 공부를 해야겠다고 말하면서 정작 하지는 않는다. 그러면서 공부를 하라는 말에도, 하지 말라는 말에도, 그 말조차 하지 않는 경우에도 화를 낸다. 공부를 좀 해야 하지 않겠느냐고 말하면 왜 갑자기 공부 이야기냐며 화를 내고, 공부를 하지 않아도 된다고 말하면 자기는 공부하려는데 왜 방해하느냐며 화내고, 마지막으로 아무 말도 안 하면 자기를 포기했느냐며 화낸다.

이런 학생들을 만나보면 왜 그렇게 스트레스를 받고 화를 내는지 알 수 있다. 이들은 삶에 대해 매우 불안해하고 있다. 이들은 자기가 부모 덕에 누리고 있는 삶의 수준에 만족한다. 그런데 이 정도 생활수준을 자기가 미래에도 누릴 수 있을지는 불안하다. 생존주의 시대에 '생존'의 의미는, 이들에게 부모 밑에서 지금 누리고 있는 이 생활수준을 앞으로도 지속적으로 누리는 것이다.

이들이 공부에서 스트레스를 심하게 받는 이유가 바로 여기에 있다. 자기가 '독립'을 하고 나서도 지금 정도의 생활수준을 이어가려면 부모에 준하는 직업을 갖는 경우에만 가능하다는 것을 이들도 알고 있다. 앞에서 말한 것처럼, 부모가 물려줄 자산은 독립을 위한 기반 정도일 뿐 그 이상은 직업을 통해서만 재생산할 수 있기 때문이다. 따라서 이들의 관심은 부모가 옵션으로 제시하는 '대안적 삶'이 아니라 '계급 재생산'이다.

이런 태도가 부모의 눈에는 매우 보수적이고 속물적으로 비친다. 가진 것을 좀 포기하더라도 자기가 원하는 삶을 자유롭게 살 수 있기를 바라는 부모와는 반대 방향이다. 이 때문에 부모는 자식이 매우 이기적이라고 비판한다. 자기가 가진 권리는 알토란같이 누리면서 양보하려고는 들지 않는다는 것이다. 권리를 누리지 못하는 것을 손해라고 생각하는 이들의 모습을 부모는 이해할 수가 없다. 다른 한편, 이들은 소비자로서 '손해'보지 않기 위해 매우 노력한다. 부모를 그렇게 미워하면서도 부모가 가진 권력(?)을 이용해 편의를 보는 것에 대해서는 아무런 저항감이 없다. 오히려 부모가 그런 편의를 봐주는 것이 당연하다고 생각한다.

이것도 부모와 충돌한다. 40~50대의 소위 진보적이고 '양심적'인 부모들은 공정함과 정의에 대한 나름의 신념을 가지고 있다. 공정과 정의가 자기 세대의 대의이기 때문에, 이 공정과 정의를 자기 자식이 어기고 권력을 남용하는 것을 '용납'하지 못한다. 용납하지 못할 뿐 아니라 자식의 부정의하고 불공정한 태도를 경멸하기까지 한다. 부모에게는 민주주의와 평등을 외치고 권리를 내세우면서, 타인의 권리를 침해할 수도 있는 권력 남용에 대해서는 아무런 의식이 없는 게 양심이 없어 보이는 것이다.

이 때문에 이 부류의 학생들은 부모가 좋고 나쁘고, 강압적이고 그렇지 않고를 떠나 부모에게 주눅 들어 있는 경우가 많다. 자기 부모는 하나같이 '고상'하고 '합리적'이다. 또한, 지적이며 우아하다. 반면, 자기는 그 정도의 우아함도, 지적 능력도, 교양도, 합리성도 갖고 있지 않다. 부모만큼 잘될 가능성도 없다. 그래서 부모가 어떻게 대하든 '상관없이' 주눅 들게 된다. 아이러니하게도, 부모가 경제적으로도 도덕적으로도 자식이 느끼는 열패감의 원인인 것이다.

이 중에서 이들을 가장 주눅 들게 하는 것은 부모의 합리성이다. 이런 부모의 특징이 말로 문제를 드러내고 해결하는 것을 선호한다는 점이다. 말발이 센 것과는 차원이 다르다. 문자 그대로 합리적으로 문제를 해결하기를 좋아한다. 그래서 문제가 생기면 '차분하고 끈질기게' 말로 묻고 말로 해결하려 한다. 그게 이들이 세상을 살아가는 방식이자 세상을 만들어온 방식이다.

그래서 사달이 난다. 이 말을 뒤집으면, 이들은 말을 하지 못하는 사람, 말로써 문제를 해결하지 못하는 사람을 경멸한다는 뜻이다. 천박하다고 생각하며 마음 깊은 곳에서 무시한다. 바로 이 점을 자녀들은 기가 막히게 알고 있다. 자기는 말로 부모를 상대하지 못하고 말로써 부모에게 다가설 수 없다는 것을 안다. 그래서 말을 하지 않는다. 소리를 지르거나 말문을 닫아버린다. 말을 잘 못했다가 자기가 어떤 경멸과 모욕의 시선을 받을지 알기 때문이다. 이들은 부모의 말의 세계, 합리성의 세계에서 자기가 인정받을 여지가 없다는 사실을 잘 알고 있다.

부모는 자신이 자녀들을 평화롭게, 평등하게, 그리고 다양성을 존중하며 비폭력적으로 대했다고 말하지만, 근본적으로 이 '말 못하는 자'를 경멸하며 그걸 드러내면서 살았다는 점을 인정하지 못한다. 그리고 이 말(못하는 것)에 대한 경멸이 사람에게 얼마나 큰 상처와 비참함을 주는지 모른다. 자기는 절대 자녀를 그렇게 대한 적이 없다고 항변하지만, 그때마다 내가 그들에게 하는 말이 있다. "선생님이 자녀를 그렇게 대하지는 않았지요. 다만 그게 선생님이 세계를 대하는 방식이에요. 자녀는 그걸 봅니다."

사실 나도 이걸 잘 몰랐다. 나야말로 말의 아름다움을 사랑하는 사람이고 말의 힘을 믿는 사람이다. 내가 한국 사회의 현실을 경멸하게 된 것도 8할은 이 '말이 똥이 된 상황' 때문이다. 그러나 사람을 가르치는 일을 하면서 나는, 말을 잘하는 자, 말의 힘을 믿는 자들의 그 '말'이, 말하지 못하는 자들에게 어떤 '폭력'을 행사하는지 뼈저리게 경험했다. 때로는 내가 학생들이 제대로 말하지 못하는 걸 보며 노골적으로 한심해하고 경멸했다. 또한, 수업 시간에 잘난 학생들이 그렇지 못한 동료를 얼마나 경멸하고 깔보는지도 많이 보았다.

이들이 지금 학교에서 가장 불행하고 고통받는 이들이다. 한편에서는 '가진 집' 아이로 치부되어 재수 없다고 낙인찍히기 쉽다. 이 정도의 지원을 받으면서도 아무것도 제대로 하지 못하는 존재라고 한심해하는 시선을 받는다. 스스로도 자기가 제대로 하는 게 없다는 것 때문에 주눅 들어 있고, 그 주눅이 부모와 교육에 대한 엄청난 반발로 나타난다. 그렇다고 자신에게 고통을 주는 학교를 떠날 생각도 없다. 그 삶을 포기하고 '대안적'으로 살아갈 의지는 아직 없기 때문이다.

무기력한, 하지만 행복한 학생들 그리고

　　　　　그리고 그 뒤에 다른 학생들이 있다. 이들은 공부를 잘하는 것도 아니고 그렇다고 미래에 대한 불안으로 스트레스를 받는 것도 아니다. 내가《교사도 학교가 두렵다》에서 '딱 중간'이라고 불렀던 학생들이다. 과거에는 이들이야말로 학교에서 가장 고통받던 학생들이었다. 공부할 생각도 없는데 억지로 학교에 붙잡혀서 원하지 않는 공부를 했다. 당연히 성적이 좋지 않으니 성과를 내지 못한다는 이유로 혹독한 모욕을 당했다. 그래서 이들에게 학교는 고통의 공간이었다.

　학교에서 이들은 존재감도 없었다. 이들은 자기들이 학교에서 사물함보다도 더 존재감이 없었다고 말한다.[32] 교사들이 자기 이름을 외우는 경우는 초등학교 이후로 거의 없었다. 공부를 잘하는 것도 아니고 사고를 치는 것도 아니니 교사들이 이들을 주목할 이유가 없었다. 어떤 학생은 대학에 진학한 후 모교를 방문했을 때 교사가 당황하며 자기 이름을 부르지 못하는 것을 보고 다시는 학교에 가지 않았다고 말했다.

그런데 약 10년 전부터 재미있는 변화가 나타났다. "학교에서 공부하느라 고통스럽지 않냐?"고 물어보면, 당황하면서 그렇지 않다고 말하는 학생들이 늘었다. 이렇게 답하는 학생들에 관해, 다른 학생이나 교사는 그들이 전형적으로 '딱 중간'에 속하는 이들이라고 설명했다. 이들은 공부는 싫지만 그래도 학교 오는 것은 재미있다고 말했다. 학교에 와서 친구들과 노는 게 재미있다고, 지루한 수업 시간에는 자면 된다고 말했다. 게다가 학교는 밥도 주는데 엄마가 해주는 밥보다 맛있다고 말하는 학생도 있었다. 그 중 한 명이 이렇게 말했다. "너무 일찍 등교하는 거랑 공부만 아니면 학교도 재밌어요." 학생들에게 가장 고통스러운 공간이었던 학교가 이제는 반대로 재미있는 공간이 된 것이다.

이 말을 나에게 해준 이는 여학생이었는데, 저녁 무렵에 교장실 앞에서 빨갛게 립스틱을 바르며 화장을 하고 있었다. 지나가는 교사들에게 수줍게 인사를 하다가 나와 말을 나눈 것이었다. 교사에게 학생들이 화장을 해도 제재하지 않느냐고 물어보자 그러지 않는다고 했다. 특별히 문제가 될 상황이 아니면 모른 척하고 넘어간다는 것이다. 다른 학교에서 교사에게 같은 걸 묻자 그는 이렇게 말했다. "화장은 기본이죠."

이 학생들에게 학교가 '천국'이 된 이유가 있었다. 학생이 사고를 치지 않으면, 학교는 어지간한 일에는 눈을 감고 못 본 척했다. 인권 친화적인 교사들만 인권 차원에서 인정하는 것이 아니었다.

교장이나 관리자들도 굳이 문제 삼으려고 하지 않았다. 교사들도 학생들의 반발을 사면서까지 통제하려 하지 않았다. 통제한다고 해서 통제가 되는 게 아니라는 걸 알고 있었다. 무엇보다 이들이 공부를 할 것이라고 기대하지 않았고, 대신 사고나 치지 않으면 다행이라고 생각했다. '공부하는 학생'들이 서울대에 가서 학교를 빛낸다면, 이들은 자기가 다치거나 남을 다치게 하지만 않아도 학교에 기여하는 것이라고 생각했다.

나는 이것을 《교사도 학교가 두렵다》에서 교육당국과 교사, 그리고 학생 사이에 만들어진 공모 관계라고 말했다. 될 수 있는 한 모른 척하면서 무관한 관계로 남으려는 것 말이다. 가르치고 배우는 게 중심이 아니라 서로 가급적 덜 건드리고 덜 괴롭혀서 사고가 일어나지 않도록 하는 게 중심이 되었다. 이로써 학생은 공부를 안 해도 사고만 치지 않으면 대충 자기가 하고 싶은 대로 학교생활을 '즐겁게' 할 수 있게 된 것이다. 그러나 이 공모 관계는 학교나 교사, 그리고 학생이 부패해서 벌어지는 일이 아니다. 그것은 1990년대 이후 폭발적으로 일어난 교실 붕괴와 학교 폭력 담론 속에서 안전이 학교를 통치하는 이념으로 들어오고 난 다음 벌어진 통치의 결과라고 봐야 한다.

지금 학교는 안전 문제에 완전히 결박되어 있다. 아무리 공부에 집중하려 해도 사고가 나면 끝장이다. 학교 폭력 문제가 발생하면 그 문제를 해결하는 데 최소 몇 달이 걸려 아무 일도 할 수 없다. 교사는 교사대로 진이 빠지고 학생은 학생대로 상처받고 만신 창이가 된다. 교육의 과정에서 일어나는 사고도 마찬가지다. 수업 중에 일어나는 사고가 고소·고발로 이어지는 경우가 허다해 교사 들의 교육안전보험 가입이 급증하고 있다. 사정이 이렇다 보니 공 부하는 것보다 사고가 일어나지 않도록 하는 게 중요해졌다.

억지로 공부를 시키려 하는 대신 모른 척하면서 내버려두다 보 니 '딱 중간'에 속하는 학생들에게 학교가 '재미있는' 공간이 되었 다. 먹고 자고 노는 총체적인 삶의 공간이 된 것이다. 자조적으로 말하면, 진보적인 교육계 일각에서 학교는 공부하는 곳을 넘어 삶 의 공간이 되어야 한다고 주장하던 것이 전혀 의도하지 않게 뒤에 서 만들어진 셈이다. 비공식적으로 만들어진 이 '삶의 공간'에서, 학생들은 수업 시간에만 무기력할 뿐 자기들끼리는 활력 넘치게 살고 있다.

이 과정에서 학교에서 가장 고통받게 된 존재가 바로 '열심히 하려는 교사'다. 공부를 하지 않을수록, 공부에 대한 강요를 받지 않을수록 학생들이 행복해하다 보니, 공부와 수업을 통해 학생들 의 삶에 다가서려는 교사는 성가신 존재가 되었다. 한 교사는 학 기 초에 학생들에게 즐거운 학교생활을 위해 자기가 어떻게 했 으면 좋겠느냐는 설문지를 돌렸다가 충격을 받았다. 몇몇 학생이 "너무 열심히 하지 않았으면 좋겠다."라고 써낸 것이다. 이 교사는 수업을 잘하고 열심히 학생들을 만나고 친하게 지내는 교사로 소문이 나 있던 터였다.

　물론 정말로 고통받는 이들이 있다. 학교는 집단 따돌림, 온갖 음모와 폭력, 오해와 상처가 통제되지 않고 터져 나오는 정글이기도 하다. 이 '삶의 공간'이 틈새시장처럼 비공식적으로 만들어진 것이라 서로를 존중하고 협력하게 만드는 합의된 규율이 없기 때문이다. 그래서 종종 힘에 의한 지배가 이루어져 왕따 같은 끔찍한 집단 폭력이 가해지고 가슴 아픈 희생자가 나온다. 폭력을 제어할 수 있는 장치가 부재한 무정부적인 삶의 공간에서 벌어질 수 있는 약육강식의 잔인한 '삶'이다.

　따라서 학생들이 행복해하니 그냥 내버려두면 된다고 말하는 것은 이들의 고통을 외면하는 일이다. 학교는 누군가에게는 여전히 해방의 공간이 아니라 잔인한 정글이다. 학교에서 고통은 사라지지 않았다. 다만, 학교의 통치 방식이 바뀌면서 고통받는 사람이 바뀌었을 뿐이다. 열심히 하는 교사와 학교 폭력의 희생자들이 그들이다. 그리고 이 고통의 문제를 해결하는 데 학교와 교육은 여전히 무능력하다.

| 반학교에서 비진학으로 |

반학교 ----- 탈학교 ----- 비진학

세계 = 학교   세계 ≠ 학교   학교 공동화

반권위주의   문화적   자기 소진과
반획일주의   정체성   무기력

대량생산/대량소비   소비자본주의   저성장/고실업
효율성   다양성/창조성   성과사회
표준화   /자율성   기획과 관리

생애사적 기획   생애사적 기획   생애사적 기획
제도적 안정성   문화적 자아실현   불가능

학력자본   문화자본   사회자본

출처 : 서울시립직업체험센터, 《비진학 청소년 실태조사연구》, 2014

자기계발의 공부에서 자기 배려의 공부로

폐기나 보완이 아니라
전환이 필요한 이유

轉換

이 책의 1부에서 나는, 과거 우리가 어떤 목적으로 공부했는지 이야기했다. 간단하게 정리해보자. 먼저 신분 상승을 위해 공부하던 시대가 있었다. 그 시대에 신분을 높일 수 있는 유일한 길은 공부였고, 공부를 할 수 있는 유일한 공간이 학교였다. 한 사람의 미래를 결정했기 때문에 학교는 권위를 가질 수 있었다. 학교에서 가르치는 지식은 신분 상승의 도구로 쓸모가 있었고, 그 지식을 가르치는 교사도 권위를 가지고 학생들을 '지도'할 수 있었다. 따라서 이 시기에 보편적인 학생 문화는 학교와 교사의 권위, 그리고 그 권위의 원천인 지식에 반항하는 반학교 문화였다.

다음으로 등장한 것은 저항 담론의 형태를 띤 행복과 자아실현이다. 다수의 학생은 수업에서 들러리가 될 수밖에 없었기에, 학교가 학생들에게 무의미하며 고통만 주고 있다는 고발과 비판이 이어졌다. "행복은 성적순이 아니잖아요."라는 말로 집약되는 이 시대에, 교육은 학생들이 자기가 하고 싶은 일을 탐색하고 발견한 후 그것을 준비할 수 있는 곳이 되어야 한다는 주장이 저항 담론의 대세를 이루었고 이에 맞춰 대안교육 등이 나타났다. 학생들 사이에서는 학교 바깥에서 자기를 찾는 탈학교 문화가 형성되기 시작했다.

그리고 경제위기가 닥쳤다. 1980년대부터 이어진 고도성장은 중단됐다. 저성장 사회에서 노동의 안정성 또한 크게 떨어졌고 만성적인 고실업 사회가 되었다. 이제 공부는 더 이상 신분 상승이나 자아실현을 위해서가 아니라, 먹고살기 위해 필사적으로 해야 하는 것이 되었다. 생존의 시대가 도래한 것이다. 다수의 학생은 아무리 학교에서 공부를 해도 이 전쟁 같은 경쟁에서 살아남을 수 없으리라는 사실을 깨달았고, 공부의 목적을 잃어버렸다. 안전이 중요해지면서, 학교 역시 이들을 강제적으로 공부시키기를 포기했다. 목적을 상실한 무기력이 만성화되었다.

공부를 하려면 동기가 필요한데, 과거의 목적으로는 더 이상 동기 부여가 되지 않는 상황이 온 것이다. 이제 교육을 통한 신분 상승을 이야기하면 학생뿐 아니라 학부모도 피식 웃는다. 나아지는 것은 바라지도 않으며 지금처럼 유지만 해도 좋겠다는 것이다. 이 것을 일찍이 깨달은 중산층은 신분 상승이 아니라 계급 재생산을 목표로, 교육에 모든 자원을 쏟아 붓는 경쟁을 펼치며 재산을 탕진하고 있다. 이들에게 자아실현을 이야기하면, 말이야 좋다면서 냉소한다. 그러다 굶어 죽으면 누가 책임질 것이냐는 적대적인 대답이 돌아온다.

이것이 1부 2장에서 말한, 앞 세대와 이들 세대가 격렬하게 부딪치는 이유가 된다. 교직에 있는 이들에게나 시민사회 영역에서 일하는 이들에게도 우선적으로 문제가 되는 것은 생존이다. 삶의 안정성이 급격하게 떨어졌다. 따라서 자신의 일은 사람과 사회를 바꾸어가는 활동이기도 하지만, 기본적으로 자기 삶을 지탱하는 '노동'이 되어야만 한다. 노동의 안정성 없이 그것을 활동으로 바라보며 '헌신'을 요구할 수 없는 시대가 된 것이다.

반면, 1990년 이전에 대학을 다닌 세대는 삶의 의미를 '노동의 활동화'를 통해 찾았기 때문에, 노동을 단지 노동으로만 여기는 태도를 '속물적'이며 '이기적'인 것으로 받아들인다. 더구나 노동을 노동으로만 여기면 일을 '되게 하는 방식'으로 책임지는 것이 아니라고 생각한다. 자기희생이 없다고 보는 것이다. 그러면서 "우리 때는"이라는 말을 고장 난 라디오처럼 무한 반복하며 '헌신'의 상실을 개탄하고 '근성'의 부족을 질타한다.

이런 태도가 생존주의 시대의 주체에게는 더할 나위 없는 기만이자 개인의 열정과 가치를 착취하는 가장 나쁜 형태로 받아들여진다. 앞 세대는 지금 세대가 지나치게 소비적이라고 말하지만, 사실은 소비주의적 주체도 되기 힘든 시대다. 이 상황에서 노동을 활동으로만 바라보며 윤리화/미학화하는 것은 삶의 불안정성을 보지 않고 개인의 윤리 탓으로 돌려버리는 가장 악랄한 착취 형태가 된다. 사회운동이 소위 신자유주의의 '모든 문제의 개인화'에 일조하고 있는 것이다. 이 부분에 대한 반성이 없다면, 젊은 세대의 사회운동과 '소명'에 대한 냉소를 극복할 방법은 없다.

공부도 마찬가지다. 앞 세대는 공부를 통해 성공도 하고 사회도 바꾸었다. 그러나 지금 이 시대에는 공부를 통해 생존을 도모할 수 있는 극소수의 학생을 제외하면, 사람에게 동기를 부여하는 기제로서 공부의 목적은 그 효용을 다했다. 내가 강조하고 싶은 것이 바로 이 점이다.

나는 신분 상승이나 자아실현이 필요하다거나 필요하지 않다, 혹은 바람직하다거나 바람직하지 않다는 주장을 하고 싶은 것이 아니다. 이것으로는 다수의 학생에게 공부할 동기를 부여할 수 없다는 점을 강조하고 싶은 것이다. 공부의 본질로 돌아가자는 말을 하려는 게 아니다. 지금까지와 같은 공부의 목적은 효용을 다했기 때문에, 학생들이 공부를 해야 한다면 그 동기를 부여할 수 있는 새로운 이유를 찾아야 한다는 말이다.

그렇기 때문에, 나는 교육에서 필요한 것은 '폐기'나 '보완'이 아니라 '전환'이라고 생각한다. 사실 우리는 삶에서 전면적인 전환을 요구받고 있다. 더 이상 과거처럼 성장이 가능한 사회가 아니라면, 우리 삶이 전환되어야 한다. 공부가 그 전환을 슬기롭게 해낼 수 있도록 도와주는 도구가 되어야 한다. 우리가 삶을 어떤 방향으로 전환해야 하며, 그 삶을 살아가기 위해서는 무엇이 필요한지 탐색하고 준비할 수 있는 공부로 전환해야 한다. 이런 점에서 내가 강조하는 것이 바로 '삶의 전환을 위한 공부의 전환'이다.

공부와 시간 주권

　　　　　반면, 어떤 사람들은 지금의 공부 내용이나 방식을 폐기해야 한다고 주장한다. 여기에는 다양한 입장이 있다. 최근에는 4차 산업혁명을 내세우면서 지금의 공부는 90퍼센트 이상 쓸모가 없다는 주장이 제기되고 있다. 나도 지금의 공부 내용이나 방식에 문제가 있다고 생각하지만, 그 해법이 폐기인지에 대해서는 강한 의문을 갖고 있다. 이런 '폐기'의 주장은 급진적인 듯이 보이지만, 오히려 현실을 바꾸는 게 아니라 강화하는 논리에 지나지 않는다. '모든 것을 바꾸자면서 아무것도 안 바꾸는' 게 바로 폐기의 논리다.

　이렇게 '폐기'나 '보완'을 주장하는 흐름 중에서도 내가 강력히 반대하는 것은 '실제적인 도움이 되는 교육'을 강조하는 쪽이다. 나 역시 공부가 '실제적인 도움'이 되어야 한다고 생각한다. 그러나 한국에서는 이 말이 대단히 좁은 의미로 사용되고 있다는 점을 지적하고 싶다. 이 말은 시간적으로는 '지금 당장' 아니면 '곧'을 의미한다. 지금 당장 혹은 곧 사용할 수 없는 것은 '실제적'이지 않다고 보는 것이다. 이런 점에서, '실제적 도움'이라는 목적은 공부의 '쓸모'를 대단히 좁게 해석해 다른 쓸모들을 보지 못하게 한다.

조금 확장해서 말하면, 한국에서 '실제적인 도움'이라는 논리가 사용되는 방식은 학생들을 자기 배움의 주권자가 아니라 노예로 만든다. 이를 이해하는 데는 정치학에서 사용하는 '시간 주권'[33]이라는 개념이 유용하다. 어떤 국가가 "성장 속도를 빠르고 느리게 하는 것을 자신의 판단대로 결정할 수 있는 능력" 같은 것이 시간 주권이다. 특히 제국은 이 능력을 상실하면 치명적인 위험에 빠지게 된다. 사실 경쟁 국가를 망하게 하는 가장 좋은 방법이 경쟁에 쫓겨 '자신의 힘을 과도하게 쓰는 위험'에 빠뜨리는 것이다. 시간에 대한 통제력을 상실하면 미친 듯이 폭주해서 파멸하는 수밖에 없다.

공부에서도 마찬가지다. 쓸모를 '지금 당장' '곧'이라는 말에 종속시켜버리는 순간, 공부를 하는 사람은 시간의 노예가 된다. 장기적인 관점에서 나에게 도움이 되는 것이 무엇이고, 그것을 준비하려면 무엇이 필요하며, 지금 나의 수준에서 그것을 어느 정도의 속력으로 얻을 수 있는지 자신이 통제하지 못하게 된다. 대신, 지금 당장의 평가에서 성과, 즉 '스펙'이 될 수 있는 공부를 해야 한다. 자격증을 따거나 어학 점수를 올리거나 무슨무슨 대회에 끊임없이 나가서 상장을 받아와야 한다.

과거에는 이렇게 점수를 높이고 자격증을 따는 일은 장기적인 목표를 위해 배치된 것이었고, 양도 많지 않았다. 그러나 지금은 남들보다 빠른 속도로, 더 많은 성과를 가시적으로 내야 한다. 그러다 보니 이게 공부에 도움이 되는지 아닌지 생각할 겨를도 없이, 남들이 하는 것은 일단 다 해놓고 봐야 한다는 초조함에 시달릴 수밖에 없다. 자기가 목표를 정하고 속력을 조절하면서 공부하는 게 아니라 눈앞에 보이는 성과를 향해 100미터 달리기를 하듯이 공부할 수밖에 없다. 그러지 않으면 불안해서 견딜 수가 없기 때문이다. 즉, 시간에 쫓기는 공부가 되는 것이다.

실제적이라는 명목으로 공부의 목적을 이처럼 '단기화'하는 것이 당장은 학생들에게 매력적으로 보여 어느 정도 공부로 유인할 수 있을지 모른다. 그러나 이렇게 해서는 긴 호흡의 공부를 통해서만 만들 수 있는 가장 중요한 것을 만들지 못한다. 공부를 지속할 힘이 있는 몸 말이다. 공부의 가장 중요한 목적은, 무엇을 배우고 익히는 것을 견디고 즐기는 몸을 만드는 것이다. 이런 습관과 몸을 가진 사람이 배움을 지속할 수 있다.[34] 역설적으로, 이 배움을 지속시킬 수 있는 능력은 미래 사회의 '생존'을 위해서도 결정적으로 중요하다.

많은 사회과학자는 사람이 한 가지 기술을 배워 그걸 죽을 때까지 써먹을 수 있는 시대는 끝났다고 말한다. 아무리 노동의 안정성을 높인다 하더라도 말이다. 인생에서 직업이든 뭐든 최소한 세 번은 바꾸며 살게 되리라고 말한다.[35] 세 번의 전환은 있는 것이다. 이 전환을 위기로 겪지 않기 위해 필요한 것이 '배움의 기술'이다. 요새 흔히 하는 말로는 '공부한 사람'에서 '공부하는 사람'으로, 더 나아가 내가 하는 말로는 '공부할 줄 아는 사람'이 되어야 한다는 말이다. 그래야 전환을 위기로 겪지 않고 다음 단계로 넘어가면서 자기 삶을 설계할 수 있다.

그런데 공부의 목적을 '단기화'해버리고 나면 어떤 내용을 빨리 습득함과 동시에 공부가 끝나버린다. 공부는 그저 지겨운 것이기에 '해치워야 하는 것'이 된다. 단기적인 목표에 맞춰 '공부를 끝내버리는 교육'을 통해서는 '지적 쾌감'을 느끼면서 '공부하는 몸'을 만들지 못한다. 이런 교육은 앞으로의 시대를 살아가는 학생들에게 실제적인 도움은커녕 실제적인 위협이 된다.

물론 공부는 지겹고 재미없다. 나는 이 점을 부정하면 안 된다고 생각한다. 공부가 처음부터 끝까지 재미있다는 건 아주 일부의 학생을 제외하고는 말도 안 되는 소리다. 사실 대부분의 공부는, 재미없지만 견디는 과정이다. 이 견디는 과정을 통해 공부하는 몸이 만들어진다. 그런데 공부의 목적을 단기화해버리면 공부하는 몸이 만들어지는 게 아니라 단시간에 목표를 달성하고 공부를 그만두는 몸이 만들어진다.

물론 이 말이, 공부는 재미없으니 무조건 견뎌야 한다는 뜻은 아니다. 지금까지 공부를 시키는 방식은 그랬다. 견디다 보면 공부의 재미를 발견할 수 있으리라고 말이다. 그러나 이처럼 '견디는 것'만 강조한 공부는 실패했다. 이 점은 분명히 해야 한다. 공부는 견디는 것임을 강조했던 이들의 말과 달리, 거기서 '공부의 묘미'나 '지적 쾌감'을 느끼는 학생은 극소수였다. 이런 점에서 견디기만 강조하는 교육은 폐기되어야 하는 것이 맞다.

그러나 이런 일은 '실제적'이라는 이름으로 단기적인 목표에 맞추는 공부에서도 똑같이 벌어진다. 공부의 목적과 과정을 단기화해버리면, 공부를 통해 얻을 수 있는, 공부만이 주는 짜릿한 쾌감을 느낄 기회를 박탈당한다. 그래서 '배운 사람'[36]으로 끝난다. 배울 줄 아는 사람이 되지 못한 상태에서 자기가 배운 것을 일회용으로 써먹기만 한다. 그러다 그 배운 내용의 효용이 다하면 그 사람은 정말 큰 위기를 맞는다. 전환할 수 있는 그 어떤 기술도 가지고 있지 않기 때문이다.

따라서 우리가 주목해야 하는 것은, 지겹고 재미없는 공부의 와중에도 어떻게 배움을 지속하는지, 그렇게 배움을 지속할 수 있는 지적 쾌감의 구조와 과정은 무엇인지에 관한 이해다. (이 부분은 3부에서 집중적으로 설명할 것이다.) 공부가 주는 지적 쾌감의 원천은 무엇이고, 그게 어떻게 다시 공부의 원동력이 되며 공부하는 몸을 만드는지 말이다. 우리가 교육을 통해 양성해야 하는 것은 배울 줄 아는 사람, 즉 배움을 지속할 수 있는 배움의 주체다.

시간 주권이라는 측면에서 봤을 때, 이 '실제적'이라는 목표는 내용적으로도 문제가 많다. 노자가 《도덕경》에서 사용한 말을 빌린다면, '쓸모'라는 말에는 두 가지 의미가 있다. 하나는 '이익'이고 다른 하나는 '쓸모'다. 한국의 교육에서 사용하는 실용 혹은 '실제적'이라는 개념은 '쓸모'를 이야기하는 것 같지만, 사실은 '이익'이 되는지 아닌지에만 초점을 맞추고 있다. 실제 삶에서 쓸모가 있는 교육을 하자는 말은 실제 삶에 이익이 되는 공부를 하자는 말과 동의어다. 학생들이 졸업한 이후에 당장 써먹을 수 있는 기술을 가르쳐야 한다는 말이나 직업을 구하는 데 도움이 되는 실제적인 교육을 해야 한다는 말이 전형적이다. 물론 이익보다는 쓸모에 좀 더 초점을 맞추는 대안교육 같은 접근이 있지만 매우 제한적이다.

그러나 쓸모는 이익과 다른 것이며, 이익을 넘어선다. 개념적으로 구분해본다면, 이익은 되지만 쓸모가 없는 지식이 있고 쓸모는 있지만 이익이 되지 않는 지식이 있다. 특히 내가 강조하고 싶은 것은 이 책의 9장에서 이야기할 향유의 지식과 같은 것이다. 어떤 사물이나 작품을 보면서 그 아름다움을 향유하는 데 필요한 지식은, 쓸모는 있지만 이익을 준다고 할 수는 없다. 그럼에도 그 지식은 사람이 자기 삶을 풍부하게 살아가기 위해 반드시 필요한, 쓸모 있는 지식이다.

더구나 이익을 중심으로 생각하면 '전환'을 생각할 수가 없다. 이익을 중심으로 생각하면, 지금 이 시대가 어떤 삶의 전환을 요구하는지 살펴보고 그 요구에 맞게 자기 삶의 방식을 바꾸어내는 공부가 오히려 쓸모없다고 여기게 된다. 이익을 주지 않기 때문이다. 전환은 지금 상태에 문제를 제기하면서 시작된다. 따라서 지금의 기준으로 보면 결코 이익이 될 수가 없다. 시간적으로 보더라도 손해가 된다. 이익을 중심에 두면 손해를 보지 않는 것이 가장 중요하기 때문에 전환은 아예 생각도 할 수 없게 된다. 그리고 이런 교육의 후폭풍은 이미 현실에서 나타나고 있다.

가장 큰 후폭풍은 배우는 자가 소진되면서 쉽게 냉소적으로 바뀐다는 것이다. 대학을 보면 극명하게 알 수 있다. 고등학교까지 입시만을 목표로 해치우는 공부를 해온 학생들은, 대학에 들어오는 순간 갑자기 '조로'하는 경향이 있다. 1학년 때에는 해방감에 젖어 의도적으로 공부를 거부하는 경향이 있다. 공부한다는 생각만으로도 지긋지긋하다고 말한다. 다음 공부로 넘어가기 위한 '통과 의례'로서 충분히 이해할 만하다.

그런데 2학년이 되면서부터는 다시 '실제적인 공부', 즉 취업에 도움이 되는 공부를 하는 데 내몰린다. 대학에 와서 해보고 싶던 그런 공부는 꿈도 꾸지 못한다. 문제는 그 '실제적인 공부'가 대학에 없다는 점이다. 고등학교까지는 짜여 있는 교육과정을 따라 공부하면 '성과'를 낼 수 있었고 그게 '실제적인 공부'였지만, 대학에서는 그 '실제적인 공부'가 무엇인지 자기가 정해야 하고 그에 맞게 공부해야 한다. 그런데 무엇이 나에게 '실제적'인지 생각해본 적이 없기 때문에 여기저기에서 '실제적'이라고 말하는 것을 쫓아가기에 바쁘다.

'노동의 위기와 다음의 배움'에 관해 강의를 하면 꼭 이렇게 말하는 학생들이 있다. 이 강의에 오면 자기가 뭘 배워야 하는지 들을 줄 알았는데 그런 내용이 없어 당황했다고 말이다. 그들에게 어떤 것이 '실제적인 도움'이 된다고 생각하느냐고 물어보면 대부분 비슷한 대답을 한다. 미래에 살아남을 직업이 무엇이고 그 직업을 얻기 위해 어떤 '과목'을 공부해야 하는지 말해달라는 것이다. 코딩이든 통계학이든 '과목'을 꼭 집어서 말해달라고 한다. 4차 산업에 맞는 것이든 전통적인 것이든 이 직업은 살아남는다고 말해달라고 한다.

과목이라는 이름이 붙은 '단기적'이고 '가시적'인 어떤 것이 아니면 불안해한다. 이게 내가 하지현 선생과 함께 말한 공부 중독의 '공부'라고 할 수 있다. 나에게 무엇이 실제적인지 내가 정하는 공부를 하지 못한다. 사회가 실제적이라고 말한 그 틀에 들어가지 않으면 스스로는 아무것도 하지 못하고 '멘붕'에 빠져서 헤매기 시작한다. 끊임없이 어떤 시스템에 들어가서 당장의 성과가 될 수 있는 무엇인가를 배우고 있어야 한다.

이런 친구들에게 그동안 어떻게 공부를 해왔는지 물어보면 이 폐해를 한눈에 알 수 있다. '실제적'으로 도움이 되는 것을 공부해야 한다는 생각에, 꾸준히 시간을 들여 제대로 배운 것이 아무것도 없다. '실제적'이라는 말이 긴 호흡을 가지지 못하게 하고 근시안적이고 조급한 사람으로 만들어버리는 것이다. 공부가 음료수 자판기처럼 여겨진다. 동전을 집어넣으면 바로 음료수 캔이 떨어지는 자판기처럼, 지금 당장 그 '성과'가 눈앞에 떨어져야 한다.

심지어 자기에 집중하고 자기를 돌보라고 말해도 바로 질문이 날아온다. 그건 어떻게 하는 것이냐며, 방법을 알려달라고 한다. 그 방법을 찾는 게 공부라고 말하면 실망한다. "여기서도 해답을 알려주지 않는군요." 그걸 생각해보라고 했더니 그걸 알려달라고 말하는 식이다. 공부를 '해치우다' 보니 나타난 폐해가 바로 이렇게 줄거리만 파악하는 것이다. 이들은 그런 방식의 공부에 취해 있고 익숙해져 있고 중독되어 있다. 답을 스스로 찾는 것이 아니라 정답이 제시되지 않으면 움직이지 못하고 어쩔 줄 모른다. '지금 당장 쓸모 있는 것'을 요구하는 제자에게 동서고금을 막론하고 모든 스승은 똑같은 말을 한다. "너는 배울 준비가 안 되어 있다. 당장 돌아가거라."

이게 한국에서 스승은 찾지 않고 자기계발서만 범람하는 가장 큰 이유다. 자기계발서를 읽는 사람들의 이야기를 들어보면, 어떤 책을 읽으면 답이 당장 보이는 것 같다고 말한다. 그래서 시키는 대로 따라 한다. 그런데 그 효과가 보름을 못 간다. 보름이 지나면 슬슬 의문이 들기 시작한다. 그러다 다른 책이 눈에 들어오고 솔깃해진다. 또 사서 읽고 따라 하지만 그 효과 역시 보름을 넘기지 못한다. 그럼에도 자기계발서를 끊을 수가 없다.

이들의 마음을 지배하고 있는 것이 '초조함'[37]이다. 단기간에 실제적인 성과를 내야 한다는 강박으로 지금 배운 것이 시간낭비면 어쩌나 하는 초조함에 사로잡혀 있다. 좀처럼 여유를 갖지 못하는 것이다. 이것은 이들의 잘못이 아니다. 이 초조함이야말로 지금 사람을 통치하고 지배하는 방식이라고 할 수 있다. 초조해서 긴 호흡으로 자기 자신과 사회를 돌아보지 못하게 함으로써 구조적인 문제에 관한 고민과 토론을 관념적인 탁상공론으로 여기게 한다. 여기서는 '해법'을 찾을 수가 없다.

성공, 자아실현의 실체

이런 식의 '실제적 도움이 되는 교육'은 현장에서는 진로 중심 교육이니 실제적 직업 훈련 중심 교육의 형태로 제기되고 있다. 나는 진로 중심으로 교육이 바뀌어야 한다는 말에 반대하지 않는다. 그러나 시간의 측면에서 봤을 때 '실제적 도움이 되는 교육'이 배우는 사람의 시간 주권을 박탈하는 효과를 낳듯이, 진로 중심 교육이나 실제적 직업 훈련 중심 교육이 지금 어떤 이데올로기와 결합하여 어떤 파국적 결과를 낳고 있는지 놓치지 말아야 한다.

내가 보기에, 진로 중심으로 실제적 도움이 되는 교육은 이미 작동하지 않는 '자아실현'을 공부의 목적으로 하고 있다. 지금의 교육이 학생들이 자기 미래를 발견하고 준비하는 데 도움이 되지 못하기 때문에 그것을 도울 수 있는 교육을 해야 한다는 게 이 '실제적 도움'을 강조하는 사람들의 입장이다. 여기에서 역설이 벌어진다. 이 '실제적 도움'을 강조하며 현재의 교육과정이나 교육 내용의 전면적 폐기 혹은 대대적 보완을 주장하는 입장은, 목적이라는 관점에서 보면 '삶의 전환'을 위한 공부가 아니라 '현재를 강화하는 공부'를 더욱 공고하게 만든다는 것이다. 이들에게 현재는 '미완의 무엇'이지 '극복해야 할 무엇'이 아니기 때문이다. 앞에서 이야기한 것처럼, 모든 것을 바꾸자고 하지만 아무것도 바꾸지 않는 결과를 낳는다.

나는 자아실현을 중심에 둔 교육을 반대하지 않는다. 자아실현은 사람에게 여전히 삶의 최상위 목적이다. 사람은 아마도 자기를 실현하기 위해 노력하며 살아야 하는 존재일지도 모른다. 그러나 지금 추구하라고 강요되는 자아실현은, 신자유주의를 비판하는 많은 사회과학자가 말한 것처럼, 자아를 실현하는 것이 아니라 자기를 파괴하는 논리가 되었다. 그리하여, 1부에서 말했듯이, 이 자아실현의 강요에 질식당한 학생들이 아예 아무것도 하지 않으려는 모습까지 보이고 있다. 자아실현이 생존주의와 결합하면서 최악의 결과를 낳고 있기 때문이다.

단적으로 말해, 이 시대의 자아실현은 곧 성공을 의미한다. '자아실현'이라는 이름으로 누구나 해야 하는 것처럼 말해지지만, 그 실체는 '성공'이기에 실제로는 극소수에게만 가능한 것이다. 따라서 실체는 성공인 자아실현에서 절대다수는 패배자가 될 수밖에 없고 패배자가 되리라는 공포에 일상적으로 시달리게 된다. 그 결과, 아예 아무것도 안 함으로써 성장 자체를 포기하는 파국적 양상이 나타나는 것이다. 왜 이런 일이 벌어지게 되었는지 좀 더 자세하게 살펴보자.

생존주의가 전면화되었다고 '자아실현'에 대한 욕망이 사라진 것은 아니다. 오히려 이것은 이중의 압력이 되고 있다. 한편에서는 '살아남아야 한다'라는 압력이, 다른 한편에서는 '너 자신이 좋아하는 일을 하며 살라'는 명령이 동시에 작동하는 것이다. 전자에 중심을 두고 후자를 달성할 것인가, 후자에 중심을 두고 전자를 이룰 것인가를 두고 두 가지 '길'이 생존법으로 제시되고 있다. 관건은 둘 다 포기하지 않는 것이다.

첫 번째 길이자 이 시대의 최선은, '하고 싶은 일'을 하며 '떼돈을 버는 것'이다. 이 둘을 합친 것이 곧 '성공'이다. 이 시대의 아이콘이 잡스나 마윈, 그리고 안철수가 된 것은 그들이 '하고 싶은 일'을 하며 성공했기 때문이다. 이들에 대한 찬양은 그들이 하고 싶은 일을 해서 그걸 이루었다는 데 초점을 맞추지만, 과연 그들이 이루지 못했어도, 즉 성공하지 못했어도 그들에게 위로 수준을 넘어서는 찬양과 존경이 쏟아졌을까?

나는 아니라고 생각한다. '하고 싶은 일'이 중요한 것이 아니라 '성공'이 중요하다. '하고 싶은 일'을 하다 보면 성공할 수도 있는 게 아니라, 성공했기에 '하고 싶은 일'이라고 말할 수 있게 된다. 초점은 '성공'에 있지, '하고 싶은 일'에 있지 않다. 성공하지 못했다면 '하고 싶은 일'을 했다는 이유로 자위하는 것이 결코 가능하지 않다. 그런 자위는 '정신 승리'에 불과한 것으로 치부된다. 따라서 하고 싶은 일을 하더라도 거기에 만족해서는 안 된다. 성공할 때까지 해야 한다.

그렇기 때문에 지금의 성공 이데올로기는 이전 시대의 신분 상승이나 자아실현보다 더 악독한 형태로 사람이 자기 자신을 착취하게, 사회를 황폐하게 만든다. 신분 상승은 제도교육을 통해 추구했다. 엉덩이에 진물이 날 때까지 책상에 붙어 앉아 학교가 가르치는 것을 달달 외우면 됐다. 반면, 성공은 제도교육으로는 부족하다. 성공 신화는 제도교육을 넘어서는 것까지의 용기와 도전을 요구한다. 제도교육에 '안주'해서는 절대 이 시대가 칭송하는 '성공'에 도달할 수 없다. '내가 하고 싶은 일'이기에 제도를 넘어서는 창의성과 자발성을 발휘해야 한다.

물론, 핵심은 발휘했다는 게 아니라 그걸 통해 '성공'해야 한다는 것이다. 결과적으로, 신분 상승처럼 기댈 제도적 안정성도 없고, 자아실현처럼 내면적인 만족감을 가질 수도 없는 게 성공이다. 말로는 '하고 싶은 일'을 추구했다며 내면적 동기와 과정을 중요하게 여기지만, 실제로는 결과, 즉 성과를 전면화한 것이 '성공 이데올로기'이기 때문이다. 성공의 이유를 '하고 싶은 일을 했다'는 것으로 역추산함으로써 모두가 다 성공할 때까지 미친 듯이 '노오력'하고 살 것을 강요하는 게 바로 이 '성공 이데올로기'이며, 그래서 신분 상승이나 자아실현보다 훨씬 더 가혹하게 자기를 착취하게 만든다.

다른 하나의 길은 먹고사는 일, 즉 직업은 최대한 안정적인 것으로 구하고 '하고 싶은 일'은 소비를 통해 하는 것이다. 3장에서 인용한 것처럼, 30평대 아파트, 중형차, 일 년의 한 번 정도의 해외여행을 누리는 생활이다.

이 '평균적'이고 '소박한' 목표[38]는 경제 침체기에 보통 한국 사람들은 결코 도달할 수 있는 수준이 아니다. 이 방식은, 직업과 경제활동은 안정적인 수입의 원천으로, 자아실현은 여가와 취미, 즉 소비를 통해 이루는 것으로 철저하게 이원화한다. 따라서 교사나 공무원 같은 안정적인 직업이나 의사나 약사같이 '고소득' 전문직이 가장 선호하는 직업이 될 수밖에 없다. 이 역시 다른 의미에서 성공한 삶일 수밖에 없다.

노오력과 무한한 잠재력

　　　　　자아실현을 강조하든 생존을 강조하든, 이렇게 성공한 삶을 살기 위해 이 시대의 사람들은 미친 듯이 '노오력' 할 수밖에 없다. 그것은 평균적인 사람이 도달할 수 있는 평균적인 삶이 아니기 때문이다. 따라서 이 평균 아닌 평균에 도달해야 한다는 압력이 팽배한 사회는 사실상 성공하지 못한 모든 사람을 실패한 자로 낙인찍는다. 다들 자기가 실패한 사람, 낙오자가 될지 모른다는 공포를 갖고 살아가고 있다. 우리는 자아실현이 탈락을 정당화하는 논리가 되면서 공포의 원인이 된 시대를 살아가고 있다.

　아이러니한 것은 탈락을 정당화하고 사람을 패배감의 나락으로 떨어뜨리는 수단으로 사용되는 것이 바로 교육이라는 점이다. 교육의 관점에서 '노오력'이라는 말을 들여다보자. '노오력'이라는 말은 청년들이 사용하는 말이다. 청년들이 취직하지 못하거나 성공하지 못했을 때 '그건 다 너의 잘못'이라는 이 사회의 비난을 자조적으로 비판할 때 사용하는 말이다.

　내가 아무리 노력했어도 성과를 내는 데 실패하면 사람들은 말한다. 노력이 부족했다고 말이다. 그래서 내가 충분히 노력했다고 항변하면 그래도 노력이 부족했다고 동어반복한다. 그 노력이 부족했다는 것은 어떻게 알 수 있느냐고 물으면 네가 성과를 내지 못한 게 증거라고 말한다. 따라서 성과를 내야만 내가 노력을 다한 것이 된다. 이처럼 우리는 무조건 성과를 내야만 하는 사회에서 살아가고 있고, 이것이 '성과주의'다. 성과주의 사회[39]에서는 노력해서 안 되면 더 노력해야 한다. 과정이 아니라 결과가 중요하기 때문이다. 결과가 나올 때까지 노력의 '노'와 '력' 사이에 '오'자만 늘리라고 강요한다고 해서 '노오력'이다. 말할 필요도 없이 '노오력'으로 안 되면 '노오오력'을 해야 하고 그다음은 '노오오오력'이다. 이렇게 '오' 자만 무한대로 늘리면서 사람을 착취하고 소진시키는 것이 현실이다.

그럼, 사람은 어떻게 '오'를 무한대로 늘릴 수 있는 것일까? 황당하겠지만, 이 '오'를 무한대로 늘리면서 실패를 그 사람의 문제로 돌릴 수 있게 하는 것이 역설적으로 교육의 이상이다. 교육은 늘 사람을 격려하는 것을 중요하게 여겨왔다. 실패에 좌절하거나 움츠러들지 않고 도전하면서 자기의 기량을 발전시키고 좀 더 나은 존재로 성장해가는 것을 도모하는 게 교육이었다. 그렇게 도전하는 힘이 외부에 있지 않고 자기 내부에 있다는 것을 발견하고, 그 힘에 의지해 포기하지 않게 만드는 게 교육이다.

그래서 교육이 만든 말이 '무한한 잠재력'이다. 교육은 포기하는 것을 가장 슬퍼한다. 누군가가 무엇을 포기할 때, 그 사람이 포기한 것은 '그 일'이기만 한 것이 아니라 자기가 가진 가능성이기 때문이다. 흔한 비유로, 씨앗이 나무가 되기를 포기하는 것은 씨앗의 본성을 포기하는 일이기에 비극적이다. 따라서 씨앗은 자신을 나무의 잠재적 상태로 바라봐야 한다. 이런 과정에서 성장에 대한 의지를 북돋우기 위해 나온 말이 바로 '무한한 잠재력'이다. "포기는 이르다. 너의 무한한 잠재력을 믿어라."

그런데 사람을 포기하지 않게 하려는 이 교육적 배려의 말이 성과주의와 결합하면 지옥을 만들어낸다. 사람이 성과를 내지 못한 것은 노력을 하지 않은 것이고, 노력을 하지 않은 것은 자신의 잠재력을 발휘하지 못한 것이 된다. 그렇기에 이 사람이 포기한 것은 성과가 아니라 잠재적인 형태의 '자기 자신'인 것이다. 씨앗이 나무 되기를 포기한 것이다. 사람이 다른 모든 것을 포기해도 절대 포기해서는 안 되는 것이 자기 자신이다. 그런데 성과를 못 내고 그만둔다는 것은 바로 가장 포기해서는 안 되는 자기 자신을 포기한 것이므로, 이 사람은 다른 누구도 아닌 자기 자신에게 '쓰레기'가 되어버린다.

이런 쓰레기가 되지 않기 위해서는 반드시 성과를 남겨 자신의 잠재력을 증명해 보여야 한다. 그러기 위해서 '오' 자를 무한대로 늘려야 하고, 이 '오' 자는 잠재력 앞에 붙어 있는 수식어인 '무한한'이라는 말로 정당화된다. 원래 성경에서 좋은 의미로 사용되었던 "열매를 보면 나무를 알 수 있다."라는 말이나 "열매를 맺지 못하는 나무는 불태워버려야 한다."라는 말이 성과주의에 의해 완전히 악용되는 것이다. 선한 목적을 이루기 위한 교육적 언어였던 '무한한 잠재력'은, 이처럼 사람의 성장을 도모하는 말이 아니라 사람을 파괴하는 말로 돌변해버렸다.

'무한한 잠재력'과 '노오력'이 성과주의 사회에서 한편이 되면서, 자아실현은 자기 파괴의 언어가 되었다. 그 결과, 이 자기 파괴에 대한 공포가 자기에 대한 파업이나 태업, 즉 무기력의 형태로 나타나고 있음은 1부에서 이미 이야기했다. 그게 교육현장에서 가장 문제가 되고 있는 무기력이다. 살아남지 못해 무기력한 것이 아니다. 슬프게도, 무기력해야만 그나마 자기를 덜 파괴하며 연명할 수 있다. 내가 어디까지 할 수 있고 어디부터는 힘에 부치는지를 제대로 모르기 때문에 아무것도 하지 않는 게 자기를 덜 망가뜨리는 생존전략이 된 것이다.

자아실현에서 자기 배려로의 전환

이처럼 '해도 안 된다'는 사실을 사람들이 깨닫기 시작한 것을 나는 긍정적이라고 생각한다. '하면 된다'는 구호만 외치면 망가질 뿐이지만, '해도 안 된다'는 것을 깨달은 사람들은 다른 길을 모색할 수 있기 때문이다. 다만 지금은 길이 보이지 않으니 그게 무기력과 낙담의 형태로 나타날 뿐이다. 관건은 이 '해도 안 된다'는 것에 기초해 우리가 어떤 성장을 꿈꿀 수 있고 어떤 사회를 설계할 수 있는가 하는 점이다.

바로 이런 점에서 나는, 지금 교육의 폐기나 보완이 아니라 전환이 필요하다고 주장하는 것이다. '내가 무엇을 하고 싶은가'를 발견하는 진로 교육보다 '내가 어떻게 살아야 내 삶을 돌볼 수 있는가'를 생각하고 발견할 수 있는 전환 교육이 필요하다고 말하고 싶다. 나는 이것을 '자아실현'에서 '자기에 대한 배려/돌봄'으로의 전환이라고 제안한다.

물론, 가장 먼저 전환되어야 하는 것은 이 사회다. 우리 개개인의 삶은 사회라는 그릇에 담겨 있다. 아침부터 저녁까지, 요람에서 무덤까지 자아실현이라는 이름으로 성공을 강요하며 구성원 대다수를 패배자로 몰아가고 있는 이 '발전 중심의 사회'를 전환하지 않으면 우리 삶 전체가 끝장날 수 있다. 이런 점에서 '좋은 사회'에 관해 토론하며 그 결정 과정에 참여할 수 있는 역량을 가진 사람들을 양성하는 것이야말로 '전환의 역량을 키우는 교육'이라고 할 수 있을 것이다.

이것은, 자아실현이라는 이름으로 자기를 착취하고 파괴하는 삶에서, 자기를 보전하고 지속적인 성장을 도모하는 삶으로 전환할 역량을 키우는 데 중심에 두자는 제안이다. 이를 위해서 '배운

자'가 아니라 '배울 줄 아는 자'를 양성하는 교육, 즉 '배움의 기예'를 배움의 중심에 놓는 교육으로의 전환이 필요하다. 나는 이것을 '전환의 역량을 키우는 교육'을 위한 '교육의 전환'이라고 말한다. 다음 장에서부터 이것을 '자기 배려'라는 말을 중심으로 살펴보고자 한다.

자신의 한계를 안다는 것

自身

    2015년 서울의 하자센터에서 열린 '창의 서밋'*에 참가했을 때 들은 이야기다. 제주도에 있는 '해녀학교'에서 온 분이 자기를 소개하면서, 그 학교에서 맨 처음 가르치는 것이 자기 숨의 길이라고 했다. 물질을 하는 사람이 자기 숨의 길이를 알아야 물속에서 자기를 망각하고 만용을 부리다 죽지 않을 수 있기 때문이다. 그래서 해녀가 되고 싶은 사람이 무엇보다 먼저 알아야 하는 게 '자

---

* 하자센터의 창의 서밋은 창의성을 키워드로 하여 시대의 과제들과 만나는 지점을 탐색하는 국제적 행사다. 2008년 예비 행사를 시작으로 2009년 첫 번째 서밋이 열렸고 2016년에 8회를 맞았다.

기 숨의 길이'라는 것이다.

이 학교의 이야기는 '자기 배려'를 위한 공부의 중요한 두 측면이 무엇인지를 정확하게 말해준다. 첫 번째는 당연하게도 자기의 한계를 아는 것이다. 숨의 길이는 사람마다 다르다. 그렇기 때문에 각자가 알아야 하는 것은 다른 누구도 아닌 '자기' 숨의 길이다. 자기에 관한 앎이 있어야 자기를 보호하고 배려할 수 있다. 자기에 관한 앎 없이는 자기에 대한 배려도 불가능하다.

두 번째로는 물속에서 자기 한계를 망각하지 않는 것이다. 많은 경우 우리는 자기가 하고 있는 일이나 매혹된 대상에 넋을 잃는다. 물속에 들어가서 내 숨의 길이를 잊은 채 물속의 황홀한 풍경이든 전복 잡이든 무엇에 정신이 나가버리면 죽음에 이를 수도 있다. 따라서 자기를 보호하고 배려하기 위해 사람이 놓지 말아야 하는 게 '정신'이다. 이것을 자기에 대한 집중이라고 할 수 있다. 자기에 대한 망각이야말로 자기 배려의 적이다.

한계, 극복에서 다룸으로

내가 해녀학교의 이야기를 '자기 배려'를 설명하는 사례로 소개할 때마다 두 가지 흥미로운 반응을 만난다. 첫 번째는 교사들의 반응이다. "해녀학교에서 무엇을 가르쳐야 할

까요?"라고 물으면, 교사들은 "물이 두렵지 않다는 것을 가르쳐준다."라거나 "'물이 즐겁다'는 것을 가르쳐야 한다."라고 대답하곤 한다. 지금 교육현장에서 교사들이 직면한 어려움이 배우는 자들의 '위축'이라는 걸 단박에 알 수 있다. 안타깝게도 배우는 것에 호기심을 갖는 게 아니라 회피하려 하거나 두려워하기 때문에 그 두려움을 없애는 게 배움의 첫 번째 단계라고 자동적으로 입력되어 있는 것이다.

두 번째는 배우는 사람들의 반응이다. 해녀학교에서 가르치는 게 '자기 숨의 길이'라고 말하면 하나같이 묻는다. 사람마다 숨의 길이에 차등이 있는데, 그걸 그냥 받아들여야 하느냐는 것이다. "내 친구의 숨이 5분이고 내가 1분이면 내 친구가 물속에 들어가서 전복도 따고 소라도 딸 때 나는 해변에서 미역이나 건져 먹어야 하나요?"라는 말을 적어도 다섯 번은 들었다. 교육현장에서 학생들이 자기 한계에 부딪칠 때마다 곧바로 다른 학생들과 위계적으로 비교되며 열등한 존재로 취급된 결과라는 사실 또한 단박에 알 수 있다. 그래서 "한계는 극복해야 하는 것 아닌가요?" "한계는 부정적인 것 아닌가요?" "한계를 인정하면 포기하고 체념하는 셈 아닌가요?" "한계를 인정하면 차별도 그냥 받아들여야 하는 것인가요?"라는 질문이 바로 이어진다.

이런 반응은 한계를 아는 것을 자기 배려의 방법으로 여겨본 적이 없다는 방증이다. 그 반대로, 한계를 인정하라는 말은 자기를 배려하라는 말이 아니라 현실에 안주하며 패배자로 살아가라는 말과 다름없이 들린다. 또한, 사람은 태어날 때부터 능력과 가진 것에서 차이가 있으니 그 차이를 인정하고 위계를 받아들이라는 말로 들린다. 그래서 사람들은 한계를 인정하고 자기를 배려하라는 말에 솔깃해하면서도 묘한 반발감과 거부감이 든다고 말하는 것이다.

이런 거부감이 드는 이유는, 우리가 일상에서 쓰는 말이 "숨의 길이를 안다."가 아니라 "얼마나 참을 수 있는지 안다."라는 데서도 알 수 있다. "얼마나 참을 수 있는지 안다."라고 말하는 것은 한계를 부정적으로 정의한다. 그래서 이 한계는 비교하고 돌파해야 하는 과제가 된다. 내가 1분 동안 참을 수 있는 반면 내 옆 사람이 2분 동안 참을 수 있다면 나는 부족한 존재다. 따라서 내 숨의 길이가 2분이 될 때까지 무한정 노력해야 한다. 이렇게 되면 자기 한계를 아는 것은 기쁜 일이 아니다. 오히려 한계를 아는 순간 사람은 자기 자신에게 부정적이 되면서 위축된다.

반면, "숨의 길이를 안다."라는 말은 비교와 극복에 중점을 두지 않는다. 내가 '모르던 나'를 '알았다'는 데 초점을 맞춘다. 숨의 길이를 모른 채 물속에 뛰어들었다면, 내가 자신을 잘 몰라서 스스로를 죽일 수도 있었다. 하지만 숨의 길이를 알면 나를 돌볼 수 있게 된다. 남과의 비교가 중요하지 않다. 내 안에서, 자신에 관한 모름에서 앎으로 이동한 데 초점이 맞춰진다. 아는 것이 나를 살리고 돌보게 한다. 여기서는 앎이 곧 실천이다. 알아야만 비로소 나를 보호할 수 있다. 한계를 아는 것은 자기를 살리는 실천이기 때문에 기쁜 일이다.

그렇기 때문에 내 한계인 '1분의 숨'은 극복의 대상이 아니라 다룸의 대상이 된다. 한계가 극복이 아닌 다룸의 대상이라는 말은 한계를 수동적이고 체념적으로 받아들이라는 뜻이 아니다. 오히려 한계가 다룸의 대상이 될 때 사람은 무리하지 않으면서 성장을 도모할 수 있다. 따라서 우리가 알아야 하는 것은 사람마다 재능이 다른 만큼이나 한계도 다르다는 사실이고, 각자가 그 한계를 아는 것이 자기를 파괴하지 않기 위해 중요하다는 점이다.

다룸에 초점을 맞추면 '참는 것'에 초점을 맞출 때와 방향 자체가 달라진다. 일차적인 초점은 내가 이 1분의 숨을 가지고 무엇을 할 것이고 그것을 얼마나 잘할 수 있는가에 맞춰진다. 5분의 숨을 가지고도 별다른 일을 못 하는 사람이 있다. 반면, 나에게 한계로 '주어진' 1분의 숨을 잘 활용하면 멋진 일을 해낼 수도 있다.

여기에서 핵심적인 중점의 이동이 일어난다. 그동안 사람들은 당연히 물속에서 5분을 참는 것이 1분을 참는 것보다 탁월하다고 생각해왔다. '숨의 길이'가 탁월함의 잣대다. 그래서 숨의 길이가 짧은 사람은 모자란 사람 취급을 받는다. 사람을 좀 더 탁월하게 만드는 게 교육의 목적이므로, 이런 경우 교육은 숨의 길이를 늘리는 데 목표를 둔다. 어떻게 해서든 '노오력'해서 숨의 길이를 늘

려야 한다. 숨의 길이를 다루는 게 아니라 '극복'하는 게 관건이 되는 것이다.

자신의 한계를 극복의 대상으로 볼 때, 삶의 가치를 결정짓는 탁월함은 '나'에게 있지 않다. 삶의 가치는 '나'가 아니라 나에게 '주어진 것'에 있다. 숨의 길이가 1분이냐 5분이냐가 내 삶의 가치를 결정한다. 반면 자신의 한계, 즉 숨의 길이를 '다룸'의 문제로 보면, 삶의 가치와 의미는 '나에게 주어진 것'인 1분이나 5분이 아니라 내가 그것을 다루는 탁월함의 정도에 의해 좌우된다. 탁월함이 주어진 것이 아니라, 주어진 것을 '다루는 기예'의 문제로 바뀌는 것이다. 이에 관해서는 8장에서 좀 더 자세히 살펴볼 것이다.

한편, 자기 한계를 인정한다는 말은 자기 능력에 미리 선을 긋고 노력하지 말라거나 주제 파악하고 찌그러져 살라는 뜻이 아니다. 주어진 것이 극복이 아니라 다룸의 문제가 되면, 한계를 인정한다는 것은 늘 잠정적이다. 지금은 내 능력이 거기까지 닿지 않는다는 것이며, 그렇기에 그 능력을 어떻게 활용할 것인지에 먼저 집중한다는 뜻이다. 지금 내가 가진 능력을 능수능란하게 잘 활용할 수 있을 때 다음 단계로 넘어갈 수 있으며, 넘어갈 용기와 자신도 생긴다.

지금의 교육은 바로 이 점을 역전시켜놓았기 때문에 배우는 사람들이 새로운 것을 시도할 때 겁을 먹고 잔뜩 위축된다. 뭔가를 해보아야 자기 한계를 알 수 있는데, 하는 순간 알게 되는 한계는 부정적인 것이기 때문에 패배감을 느끼게 된다. 탁월함을 줄 세우는 순간부터 숨의 길이가 가장 긴 한 사람 말고 나머지는 모두 패배자가 된다. 그러니 자기가 꼭대기가 될 수 없음을 아는 사람들은 아예 시도조차 하지 않으려고 한다. 이게 내가 몇 차례 강조한 무기력이다.

용기를 내 새로운 것을 시도하지 않으니 새로운 것을 탄생시킬 수 없다. 철학자 아렌트가 말한 "탄생"[40]이 점점 더 불가능해진다.* 탄생은 우리에게 기쁨을 주는 원천이다. 무언가의 탄생은 여전히 우리 삶에 '새로운 것'의 가능성을 보여주기 때문이다. 한계를 인정하는 것이 새로운 것을 탄생시킨다. 그런데 한계의 인정을 슬픈 것으로 만들어놓음으로써 아예 아무것도 시도하지 않아, 각자의 삶에서 새로운 것이 탄생할 가능성 자체가 사라졌다. 이런 삶에 기쁨이 있을 수가 없다.

---

* 아렌트는 "세계는 항상 탄생을 통해 새로워진다."라고 말한다. "교육은 우리가 세계에 대한 책임을 질 만큼 세계를 사랑할지, 같은 이유로 [세계의] 갱신 없이, 즉 새롭고 젊은 사람들의 도래 없이는 파멸이 불가피한 세계를 구할지를 결정하는 지점이다. 또한 교육은 우리가 아이들을 우리의 세계로부터 내쫓아 그들이 제멋대로 살도록 내버려두지 않고, 그들이 뭔가 새로운 일, 뭔가 예측할 수 없는 일을 할 수 있는 기회를 빼앗지 않으며, 또한 그들이 공통의 세계를 새롭게 하는 임무를 담당할 수 있도록 미리 준비시킬 정도로 그들을 사랑할지를 결정하는 지점인 것이다."

전문가, 자기 한계를 아는 자

한계를 아는 것이 자기를 보호하고 배려하는 길임을 아는 사람들이 있다. 소위 전문가라고 불리는 사람들이다. 현대의 교육과정에서 전문가가 되는 과정이란 자기가 아는 것이 무엇이고 모르는 것이 무엇인지 그 경계를 확실하게 알아가는 과정이다. 전문가는, '전문'이라는 말 그대로 자신이 한 분야의 전문가이지 모든 것의 전문가가 아니라는 사실을 잘 안다. 따라서 자신의 한계가 무엇인지 모르는 사람은 전문가가 아니라고 할 수 있다.

현대 교육과정이 최종적으로 지향하는 것이 전문가다.** 고등

** 현대 사회에서 전문가는 학교화된 교육의 산물이다. '학교화'된 교육의 장점은 보편적인 교육과정이 체계적으로 도입되어 있다는 점이다. 따라서 가르치는 사람이나 배우는 사람의 특성을 덜 타게 됨으로써 교육과정의 평균을 높이는 효과를 가진다. 교육과정에서 평균에 도달하지 않는 이들을 걸러냄으로써 이들로 인해 발생되는 문제점을 미리 제거할 수도 있다. 또한, 자격증을 통해 이를 공인함으로써 최소한의 신뢰를 가질 수 있게 한다.

물론 학교화된 교육의 산물인 전문가는 이런 교육의 위험성도 고스란히 가지고 있다. 자기 분야만 잘 알지 다른 분야를 모르는, 특히 자기 분야가 다른 분야에 끼치는 영향은 잘 모르는 '전문가 바보'가 될 수 있다. 그리고 이런 '전문가 바보'들이 전문가라는 이름으로 사회의 주요 정책들을 결정할 때, 소위 '전문가 독재'에 의해 민주주의와 주요 정책에 대한 시민적 통제가 위기에 처할 수 있다는 점은 미리 강조되어야 한다.

또한, 전문가의 평균을 높이기 위해 공인 자격증 제도를 만들었지만, 자격증이 그 사람이 전문가라는 것을 보증해주지는 않는다. 오히려, 전문가가 되는 것이 실제적 기여보다 자격증의 문제가 됨으로써 '시험 잘 치는 인간'이 전문가가 되는 위험이 항상 존재한다. 이 과정에서 실제로 그 분야에 기여가 있는 사람이 시험을 잘 치는 능력, 즉 지식이 없다고 해서 전문가에서 밀려나는 경우가 있다. 기여를 가진 사람이 지식을 가지도록 하는 게 아니라, 지식을 가지고 있는 사람은 기여가 없어도 전문가로 여겨지는 잘못을 범할 수 있는 것이다.

학교 저학년까지는 국민공통기본교육과정으로, 이 사회를 살아가는 보편타당한 사람의 육성을 지향한다. 한편으로는 보편적 시민이 되도록 하는 시민교육의 과정이며, 다른 한편으로는 직업을 구하고 노동을 하는 평균적인 역량을 키우는 것이 초·중등교육의 목표다. 고등학교 고학년에서는 이를 넘어서 전문가가 되기 위한 준비 과정으로 들어간다.

대학과 그 이상에서의 교육은 지식인, 즉 전문가를 양성하는 과정이다. 전문가는 우선, 기술자와 다르다. 기술자는 이 책의 뒤에서 말할, 다루는 기술로서의 능수능란함은 가지고 있지만 이 능수능란함이 원리에 관한 앎에까지 도달해 있지는 않다. 이런 점에서 전문가는 기술자를 넘어 원리에 관한 지식을 알고 활용할 줄 아는 사람이라고 말할 수 있을 것이다. 즉 '할 수 있고 없고'의 문제와 '알고 모르고'의 문제가 결합되어 있는 사람이 전문가다.

전문가와 기술자를 구분할 수 있는 가장 중요한 지점은 위험상황이다. 비전문가는 숙련된 기술을 가졌다 해도, 예외적 상황에서는 일반인과 다를 바가 없다. 반면, 전문가는 '예외적인 상황'을 판별해낼 수 있는 사람이다. 전문가의 기예란 일상적 상황에서는 그 분야의 일을 능수능란하게 한다는 것을 의미하지만, 동시에 전문가가 아니면 판단할 수 없는 '예외적인 상황'을 판별하고 대처할 수 있다는 것을 말한다.

가르치는 사람의 경우도 마찬가지다. 흔히 우리는 가르치는 사람을 수업이나 강의의 전문가라고 말한다. 가르치는 일이 바로 수업과 강의를 통해 이루어지기 때문이다. 따라서 가르치는 일을 하는 사람은 수업을 잘하기 위해 애를 많이 쓴다. 무엇보다 학생들의 표준적인 발달 과정에 맞춰 어떤 내용을 어떻게 가르쳐야 하는지 배운다. 여기에 더해, 잘되는 수업을 모델 삼아 따라 배우면서 가르치는 일의 전문가가 되어간다. '수업/강의 잘하는 사람'이 바로 가르치는 일의 전문가라고 여겨지는 까닭이다.

그러나 이것은 반만 맞는 말이다. 나머지 반은 수업이 잘 진행되지 않는 경우에 어떻게 대처하는지가 결정한다. 즉, 배움이 일어나는 것을 포착하고 잘 유도하는 것만이 아니라 배움이 실패했을 때 잘 대처하는 것이 전문가다. 그 실패를 포착해 해석하고 어떻게 해결할 수 있는지 아는 사람이 가르치는 전문가다. 전문가는 통상적인 상황이 아니라 돌발적인 상황에서 빛을 발한다. 수업을 잘하는 기예만큼이나 이 기예의 한계를 잘 아는 것이 전문가의 자기 이해라고 할 수 있다.

전문가가 전문가로 양성되는 과정에서 그는 몇 가지 한계를 알게 된다. 하나는 방금 말한 것처럼 '분야'의 한계다. 대표적인 예가 의사다. 사실 모든 전문가는 처음에는 한 분야가 아닌 전체를 일반적으로 아는 전문가로 훈련받는다. 의사의 경우 의과대학을 마치면 일반의가 되며 일반의는 거의 모든 질병에 대해 진단하는 법을 훈련받는다. 그 이후에 한 분야를 선택하고 그 분야의 전문의가 된다. 이것은 모든 전문가가 양성되는 통상의 과정이다.

그래서 전문의가 되었다고 하여 다른 분야를 모르는 것은 아니다. 그럼에도 불구하고 전문의들에게 다른 분야에 관해 물으면 하나같이, 자기는 그 분야의 전문가가 아니라서 모른다며 매우 조심스럽게 말한다. 한번은 어머니 팔이 골절되어 대학병원 정형외과 의사에게 물었더니, 자기는 무릎 전공이라 잘 모른다며 어디를 가라고 추천해줬다. 모르지는 않지만, 자신의 앎이 확실하지 않기 때문에 그것을 확실하게 알고 있는 사람에게 물어볼 것을 권하는 경우가 많다.

나도 그런 경우가 있다. 내가 교육이나 사회, 문화를 다룬다고 생각하니, 사람들이 강의를 듣고 나서 구체적인 사례를 가지고 물어보는 경우가 많다. 그럴 때 내가 자주 하는 대답이 "모른다."이다. 대체로 육아에 관해 물어보는 경우에 그렇다. 나는 육아를 해본 적도 없고 아는 것도 없다. 경험적 지식도 없고 전문적 지식도 없다. 사람들이 보기에는 육아와 교육이 인접하고 비슷한 것이겠지만, 공부한 사람의 입장에서 보면 둘은 '다른' 분야이며 내가 전문적 견해를 제공할 수 있는 영역이 아니다. 이런 경우 공부한 사람의 대답은 똑같다. "모른다."

이런 점에서 보면, 한계를 무엇으로, 또 어떻게 받아들이는지를 가지고 그가 전문가인지 아닌지를 구분할 수 있다. 가장 위험한 것은 전문가가 아닌 사람이 전문가인 척하는 것이다. 이런 사람은 모르는 게 무엇인지를 모르면서 자기가 다 안다고 생각한다. 그래서 아는 것 모르는 것 없이 모든 것에 관해 이야기한다. 우리는 이런 사람을 늘 만난다. 연애 문제에서 정치, 심지어 4차 산업혁명이며 우주에 이르기까지, 이들은 모르는 게 없다. 이들이야말로 위험한 사람이다. 자기 한계를 모르는 게 얼마나 위험한 일인지 모르는 이 무지한 자들이 세상을 망친다. 자기 한계를 모르는 의사가 환자를 위험으로 몰아가는 것처럼 말이다.

분야에 이어, 전문가가 알아야 하는 자신의 한계가 있다. 그것은 조건, 기예 그리고 재능의 한계다. 자기가 처한 한계가 무엇에 관한 것인지 정확하게 판별하고 판단하는 게 전문가다. 의사의 예를 계속 들면, 진단하거나 수술할 때 그리고 응급 상황이 발생했을 때 대처할 수 있는 장비와 기예가 자신에게 있는지 전문가는 안다. 장비가 충분하지 않거나 자신의 숙련 정도를 넘어서는 것일 때, 그 일에 욕심을 내거나 움직이는 일이 절대 없도록 전문가는 훈련받는다. 그것은 자기뿐만 아니라 환자를 위험에 빠뜨리는 일이기 때문이다.

이런 점에서 전문가란 그저 전문적인 지식을 가진 사람이 아니라, 적어도 자기 분야에서는 지혜로운 사람이라고 할 수 있다. 소크라테스가 말했듯이, 지혜 중의 지혜는 자기가 모르는 것이 무엇인지 아는 것이고 무지 중의 무지는 자기가 모르는 게 무엇인지 모르는 것이다. 이런 점에서 전문가는, 적어도 그 분야에서는 자기가 모르는 것이 무엇이고 아는 것이 무엇인지 알기 때문에 '지혜로운 자'가 될 수 있다.

같은 원리가 비전문가에게도 적용된다. 전문가만 지혜로운 사람이 아니다. 전문가가 아닌 사람 역시 '지혜로운 사람'이 되는 길을 지향해야 한다. 전문가가 아닌 사람은, 자기가 전문한 영역이 아니기 때문에 우선 그에 관해 잘 모른다는 사실을 인정하는 것이 출발점이다. 한 분야의 전문가라 해서 다른 영역에도 전문가가 되는 것은 아니다. 전문가와 비전문가가 있는 것이 아니라 우리 모두에게 전문한 영역과 그렇지 않은 영역이 있을 수 있다. 전문가가 아닌 사람으로서 지혜로운 사람이 되는 길은, 알지 못한다는 점을 인식하는 것이다. 그렇기 때문에 비전문가에게는 대충 이야기를 듣고 마치 이해한 것처럼 착각하는 데서 벗어나는 게 관건이 된다.

특히 지금과 같이 지식과 정보가 도처에 널려 있는 세상에서는 약간의 검색만으로도 다 알았다는 착각에 빠지기 쉽다. 남의 이야기, 전문가의 이야기를 대충 보고 베껴서 가져오면서도 그것이 자기 의견인 양 착각하는 경우가 많다. 전문가의 견해를 마치 자기가 생각해서 도출해낸 의견이라고 착각하는 것이다. 얄팍하게 알고 있다 보니 오히려 이들은 이런 말을 '확정적'으로 사용한다. 그럴싸한 말에 현혹되는 경우도 많다. 이런 이야기는 다른 사람을 선동하는 데는 도움이 될지 몰라도 논의를 깊이 있게 하는 데는 별로 도움이 되지 않는다.

얄팍하게 아는 사람의 전형적인 특징이, 자기가 잘 모르는 것이 그럴듯해 보이면 환호하면서 그걸 신주단지 받들 듯이 맹신한다는 것이다. 자기가 알게 된 것 그 하나가 온 우주의 비밀을 푸는 열쇠라고 생각한다. 공부를 하면 좋은 것 중의 하나가 복잡한 것을 복잡하게 생각하고 단순한 것을 단순하게 생각할 줄 알게 되는 것이다. 이 둘을 구별 짓고 각각에 맞게 생각할 줄 알아야 함에도, 모든 것을 단순화하여 명쾌하고 확정적으로 생각한다. 이런 얄팍한 앎으로 복잡한 문제를 만나면, 그 배후에 자기가 믿는 무엇인가가 있다고 여기게 된다. 음모론은 이런 앎의 필연적 결과다. 앎의 세계에서 믿음의 세계로 넘어간다. 이것이 이 시대의 반지성주의라고 할 수 있다.

물론 비전문가는 자기가 전문하지 않은 영역에 관해 아무 말도 하지 말고 전문가의 말을 일방적으로 들어야 한다는 뜻은 아니다. 오히려 전문가가 아닌 사람은 모른다는 것을 인식하고 있기 때문에 여러 전문가에게 열심히 물어볼 수 있다. 물어보는 것을 통해서 전문가들의 '다른' 이야기를 들을 수 있고, 그 다른 이야기들을 비교하면서 새로운 의문과 질문을 만들어가며 논의에 참여할 수 있다. 이것이 전문가들이 '논의'를 독점하는 것을 방지하는 한 방법이다. 이 지점에서 전문가들에게는 공론의 장에 들어올 때 비전문가를 '설득'해야 하는 의무가 생긴다.

한편, 비전문가라고 하더라도 시민의 생활에 영향을 끼치는 주제에는 시민적 견해를 가지고 논의에 참여할 수 있다. 오히려 이 경우에는 전문가들이 논의를 독점하는 것이야말로 위험하다. 앞의 각주에서 이야기했듯이, 전문가들은 그 영역에 관해서만 알고 있지 그것이 사람들의 생활에 끼치는 영향에 관해서는 잘 모르는 경우가 많다. 따라서 시민적 영역에서는 전문가의 의견을 '보조'로 삼아 '시민'들이 토론하고 숙의하고 합의하는 과정을 거칠 때 '전문가 독재'를 막을 수 있다. 여기서는 오히려 자기 한계를 모르고 '안다'고 착각하는 전문가야말로 위험한 존재다.

이런 점에서 우리는 우리 삶이 지나치게 '전문화'되는 것 역시 경계해야 한다. 일반인은 잘 모른다고 가정하면서 삶의 모든 영역을 '전문화'하여 삶에서 터득한 지식을 배제하는 것이 지금 도처에서 벌어지고 있는 일이다. 대표적인 것이 신자유주의 이후 전업주부들을 가사의 전문가라고 부르는 현상이다.[41] 물론 이것은 전업주부들이 하는 일을 사회적으로 가치 있는 일로 평가하기 위한 것이 아니다. 오히려 이렇게 부름으로써, 전업주부들이 가사의 '전문가'가 되어야 하는데 그렇지 못하다는 것을 강조한다. 그래서 이들을 컨설팅하는 '전문가'가 등장했다. 특히 전업주부들이 자녀 교육, 금융과 부동산 등 재테크에서 '전문가'가 될 것을 강조하며, 그렇지 않은 주부들을 압박하고 있다. 그러면서 이들이 전문적인 주부가 되기 위해서는 무엇인가를 '체계적'으로 공부해야 하는 것처럼 꼬드기며 '수강'할 것을 요구한다. 전업주부들을 경험으로부터 분리해서 공부로 이전시키고 자신을 늘 '공부'가 부족한 존재로 느끼게 한다. 이게 공부 중독 사회가 '전문가'라는 이름으로 사람들을 몰아가는 방식이다.

삶의 전 영역에 걸친 이런 전문화에 대해서는 저항해야 한다. 이런 '전문화'는, 자기 한계를 아는 지혜로운 존재가 되기 위한 공부와 정면으로 반대되는 일이다. 삶을 공부의 식민지로 만든다. 공부를 통해 삶을 다룰 줄 아는 게 아니라 끊임없이 부족함을 느끼게 해서 삶으로부터 공부로 도망가게 한다. 배우는 사람이 자기 한계를 인식하고 그것으로부터 출발하게 하는 게 아니라 자기 한계를 부정하고 무리수를 두게 해서 결국은 삶을 파괴하는 자기계발의 논리일 뿐이다. 이런 전문화로부터 삶과 삶에서 터득하는 지혜를 방어해야 한다.

자기 한계를 아는 지혜로운 사람만이 자신과 세상 모두를 보호하고 배려할 수 있다. 이 장을 시작하며 말한 것처럼, 숨의 길이를 아는 자만이 무리하지 않고 언제 자신이 물 밖에 나와야 하는지 알고 행한다. 물속 세계도 흩트리지 않는다. 삼갈 줄 알기 때문이다. 이것이 지혜의 자식인 '절제'다. 모르는 것이 무엇인지 아는 사람은 모르는 것을 감히 떠들지 않는다. 그것이 자신을 해친다는 걸 잘 알기 때문이다. 누군가가 부추긴다고 해서 자기가 할 수 없는 것을 감히 하겠다고 나서지 않는다. 만용을 부리지 않고 절제하는 자만이 자기 자신을 지킨다. 따라서 겸손은 그저 다른 사람에게 보이는 위선적 도덕이 아니라 스스로를 보전하고 배려하는 기예의 핵심이다.

나는 이렇게 다룸의 기예를 가지고 자기를 보호하는 지혜로운 삶을 아버지로부터 배웠다. 아버지는 아주 가난했다. 먹고살 길이 없어서 여기저기 전전하며 자동차 정비 보조 일을 하면서 자동차를 운전하고 정비하는 기술을 익혔다. 손기술이 좋은 아버지는 이 일을 하면서 사람들한테 '박사'로 불렸다고 한다. 아버지에게는 운전면허 말고 다른 어떤 자격증도 없었지만 이 일로 우리 가족을 먹여 살렸다.

아버지가 운전을 하면서 정비 기술을 익히게 된 것은 순전히 아버지 자신을 보호하기 위함이었다. 아버지가 운전을 하던 시대에 운전은 위험한 일이었다. 대다수 운전 노동자의 운전대 위에는 자식이 두 손 모아 '오늘도 무사히'라고 기도하는 사진이 걸려 있었다. 아버지가 늘 강조하던 말이 있다. "방어 운전을 하면 절대 사고가 안 난다. 사고는 다 돈 더 벌겠다고 무리하다가 벌어진다." 또 하나 강조한 것은 "자기 차를 자기가 정비할 줄 알아야 한다. 그래야 사고를 면할 수 있다."였다.

그러면서 아버지는 사우디아라비아 건설현장에서 있었던 일을 예로 들곤 하셨다. 아버지 말로는, 좀 더 많이 나르고 운전하면 돈을 더 준다고 하는 바람에 모든 운전 노동자가 욕심을 내고 무리

했다고 한다. 사고가 나는 빈도가 한국에서보다 높았다고 한다. 사고가 너무 많이 나니 회사에서 조사를 나왔는데, 아버지가 도로 사정과 과속, 그리고 그 결과 브레이크를 밟았을 때 나타나는 위험한 상황에 관해 설명했고, 이는 '실험' 결과 사실로 밝혀졌다고 한다. 그저 한 개인일 뿐이라는 범위의 한계, 도로 사정이라는 조건의 한계, 그리고 당신의 정비와 운전 기술이라는 기예의 한계를 알고 자신을 배려하는 법을 아버지는 경험으로 터득했다.

여기서 간과해서는 안 되는 것이 하나 있다. 아버지가 활동하던 시대는 국가도 회사도 사람의 안전을 보호하지 않던 때였다. 그래서 아버지는 자신을 스스로 보호할 수밖에 없었다. 아버지가 자동차를 능수능란하게 다룰 수 있게 된 것, 그리고 덤프트럭을 운전하면서 욕심 내지 않고 '절제'하며 자기를 배려하고 보호하게 된 것은 이런 시대의 영향이 크다. 이런 시대의 자기를 배려하는 기예는 '보호와 안전의 개인화'로 흐를 위험이 크다. 모든 것을 개인의 잘못으로 귀결시키는 것이다. 이게 아버지의 자기 배려 기예의 한계였다. 아버지는 한계를 개인의 기예 문제로만 파악하는 것의 한계는 전혀 생각하지 않았다. 당시에는 자기를 보호할 다른 장치가 없었기 때문이다.

따라서 자기를 보호하고 배려하기 위해서라도 모든 것을 개인의 기예와 태도의 문제로 삼지 말고 사회를 다룰 줄 알아야 한다. 한계를 개인의 문제로 파악하는 것의 한계를 알아야 한다. 아버지는 이 모든 게 '욕심'의 문제라고 말했지만, 돌아보면 그 '욕심'은 누가 만들고 누가 부추겼는가? 그 '욕심'으로 인해 빚어지는 사건 사고와 같은 결과에 아무런 대책도 세우지 않고 그저 '욕심'을 부추기기만 한 시스템과 책임 주체를 문제 삼아야 한다. 그러지 않으면 자기 배려는 아버지의 경우처럼 안전과 보호의 개인화를 의미할 뿐이다. 그래서 자기 배려만큼이나 중요한 것이 보호 장치, 즉 '사회'를 만드는 기예다.

충분한 시간, 한계에 도달해보는 유일한 길

전문가가 되는 과정에서 알게 되는 마지막 한계가 재능의 한계다. 우리는 재능에 한계가 있고 그 한계는 사람에 따라 다르다는 점을 인정해야 한다. 이 점을 '무한한 잠재력'이라는 말로 왜곡해서는 안 된다. '무한한 잠재력'이라는 말로 어떤 사람이 도저히 넘을 수 없는 자기 재능을 뛰어넘게 부추기면 그는 무리를 하다 결국 고장이 나게 되어 있다. 재능의 한계가 선천적으로 주어져 있다는 사실을 인정해야 한다.

앞에서 이야기했듯이, 재능의 차이를 남과 비교하면 비극이 되지만 자기에 집중하면 스스로를 보호하고 배려하는 길을 찾을 수 있기 때문에 기쁨의 원천이다. 그러나 우리는 재능의 한계를 발견하는 것을 자기에 관한 앎으로 생각하는 게 아니라 남과 비교해 위계 내에서 자신의 위치를 발견하는 것으로 둔갑시켜놓았다. 그 결과, 꼭대기를 제외하고는 모두 다 재능이 '없는' 존재가 되도록 해놓은 것이다.

앞에서 이야기한 '숨의 길이'도 마찬가지다. 1분의 길이'밖에' 없는 나는 미역이나 따야 하느냐는 말은, 1분이라는 숨의 길이는 재능이 아닌 것으로 여긴다는 뜻이다. 1분 따위는 재능 축에도 끼지 못한다. 그럼 어느 정도가 되어야 '재능'이라는 말을 붙일 수 있을까? 숨의 길이가 2분인 사람에게 물으면 그것도 재능은 아니라고 말한다. 그럼 어디부터인가? 그것은 일등이 누구인가에 따라 결정된다. 일등부터 시작해서 어디까지는 재능으로 인정되고, 나머지는 재능이 아니다.

이처럼 재능의 문제에서 여지없이 작동하는 게 바로 일등주의다. 일등이 되는 게 재능이 있는 거고 그 뒤부터는 재능이 없는 것이다. 이렇게 이야기하면 절대 자기는 일등주의자가 아니라고 말한다. 그럼 어느 정도는 되어야 '재능'이라고 인정할 수 있느냐고 집요하게 물으면 답이 돌아온다. 바로 3장에서도 말한 "중상위권"이다. 최소 중간 이상이어야 한다. 나머지는 '재능'으로 쳐주지 않는다. 재능을 바라보는 전형적인 성과주의적 발상이다.

과거에도 재능은 명성과 관련되어 성과주의적인 면모를 가지고 있었다. 하지만 이 시대의 재능에 관한 성과주의적 발상의 특징은, 먹고사는 문제인 직업을 사회적 자존감의 문제와 연결해놓았다는 것이다. 1부에서 말한 것처럼, 우리가 살아가는 사회에서는 직업을 통해서만 사회적 자존감을 얻을 수 있다. 누군가 사회적으로 존재할 가치가 있다고 느끼는 것이 사회적 자존감이라면, 직업을 통해 돈을 버는 것이 이 사회에서 자존감을 갖는 근본적인 토대가 된다.

두 가지 의미에서 그렇다. 첫째, 직업을 가지고 있는 것은 나만을 위해 돈을 버는 게 아니라 사회에 참여하며 사회의 부가 증식하는 데 기여하는 것이다. 그래서 직업이 없다는 것은 사회에 참여하지 않는 것이 된다. 전업주부들이 그렇게 열심히 일을 하면서도 사회적 자존감이 낮은 이유가 여기에 있다. 엄청나게 많은 노동을 하지만 그 노동은 사회적으로 참여하는 노동으로 계산되지 않기 때문이다.

둘째, 돈 버는 것을 통해 '가장'이 될 수 있고 가족 내에서 존재감을 획득할 수 있다. 사실 이게 지난 시기 남성 중심주의의 근원이었다. 남성만 사회에 진출할 수 있게 해놓은 상태에서 남성이 돈을 벌어 집으로 온다. 그는 돈을 벌어 가족의 생계를 부양하는 사람이고, 그게 그의 사회적 자존감의 원천이 되는 것이다. 그 결과, 사회적으로 중요한 재능은 여성과는 무관한 것으로 여겨졌다. 이것이 남성 우월주의를 정당화하는 방식이었다.

그래서 중상위권에 들어갈 정도로 재능이 뛰어나지 않으면 아예 시도조차 하지 않거나 중간에 포기해버려서 자기 재능의 한계가 어느 정도인지 알 수 없다. 초기에 성과를 내며 상위권에 들어갈 정도로 잘하는 사람만 자기 한계를 알 때까지 해볼 수 있고, 나머지 모두는 자기 한계를 모르는 채로 중간에 그만두게 된다. 살아남기 위해서는 자기도 상위권에 들어갈 수 있는 다른 재능을 찾아야 하기 때문이다. 그래서 아는 자는 더 잘 알게 되고 모르는 자는 아예 모르는 상황이 반복된다.

여기서 의문이 하나 생긴다. 자기 재능의 한계가 어디인지 어떻게 알 수 있는가? 조금 허탈하겠지만, 답은 '충분히 해보았을 때'다. 내 한계까지 왔다는 것은 스스로 느낄 때까지 해보았을 경우에만 알 수 있다. 여기에 '충분히'라는 말을 붙인 이유는 그게 충분한지 아닌지를 자기 말고는 아는 사람이 없기 때문이다. 자기만이 그것이 충분한 것인지 아닌지 알 수 있다.

일등주의가 가진 악영향은 바로 이 '충분히'를 두 가지 지점에서 방해한다는 것이다. 첫째, 일등이 안 될 것 같으면 충분히 해보기도 전에 미리 포기하게 해서 한계를 아예 알 수 없게 만든다. 둘째, 일등이 되지 못할 것을 알았을 때 그것을 인정하지 않기 위해 충분히 해봤으면서도 아니라고 부정하는 자기기만이 일어날 수 있다. 일등이 될 수 없다는 것을 아는 순간, 그것을 인정하는 것이 자기 가능성에 대한 부정이라고 생각해서 스스로를 속인다. 그리고 무리수를 두며 또다시 무리한다. 이때 이 책에서 강조하는 자기에 대한 파괴가 일어난다.

자기가 '충분히' 해봤는지 알 수 있는 사람은 자신뿐인데, 자기기만에 의해 그것을 부정할 수도 있는 역설, 이 역설을 해결하기 위해 꼭 필요한 존재가 있다. 누군가가 '충분히' 했는지 아닌지 알 수 있는 다른 한 사람, 바로 '스승'이다. 대부분의 스승은 자기 한계를 아는 자다. 그래서 한계가 무엇인지 안다. 또한 제자를 오랫동안 관찰해왔기 때문에 그가 충분한 시간을 들여서 시도했고 그 재능의 한계에 도달했는지 알 수 있다. 이게 스승의 '전문성'이기 때문이다. 제자가 자신이 도달한 한계를 넘어설 경우 스승이 하는 말은 동일하다. "더 이상 가르칠 것이 없다. 하산하여라."

이것이 배움에서 스승이 반드시 필요한 이유다. 천재가 아닌 다음에야, 스승의 역할은 알아야 할 내용을 빠르고 효율적으로 가르쳐주는 데 그치지 않는다. 스승의 역할은 제자의 재능을 알아보고 제자가 재능의 한계에 도달할 때까지 동행하며 그것을 깨우칠 수 있게 돕는 것이다. 제자가 자기기만에 빠지지 않게 하는 것이야말로 스승의 가장 중요한 역할이다. 많은 무협영화에서 보여주는 것처럼, 스승의 이 말을 받아들이지 못하는 제자들이 한계 너머로 폭주하며 '주화입마'에 빠져 자신을 파괴한다.

사실 재능을 성과주의와 연결 짓지 않더라도, 재능의 탁월함이 최고가 되는 것과 연결되는 것은 불가피한 경향이 있다. 최고가 되는 것을 추구하는 과정에서 재능은 여전히 가장 중요한 요인으로 여겨진다. 그 과정에서 자신의 재능이 최고가 아니라는 것을 깨달았을 때 좌절과 패배감을 맛보는 것은 어쩔 수 없는 일이다. 따라서 최고가 되겠다는 욕망 때문에, 자기 재능의 한계를 아는 것이 자기를 배려하는 길이 되지 못하고 오히려 자기를 파괴하는 유혹이 되는 것은 언제나 있어온 일이다.

여기서 나는 다시 장인과 전문가 그리고 소위 '달인'을 구분할 필요가 있다고 생각한다. 근대의 전문가가 자격증을 중심으로 체계화되었다면, 근대 이전의 장인은 '전수'를 통해 훈련되었다. 장인이 되기 위해서는 스승과 동료가 있는 곳에 들어가야 했다. 그곳이 작업장이다. 작업장에서 동료들과 협업하기도 하고 겨루기도 하면서 장인이 되는 길로 접어들었다. 심지어 일본의 경우에는 장인이 되는 길에 드는 비용이 제자가 아닌 스승의 몫인 경우도 있었다. 스승이 있고 스승을 통한 공부였다.

반면, 현대의 전문가는 스승이 없는 경우에도 시스템을 통해 양산된다. 앞에서 말한 자격증이다. 그리고 그 자격증을 가진 만큼 이들은 권위를 가질 수 있다. 한편, 달인이라고 불리는 사람들이 있다. 공중파에서 방영하는 〈생활의 달인〉(SBS, 2005~)에 나오는 분들이다. 이들이 자신의 경험에서 터득한 기예는 감탄을 불러일으킬 정도다. 자격증이 발급되는 것도 아니지만 이들은 나중에 소개할 리처드 세넷의 개념인 '생각하는 손'의 좋은 사례라고 해도 무방하다. 전문가가 되는 것이 자격증의 문제가 아니라는 사실을 잘 보여준다.

그러나 이 '달인'을 '장인'과 비교해보면 결정적 차이가 있음을 것을 알 수 있다. 그들에게는 스승이 없다. 그들은 홀로 기예를 터득했다. 이것은 한편에서 '스승 없는 배움'이 가능하다는 사실을 보여주지만 동시에 '스승 없는 배움'의 한계도 보여준다. 전수될 수도 전수받을 수도 없어 홀로 존재하다, 그가 가버리면 사라지는 기예가 된다는 점이다. 스승이 있다고 해서 기예 자체를 가르치거나 배울 수도 없다. 기예란 자기가 익히고 깨달을 수밖에 없기 때문이다. 하지만 그 기예를 전수하고 받는 관계 안에서 제자는 자기 파괴 없이 한계와 대면할 수 있다. 그런 관계의 부재가 달인을 장인과 구분 짓는다.

전수 관계의 부재 때문에, 공중파에서 이들 달인의 기예를 재현하는 방법은 비극적이다. 한편에서는 '생활의 달인'이라는 타이틀이 제시하듯이 노동의 문제를 기예의 문제로 전환한다. 노동에는 기예가 필요하다. 그러나 기예만 강조하고 노동을 은폐하면 개인의 '노오력' 문제로 환원되어버린다. 기예가 그 수준에 도달하지 못한 노동자는 자기계발에 게으른 자가 된다. 다른 한편에서는 기예를 기예로 재현하는 게 아니라 마치 서커스처럼 보여주고 있다. 경험에서 터득한 삶의 기예와 지혜가 구경거리로 전락하는 것이다. 달인 개인에 대해서는 그 노력과 기량에 걸맞은 찬사를 보낼 수 있다. 그러나 이런 방식의 기예에 대한 예찬은 위험하다.

자기 배려를 위한 관점의 전환

그러므로 이런 자기 파괴를 막기 위해서는 두 가지 전환이 필요하다. 첫 번째는 욕망의 문제다. 자기를 배려하는 것은 욕망을 어떻게 다스리는가의 문제가 된다. 우리는 흔히 자기 자신과 자기 욕망을 동일시한다. '내가 하고 싶은 일을 하고 사는 것이 행복'이라는 말이 드러내는 바가 그렇다. 내가 하고 싶은 것이 곧 나이기 때문에, 내가 하고 싶은 것을 하고 사는 게 나를 배려하는 길이라고 생각한다.

그렇지 않다. 오히려 현명한 이들은 하고 싶은 것을 이루기 위해 미친 듯이 질주하는 삶을 노예의 삶이라고 불렀다. '하고 싶은 것'에 끌려다니는 삶이기 때문이다. 오히려 고대의 현자들은 욕망의 주인이 되라고 가르쳤다. 욕망의 주인이 되는 길은 내가 하고 싶은 것을 언제든 하는 것이 아니라 반대로, 언제든 그것을 그만둘 수 있는 것이다. 주인의 힘은 '이루게 하는 힘'이 아니라 '그만둘 수 있는 힘'이다.

두 번째는 탁월함을 바라보는 관점의 전환이다. 탁월함을 '숨의 길이'로 판단하는 것이 아니라 숨의 길이를 다루는 정도, 즉 다룸의 기예로 판단하는 것이다. 내 숨의 길이가 1분인지 5분인지를 가지고 탁월함을 판단하는 것이 아니다. 내 숨의 길이가 1분이라면 5분이라는 숨의 길이는 애초에 나에게 주어진 것이 아니다. 내가 어떻게 해볼 수 있는 것이 아니며 이것은 기예와는 무관한 재능이다.

그런데 다른 사람과 비교해 숨의 길이가 탁월하게 긴 사람이 있다. 이런 재능은 자신의 노력과 상관없이 '주어진' 것이다. 나와 함께《공부 중독》을 쓴 하지현 선생은 재능이 영어로 gifted라는 점을 강조한다. 하늘로부터 선물로 주어진 것이 재능이다. 그렇기 때문에 이 재능은 인간의 힘으로 계발하거나 도달할 수 있는 게 아니다. 또한 내 재능과 다른 사람의 재능을 비교하는 것도 무의미하다. 이런 재능은, 그것을 받은 사람이나 주변 사람 또는 인류 모두에게 주어진 선물로 감사하게 사용하며 그 열매를 나누어야 하는 것이다.

최고가 아니라 해도 각자의 재능 역시 이런 '선물'처럼 주어진 측면이 있다. 그렇기에 중요한 것은 각자 하늘로부터 얼마나 '풍성한 선물'을 받았는지 비교하는 게 아니다. 관건은 그렇게 선물로 받은 재능을 각자 얼마나 잘 쓰고 있는가다. 이렇게 되면 주어진 것 자체가 아니라 주어진 것을 얼마나 잘 활용하고 있는가, 그 선용의 정도가 탁월함의 기준이 된다. 이것이 인간이 추구할 수 있고 추구해야 하는 탁월함이다. 이 부분은 8장에서 집중적으로 살펴볼 것이다.

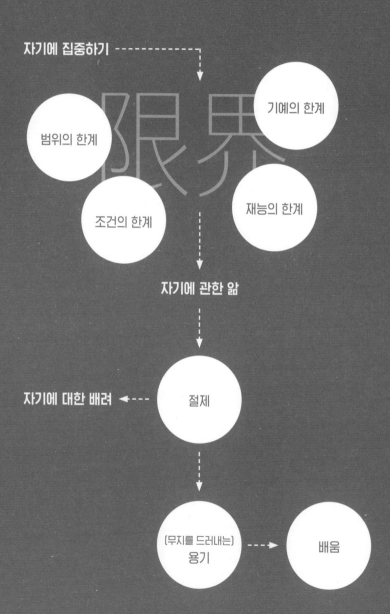

자기를 배려하는 법

配慮

앞 장에서 나는 한계를 아는 것이 자기 배려의 출발점이라고 말했다. 너무 당연한 말로 들리겠지만, 자기를 배려하기 위해 우리는, 배려해야 할 '자기'가 무엇인지 먼저 알아야 한다. 모르는 것을 배려할 수는 없기 때문이다. '자기'가 무엇인지 알아보기 위해, 흔히 사람들이 '자기'라고 착각하지만 사실은 '자기'가 아닌 것에 무엇이 있는지 생각해볼 필요가 있다. 많은 사람이 자기가 아닌 것을 자기라고 착각하면서, 자신을 배려하는 게 아니라 망가뜨리고 있기 때문이다.

소크라테스는 '자기에 관한 앎'과 '자기에 대한 배려'를 강조하면서 '자기/나'를 세 가지로 구분했다.[42] 하나는 '자기/나'이고, 다른 하나는 '자기/나에게 속한 것'이며, 마지막이 '자기/나에게 속한 것에 속한 것'이다. 이를테면 내 몸은 나에게 속한 것이다. 그리고 구두는 나에게 속한 것에 속한 것이다. 그러므로 이 두 가지는 나에게 속한 것이지 '나' 자체가 아니다.

내가 배려해야 하는 나는 '무엇'인가

그렇기에 자기 배려를 위해 제일 먼저 해야 할 일은 '나'와 '나에 속한 것'을 분별하는 것이다. 그럼 배려의 대상인 '나'는 무엇인가? 이것을 우리는 아직 모른다. 대신 우리가 확실히 아는 것이 있다. 바로 '나에게 속한 것'이다. 반복해서 말하지만, 내 발이나 구두가 나일 수는 없다. 이걸 착각하는 사람은 없다. 이처럼 나에게 속한 것에는 무엇이 있을까.

첫째, 무엇보다 우선 재산, 즉 소유가 있다. 우리는 소유를 목숨보다 더 중하게 여기라고 명령하는 세상을 살아가고 있다. 내가 가진 것이 곧 나다. 그래서 무엇보다 소유를 통해 자신을 증명하려 한다. 가진 것을 과시하는 건 이런 이유에서다. 이렇게 되면, 나를 위해 내가 가진 것을 활용하는 게 아니라 내가 가진 것을 배려하며 살아야 한다.

여기서 우리는 '나'와 '내가 가진 것'의 차이를 명확히 알 수 있다. 내가 나를 대하는 법은 '배려'다. 반면, 나에게 속한 것이나 내가 가진 것은 배려가 아니라 '활용'의 대상이다. 배려는 목적으로 대하는 것이지만 활용은 수단으로 대하는 것이다. 즉, '나'는 나의 목적이지만 '나에게 속한 것'은 나를 돌본다는 목적을 위해 활용하는 수단이다. 수단인 '나에게 속한 것'이 목적이 될 때, 목적인 '나'는 수단의 노예살이를 하게 된다.

이 점에 관해서는 법정 스님의 좋은 예화가 있다. 스님이 귀한 난초를 얻어 애지중지했는데 어느 날 외출했을 때 비가 오자 난을 바깥에 내놓은 게 생각나서 아무것도 할 수 없었다고 한다. 결국, 온통 난초 생각에 정신이 팔려 뭘 했는지도 모르게 허둥지둥 집으로 돌아왔다는 것이다. 이 사건을 통해 스님은 소유한 것이 소유한 자를 지배한다는 것을 깨달았다고 한다. 소유에 넋이 나가는 순간 내가 노예가 된다.

둘째, 육체가 있다. 육체를 단련하고 연마하는 것은 건강하기 위해, 또 오래 살기 위해 필요하다. 재산보다는 그나마 육체가 '나'와 가깝다. 그러니 육체도 잘 돌봐야 한다. 그러나 육체를 잘 돌보는 것은 그 자체로 목적이라기보다는 역시 육체로는 환원되지 않는 '나'를 위한 것이다. 육체 자체가 '나'라고 할 수는 없다. 그렇기에 육체 역시 배려의 대상이라고 보기는 어렵다.

그러나 우리는 육체 역시 다룸이 아닌 배려의 대상으로 삼고 있다. 나는 자신의 육체를 저주하는 학생들을 많이 만났다. '자기 관리'라는 이름으로 무리하게 다이어트를 강요하는 사회는 육체를 통해 나를 돌보는 게 아니라 나를 죽이고 골병들게 만든다. 이전에 낸 책에서도 언급한 사례지만, 살을 빼기 위해 그저 굶던 학생이 있었다. 어느 날 그는 허겁지겁 냉장고 문을 열고 정신없이 음식을 먹다 그 앞에서 쓰러졌다고 한다. 그는 정신을 차린 후 그렇게 먹은 자기를 탓하며 오밤중에 근처 초등학교 운동장으로 가 울면서 미친 듯이 달렸다고 한다. 이처럼 이 시대의 자기 관리는 자기 학대에 가깝다.

셋째, 지위나 정체성 같은 것이 있다. 신분제 사회에서는 자기의 신분이나 인종, 국적 같은 정체성을 곧 그 자신으로 여기게 한다. 따라서 자기 신분을 돌보는 게 곧 자기를 돌보는 것이 된다. 지금 세계적으로 기승을 부리고 있는 인종주의, 남성 중심주의, 민족주의 등이 대표적으로 자신이 속한 사회적 범주를 자기 자신으로 여기고 그를 위해 자기를 희생하게 만드는 이데올로기다.

지위나 정체성 같은 것은 사회적으로 나에게 주어진 것이다. 이것 역시 나 자체일 수는 없다. 이런 것들은 나의 속성에 불과하다. 나는 한국 사람이고, 나는 남자이고, 나는 경상도 출신이고……. 이 모든 것은 나를 설명하는 속성이지 나 자신은 아니다. 오히려 이런 것들을 자기 자신과 동일시하면 자신을 도구화하게 된다. 대표적인 것이 극단적 테러리즘이다. 종교를 위해, 인종을 위해 자기 자신을 도구로 여기고 자기를 파괴한다. 이런 이데올로기에 넘어가서는 안 된다.

이런 점에서 사회적으로 주어져 '나에게 속한 것' 역시 배려가 아니라 활용의 대상이다. 그러나 '사회적으로 주어진 것'은 재능이나 육체적 한계 등 '나'라는 개인에게 주어진 것과는 활용의 방식이 다르다. 예를 들어, 육체는 나에게 주어진 것이기에 그 한계를 넘을 경우 내가 죽을 수 있다. 따라서 육체는 한계를 인정하는 방식으로 활용해야 한다. 극복을 시도할 때조차 그 한계를 무리하게 넘어서는 안 된다. 반면, 신분이나 정체성의 경우에 한계는 나에게 주어진 것이 아니다. 그것은 나의 신분이나 성별, 인종처럼 내 몸에 새겨진 것이지만, 사실 그 한계는 내가 아닌 사회에 주어진 것이다. 예를 들어, 성이나 인종은 나에게 주어진 정체성이다. 그러나 그 정체성에 그어져 있는 한계는 내 몸이 아니라 이 사회에 그어져 있다. 여성이라 못 하는 게 아니라 여성이라 못 하게 만드는 사회가 있는 것이다. 이 경우 바뀌어야 하는 것은 내가 아니라 사회다. 그래서 이것은 정의의 영역에 속하는 문제다. 이 점에 관해서는 8장에서 다시 상세하게 알아보겠다.

마지막으로, 5장에서 말한 욕망이 있다. 우리가 살아가는 사회에서 가장 '나'와 같은 것으로 여겨지는 것이 '나의 욕망'이다. 우리는 흔히 자기를 안다는 것이 자기가 하고 싶은 게 무엇인지 안다는 것이라고 생각한다. 이런 사회에서는 사람이 이해하는 자기 자신이란 '자기가 하고 싶은 것'과 같다. 이렇게 될 때 우리가 돌보아야 하는 자기는 곧 자신의 '욕망'이다. 너 자신의 욕망을 최우선으로 고려하라. 이 시대는 이 명제 위에 서 있다. 그렇기에 욕망이 내가 아니라는 사실을 아는 것이 중요하다.

나를 곧 나의 욕망이라고 생각하면서 욕망을 실현하려는 삶은 욕망의 노예가 된 삶에 불과하다. 나와 욕망을 동일시하는 순간 욕망이 주인이 되고, 나는 그 욕망에 끌려다니는 노예로 전락한다. 그래서 모두가 바라는 '하고 싶은 것을 마음대로 하며 사는 삶'은 역설적으로 자기가 아니라 자기 욕망이 주체인 삶이다. 내가 욕망의 주체가 아니라 욕망의 채무자인 셈이다. 이런 점에서 욕망은 배려가 아니라 '다스림'의 대상이다.

욕망이 배려가 아닌 다스림의 대상이라는 것은 동서고금을 막론하고 많은 영웅의 이야기에도 나온다. 영웅들이 영웅이 되기 위해 반드시 정복해야 하는 것이 있다. '자기 자신'이다. 불교에서는 "먼저 자기 자신을 정복하지 못한다면 전쟁터에서 천 명의 전사를 정복해도 아무 소용이 없다."라고 말한다. 이때 정복해야 하는 '자기 자신', 특히 자기 욕망을 통제하고 다스리지 못하면 제아무리 강한 힘을 가지고 있다 해도 영웅은 시련을 겪는다. 그 시련을 겪으면서 영웅은 자신의 힘과 욕망을 다스릴 수 있어야 한다는 것을 배운다. 영웅이 범인과 비교해 특별히 가지고 있는 힘은 '자기 규율 능력'이다.[43]

이름, 나와 나에게 속한 것의 경계

또 하나, '나'와 '나에게 속한 것'의 경계에 있는 것이 있다. 이름이다. 이름은 좀 애매하다. 이것은 나 자신인가, 아니면 나에게 속한 것인가? 통상적으로 이름은 나 자신을 가리키는 말이다. 엄기호라는 이름은 그저 하나의 기호sign가 아니라 그 자체로 엄기호라는 존재를 뜻한다. 아니, 이름은 존재 이상의 소중함을 가지고 있다. 그래서 그리스도교에서는 예수의 '이름'으로 기도한다. 무엇보다 소중한 것이 이름이다.*

이 때문에 이름을 소중히 여길 줄 알아야 한다. 자기 이름을 더럽히는 순간, 자기뿐만 아니라 자기를 둘러싼 이들 모두를 더럽히는 것이기 때문이다. 내가 내 이름을 모독하면 나뿐만 아니라 가문 전체를 모독하는 게 된다. 엄기호의 이름을 모독할 때 '기호'라는 나 자신, 즉 개체뿐만 아니라 '엄'에 포함되는 부모와 그에 연결된 내 형제자매들, 그리고 과거였다면 친족공동체 전체를 모독하는 것이기 때문이다.

이것은 이름에 개체의 고유성뿐만 아니라 그 개체가 누구인지

---

* 물론 이름이 곧 자기라고 하는 것은 위험하다. 이름은 곧 알튀세가 말하는 "호명"이기도 하기 때문이다. 즉, 자기 자신이 아니라 이데올로기에 의해 불려진 것이 이름이기도 하다. 그렇기에 이름을 자기 자신과 전적으로 동일시하기만 한다면 이는 이데올로기에 순응하는 것이 된다. 이 점에서도 나는 '나를 모른다'는 인식이 이데올로기로부터 미끄러져나가기 위해 중요하다고 생각한다.

를 알려주는 가장 중요한 관계망, 즉 '족보'가 들어 있기 때문이다. 아버지의 성을 따르지 않는 부족사회에서도 이름에는 주로 자기 부모의 이름이 들어 있으며 누구의 자식 누구라고 말한다. 또는 출신지를 가리킨다. 그리스도교의 성경에서 보이듯이 요셉과 마리아의 아들, 나자렛 사람 예수, 이런 식이다. 이처럼 이름에는 자기 자신뿐만 아니라 자신의 '뿌리'와 '터전'이 담겨 있다.

따라서 이름은 활용이 아니라 돌보아야 할 대상이다. 사람은 자기 이름을 소중히 여길 줄 알아야 한다. 때로는 자신의 생물학적 목숨보다 더 중요한 것이 자기 이름이다. 무엇보다 자기 이름은 그 사람의 개체성과 그 개체성의 존엄을 보증한다. 나아가 이름에는 자기 자신의 뿌리와 터전의 존엄과 명예가 걸려 있다. 이런 점에서 이름이야말로 그 이름이 가리키는 사람의 사회적 생명 전체라고 할 수 있다.

이 때문에 예전부터 무엇보다 이름을 소중히 여기고 돌보도록 가르쳤다. 이름은 돈이나 직위와 바꿀 수 있는 것이 아니었다. 오히려 돈이나 직위 등의 유혹으로부터 이름을 보호해야 한다고 가르쳤다. 그런 것 따위에 굴복해 이름을 더럽히는 것이야말로 인간이기를 포기하는 가장 수치스러운 짓이었다. 자기 이름을 돌볼 줄 모르는 사람은 아무것도 돌볼 줄 모르는 사람이다.

이름의 중요성은 교육현장에서도 드러난다. 학생들을 이름이 아닌 번호나 '어이, 너, 거기'라고 부르는 것은 그 학생의 고유성,

즉 고유한 개체성을 무시하는 짓이다. 교사들이 하나같이 증언하는 것은, 번호로 불리다가 이름으로 불리게 됐을 때 학생의 반응이 판이하게 달라진다는 사실이다. 이름으로 불림과 동시에 학생은 자기 자신이 다른 누구로 대체될 수 있는 존재가 아니라는 사실을 깨닫게 된다. 대체 불가능한 존재이기에 자기가 존엄한 존재인 것이다.

이렇게 이름으로 불릴 때 수업이나 교사와의 관계에서 학생들의 태도가 달라지는 까닭은, 이름으로 불리는 순간부터 그 학생은 자기 이름을 소중히 여겨야 한다고 생각하기 때문이다. 나와 함께 공부하는 교사들은, 학생들의 이름을 부르고 그들의 이야기를 듣는 교사의 수업에서는 아무리 말썽을 부리는 학생이라 해도 태도가 달라진다고 입을 모아 말했다.

이런 경우를 이야기하면, 역시 학생을 사랑하고 학생과 좋은 관계를 형성하는 게 중요하다고 말하는 교사가 많다. 그러나 사랑이니 관계니 하는 말은 여전히 학생을 수동적인 존재로 바라보게 만든다. 교사가 주는 사랑을 '받는' 존재로 여긴다는 말이다. 이런 관점을 넘어, 그 학생이 이름으로 불림으로써 어떤 '주체'가 되었는지를 보아야 한다. 이름으로 불리는 순간부터 그는 자기 이름을 소중히 여기는 법, 즉 자기부터 자기 자신을 존엄한 존재로 여기는 태도를 갖게 된다. 이름을 소중히 여길 줄 아는 주체가 되는 것이다.

○○을 할 줄 아는 존재, 즉 능동성을 가지고 행동하는 주체를 만드는 것, 이것이 교육 아닌가. 따라서 학생을 이름으로 기억하고 이름을 부르는 것은 무엇보다 중요한 교육이다. 교사는 무엇보다 학생의 이름을 배려할 줄 알아야 한다. 이것이 이름을 소중히 여길 줄 아는 사람, 자기의 존엄을 깨닫고 다른 사람의 존엄을 소중히 여길 줄 아는 사람을 만드는 시작점이기 때문이다.

이름을 소중히 여긴다는 것

장인이나 전문가의 경우도 마찬가지다. 전문가가 된다는 것은 자기가 하는 일에 자부심을 갖는 과정이기도 하다. 전문가가 될수록 그 전문직으로부터 오는 돈이나 직위뿐만 아니라 자신의 기술 자체에 자부심을 갖게 된다. 이 자부심은 돈이나 권력과 바꿀 수 없는 것이다. 바꾸어 말하면, 전문가가 되는 과정은 돈이나 권력으로부터 자기 자부심의 원천인 전문가의 이름을 지키는 법을 자연스럽게 습득하는 과정이다.

이런 점에서, 전문가는 무엇보다도 이름을 소중히 여기는 사람들이다. 여기서 이름이란 두 가지 의미가 있다. 하나는 의사나 변호사, 교사, 간호사 같은 전문가집단 전체를 가리키는 이름이다. 전문가인 내가 지켜야 하는 것은 이 전문가의 이름이다.

다른 하나는 자신의 전문가적 기예가 늘어감에 따라 전문가집단 안에서 갖게 되는 자신의 이름이다. 교사로서의 자부심에 이어 교사로서 살아온 나 자신의 자부심이 이름에 새겨지게 된다. 전문가는 이 두 가지 이름을 다른 무엇보다 더 중요하게 여길 줄 아는 사람이다.

그렇기 때문에 전문가들은, 그들의 이름을 더럽히는 사람을 내부에서 가혹하게 처벌한다. 중세의 길드부터 현대의 직업집단에 이르기까지, 전문가의 이름을 더럽힌 사람은 국가의 법정에 나가 처벌받는 것보다 더 가혹한 처벌을 동료들, 즉 자신이 속한 직업집단에게서 받는다. 이런 이유로 각 직업집단은 그 이름을 더럽힌 사람을 스스로 처벌할 권한을 가지고 있다. 가장 큰 벌은 '추방'이다. 직업집단에서 추방함으로써 그 직업을 더 이상 가질 수 없게 만드는 것이다. 변호사협회에서 제명되면 어디에서도 변호사 업무를 볼 수 없다.

이렇게 하는 이유는, 전문가는 다른 누군가에 의해 판단될 수 없기 때문이다. 전문가는 오로지 전문가 자신들만이 자기들을 판단할 수 있다고 생각한다. 이것이 전문가집단의 생명이라고 할 수 있는 자율성이다. 이 자율성을 지키는 것이 전문가로서는 무엇보다 중요하다. 전문가집단에 대한 옳고 그름의 판단을 바깥 세계에서 내릴 때 그 전문가집단은 자율성을 상실한 것이고, 자율성을 상실한 전문가집단에게 지킬 이름 따위는 없다. 따라서 전문가집단은 자신들의 자율성을 훼손할 수 있는 행위를 엄격하게 처벌하는 것이다.

이런 점에서 전문자(者)가 아니라 전문가(家)인 것이다. 전문가는 개체로 존재하는 것이 아니라 항상 집단으로 존재한다. 여기에는 여러 가지 이유가 있지만, 무엇보다 전문가의 탁월함의 정도를 판정하는 것이 전문가 자신들에게 맡겨져 있다는 게 가장 핵심적인 이유다. 외부의 기준을 가지고 그 전문가의 탁월함을 판단할 수는 없다. 한 전문가가 전문가로서 어떤 수준의 기량을 가졌는지 판단하고 평가하는 것은 전적으로 전문가인 자신들만 할 수 있는 일이다. 그렇기 때문에 전문가는 홀로 연구하되 함께 평가하고 판단한다. 학자들이 학회를 정기적으로 갖는 이유다.

이 학회, 즉 전문가모임 안에서 자기 이름을 얻는 것이야말로 전문가 최고의 영예다. 전문가에게는 그 모임 안에서 자기 이름을 소중히 여길 줄 알고 그 모임 안에서 이름을 구하는 것이 가장 중요한 일이어야 한다. 이 과정 역시 부패와 타락의 과정일 수 있지만, 원론적으로 전문가가 된다는 것은 전문가모임 안에서 자신의 이름을 더럽히지 않고 소중히 여기는 것을 무엇보다 중요하게 여기는 태도가 만들어지는 과정이다. 만일 이 이름보다 다른 것을 더 소중히 여기게 된다면 그는 전문가로서 자기를 돌볼 줄 모르는 사람이 되는 것이다.

지난 몇 년 동안 한국에서 일어난 사건들은 한국의 전문가집단이 얼마나 자기 이름을 소중히 여길 줄 모르는 존재인지, 즉 자기를 돌볼 줄 모르는 존재인지 여지없이 드러냈다. 백남기 농민 사망 사건에서 드러난 서울대병원의 행태는, 이들이 권력 앞에서 전문가로서의 자기 이름을 지키기는커녕 전문가집단의 이름마저 더럽힐 수 있음을 보여주었다.

또한, 국정농단 사태에서 드러난 몇몇 학자의 모습 역시 충격적이다. 이번 사태의 주역이 된 학자 출신 공직자 중에는 학계에서 존경받던 이도 있었다. 그렇다면 청와대의 부당한 요구 앞에서 자기 이름을 지킬 줄 알아야 했다. 이화여자대학교의 교수들도 마찬가지다. 이것은 한국의 교육이 전문가를 양성하는 데서 결정적으로 빠져 있는 것이 무엇인지 여실히 보여준다.

배려의 대상인 나, 모른다!

그렇다고 해서 '이름'이 곧 나 자신이거나 나의 전부는 아니다. 이름은 나라는 존재 이상일 수는 있지만 내가 집중해서 돌보고 배려해야 하는 '나 자신'이라고 볼 수는 없다. 그렇다면 '나'는 무엇일까? 소크라테스는 이것을 당시의 언어로 '영혼'이라고 불렀다. 당시의 언어로는 자연스러운 일이다. 그때는 인간에게 영혼이라는 게 있다고 믿었고, 그 영혼이야말로 참된 자기이며 다른 모든 것은 이 영혼에 속한 것이라고 생각했을 테니 말이다.

여기서 놀라운 사실이 하나 있다. 소크라테스 식으로 말한다면 나 자신을 돌보는 것은 영혼을 돌보는 것이다. 그래서 내가 돌보아야 할 나 자신이 무엇인지 알아야 하는데, 그게 무엇인지 생각하면 할수록 모른다는 사실을 발견하게 되는 것이다. 영혼이라고 말하면 있느니 없느니 하는 논란에 빠질 수 있으니 그냥 나 자신이라고 하자. 우리는 나 자신에 관해 생각하면 할수록 그게 무엇인지 모른다는 걸 알게 된다. 이는 자기에 관해 생각해본 사람들이 한결같이 하는 말이다. 내가 누구인지 혹은 무엇인지 안다고 생각했지만, 막상 그게 무엇인지 생각하면 생각할수록 모른다는 걸 알게 된다고 말이다.*

바로 이 때문에 숭산 큰스님은 "오직 모를 뿐"이라고 말했다. 우리가 자신에 관해 알아야 하는 것은 오직 모르고 있다는 사실뿐이라는 것이다. 따라서 자기에 관해 안다는 착각이 자기를 망친다. 자기 아닌 것을 자기라고 착각하게 만들기 때문이다. 반대로, 내

---

* 모름의 철학적 위치와 그 위험에 관해 이야기한 철학자로 한나 아렌트가 있다. 그는 다음과 같이 말했다. "궁극적인 질문들이 일어나는 것은 지상의 인간 조건의 기본적 측면 가운데 하나가 드러나는 모름(not-knowing)의 경험을 통해서이다. …… 궁극적이고 대답 불가능한 질문들을 물음으로써 인간은 자신을 질문하는 존재(question-asking being)로 정립한다. …… 인간이 궁극적인 것을 질문하는 기능을 상실한다면 대답 가능한 질문을 하는 능력도 상실할 것이다."44

가 나에 관해 모른다는 자각이 자기를 배려하게 한다.

　여기서 자기 배려의 중요한 원칙을 발견할 수 있다. '모른다'는 점을 인정하는 것이다. 나는 내가 누구인지 모른다. 자기가 누구인지를 말할 수 있는 사람은 아무도 없다. 혹 있다면 부처와 같이 득도한 사람이며, 그렇지 않은 평범한 우리는 자기가 누구인지 안다고 감히 말할 수가 없다. 다시 숭산 큰스님의 말을 가져오면, 우리가 자기 자신을 배려하는 유일한 출발점은 이것이다. '오직 모를 뿐!'

　그러므로 자기 배려의 출발점은 자기 자신을 모르는 존재로 대하는 것이다. 모르는 존재, 알 수 없는 존재, 즉 철학에서 말하는 타자他者다. 사르트르는 타자의 가장 큰 특징이 "도대체 알 수 없는 존재라는 것"이라고 말했다. 타자는 내가 아닌 존재이기 때문에 나는 알 수 없는 존재다. 알 수 없는 존재이기 때문에 우리는 계속 그의 이야기를 들을 수밖에 없다. 그의 말을 듣는 것을 제외하면 내가 그를 대할 다른 방법이 없다. 나는 내가 누구인지 모른다. 그렇다면 나는 나를 모르는 존재, 타자로 대해야 한다. 모를 수밖에 없는 자기 자신에게 귀 기울이기, 자기 말을 듣기, 이것이 자기 배려의 출발인 것이다.

　소크라테스의 말을 여기에 응용해서 확장하면 이렇게 된다. 소크라테스는 "너 자신을 알라."고 말했다. 원래 이 말은 '너 자신이 모르는 게 무엇인지를 알라'는 말이었다. 그 모르는 것 중의 모르는 게 자기 자신이라면, 이 말은 이렇게 된다. 너 자신이 스스로에 관해 모른다는 것을 알라. 무지 중의 무지가 자기가 모르는 것이 무엇인지 모르는 것이라면, 그 무지의 왕이 바로 자기 자신에 관해 모른다는 것을 모르는 상태다.

그렇기에 내가 나 자신에 관해 모른다는 사실을 아는 게 중요하다. 이것이 소크라테스 식으로 말하면 '지혜'다. 모르는 게 무엇인지 알아야 아는 것이 무엇인지 알 수 있고, 오직 그 아는 것을 활용하고 다룰 수 있다. 간혹 몰라도 다룰 수 있지만, 궁리하여 그것이 뭔지를 알 때에야 비로소 우리는 계속 일관되게 다룰 수 있는 상태가 된다. 그런 상태가 될 때 이것을 기예라고 부를 수 있다. 그러지 않으면 그다음은 요행수에 불과하다. 그렇기에 '모름'은 무지가 아니라 지혜의 원천이다. 자신이 모르는 게 뭔지 알고 다룰 수 있는 것의 한계가 어디인지 아는 자가 지혜로운 자다.

이것이 자아실현과 자기 배려가 '나'를 바라보는 정반대의 입장이다. 자아실현에서는 내가 나를 잘 안다고 가정한다. 내가 누구이고 원하는 게 뭔지를 잘 알기 때문에 그 '안다는 것'을 출발점으로 삼아 알고 있는 나를 실현하는 데 초점을 맞춘다. '자아'가 앎과 배려의 목적이 아니라 출발점이다. 물론 실현해나가는 과정에서 안다고 생각하는 나에 관해 모름을 발견하고 그것을 끊임없이 수정하는 과정을 거치기는 하지만 말이다.

반면, 내가 이 책에서 강조하는 자기에 대한 배려에서 '나'는 모르는 존재다. 자기를 안다고 착각하는 데서 깨어나 모를 수밖에 없다는 사실을 인정하는 것이 자기 배려의 출발점이다. 모른다는 것을 자각하고 그를 출발점으로 삼아 자기를 조심스럽게 대하며 모르는 자기를 발견하는 것, 즉 자기에 관해 알아나가는 것이 자기 배려에서 바라보는 '자기에 관한 앎'이다. 따라서, 여기에서 자아는 '실현'의 대상이 아니라 '발견'의 대상이 된다. 자기에 관한 앎이라는 관점에서도 자아를 대하는 입장이 자아실현과는 정반대인 것이다.

자기 배려, 자기와의 만남

자기가 자기 자신을 모르며 모를 수밖에 없다는 사실을 자각할 때, 낯선 자기와의 만남은 기쁜 일이 된다. 내가 나에 관해 알고 있다는 착각과 미망에서 깨어나는 순간이기 때문이다. 내가 모르던 나를 만났을 때, 지금까지 안다는 가정에서 한 모든 일이 쓸데없는 시간 낭비가 되어 슬퍼하고 절망하고 좌절하는 게 아니다. 오히려 드디어 내가 나를 만난 순간으로 기뻐할 수 있게 되는 것이다. 모른다는 것을 대하는 감정이 좌절과 슬픔에서 기쁨으로 전환된다.

나는 이것이 매우 중요하다고 생각한다. 자아실현이 만들어내는 정동情動은 두려움과 슬픔이다. 자기 확신을 가지고 추진할 수밖에 없는 현재의 자아실현은 늘 불안하다. 내가 확신하고 있는 것이 정말 확신할 만한 것인지에 관한 불안이다. 특히, 이것은 '자기 자신에 관한 앎'이기 때문에 외부에서 확신의 근거를 찾을 수 없다. 오로지 자기 자신 안에서 발견해야 한다. 그러나 자기가 자신을 확신하는 것은 신이 아닌 한 불가능하며, 이것은 확신의 준거가 자기 자신이 된 존재의 근원적인 불안이다.

그래서, 자신을 안다고 가정하고 그 앎이 확실하다고 가정할수록 역설적으로 사람은 불안할 수밖에 없으며, 두려울 수밖에 없다. 게다가 '실현'을 추진해가는 과정에서 그 앎이 틀렸다는 걸 깨닫게 되면, 지금까지 한 일이 '실현'의 관점에서는 모두 시간 낭비고 헛수고가 된다. 그러니 슬픔의 정동이 일어날 수밖에 없다. 더구나 지금 사회는 패자부활전이 허용되지 않기 때문에 이 두려움의 강도도 높을 수밖에 없다.

이런 불안을 회피할 방법으로 이 사회에 만연한 것이 사이비 심리학이다. 자기 확신의 근거를 자기 안에서 찾는 것이 불가능해진 이 사회에서는 자기에 관한 앎을 외부에서 찾는다. 그중에서 대표적인 것이 유형화하여 자기를 이해하는 방법이다. 사람들이 혈액형 심리학 같은 것으로 자기 자신을 유형화하는 이유는 이런 불안을 피하면서 자기 자신에 관한 앎을 그럴듯하게 '과학화'하려는 시도다. 이런 유형학이 자기를 발견해가는 출발점이 아니라 확신의 근거가 될 때, 그건 '옴마니반메홈' 같은 주문이나 진배없는 것이 된다. 이 주문은 자기와의 대면을 외면하고 회피하는 방법의 하나다.

자기 배려에서는 이것이 반대가 된다. 나는 나를 잘 모른다. 나도 모르던 나를 만났기 때문에, 몰랐다면 넘어갔을 나에 관해 생각하고 그 나와 화해를 시도할 수 있기 때문이다. 소크라테스는 이에 관해 이렇게 말했다. 세계 전체와 불화하더라도 자기 자신과 일치하는 것이 낫다고 말이다.[45] 자기와 일치하는 순간만큼 기쁜 것이 어디 있겠는가. 자기 자신과의 일치, 이것이 자기에 대한 배려가 아니라면 무엇이 자기에 대한 배려이겠는가.

오직 물을 뿐, 자기를 안다는 것

지금까지 나는, 사람이 자기를 아는 것은 득도하지 않는 이상 불가능하다고 말했다. 그렇기 때문에 자기를 배려한다는 것은 자기를 모른다는 사실, 모를 뿐이라는 사실을 인식하고 모르는 자기를 만나는 과정이라고 말했다. 그러나 자기를 안다는 것을 배움의 과정의 문제로 전환하면 이야기가 달라진다. 사람은 자기가 누구인지는 알 수 없으나, 배움의 과정에서 자기에 관해 알 수 있는 것이 하나 있다. 아니 반드시 알아야 하는 것이 있다. 바로 자기가 세상을 대하는 태도, 그중에서도 자기가 언제 세상을 배움의 자세로 대하는지에 관한 앎이다.

이를 이해하는 데는 존 듀이가 말한 성장과 배움에 관한 이론이 유효하다. 그에 따르면 사람은 살아 있는 한 배운다. 의식하든 의식하지 않든, 사람이 살아 있다는 사실은 이미 끊임없이 변화하는 환경에 적응하고 대처하고 있다는 말이다. 이 적응과 변용을 위해 현재의 상태와 변화를 읽어내고 적절한 대처법을 찾아내는 능력, 이것이 배움의 능력이다. 이런 점에서 사람, 아니 더 넓게 말해 생명체라면 모두 배움의 능력을 가지고 있다. 정도의 차이는 있을지언정 배우는 능력 자체는 모든 생명체에게 주어진 선물gifted이다.

그러나 한 사람이 배우는 방식은 다른 사람이 배우는 방식과 다르다. 각자가 살아오는 과정에서 사물을 관찰하고 파악하고 그 원리를 이해한 후 그것에 맞추어 어떻게 대처해야 하는지 배우는 방법이 사람마다 다르다는 말이다. 그렇기에, 사람이 자기를 안다는 것은 자기가 배우는 방법이 무엇인지 안다는 뜻이다. 내가 어떻게 배우는지 모른다면 '모르는 것'을 중심에 놓는 것이 불가능하다. 따라서 자기가 어떻게 배우는지 아는 사람만이 배움을 중심에 놓는 삶으로 전환할 수 있다.

그렇다면 내가 어떻게 배우는지는 어떻게 알 수 있는가? 내가 배우는 법을 알기 위해서는, 이 책에서 강조하고 있는 것처럼, 무엇보다 자기에게 집중해야 한다. 대상의 아름다움, 혹은 변화를 주고 싶은 대상에 넋이 나가버리면 자기를 잃어버리게 된다. 배움의 과정에서도 마찬가지다. 배움의 과정에서 내가 얻고자 하는 지식과 기술에 집중해 그것을 습득하는 속도에만 신경 쓰면, 그 속도가 기대보다 느릴 때 곧 흥미를 잃고 짜증을 내게 된다.

　그게 아니다. 목적의식적인 배움의 과정에서는 자기가 어떻게 배우는지를 깨닫기가 좋다. 배움의 과정에서 자기에 집중한다는 것은 내 배움의 기술을 관찰하고 파악한다는 뜻이다. 어떤 것을 배우는 과정에서 지금 배우고 있는 그 지식과 기술의 기량만 느는 것이 아니다. 배움의 기술 자체를 동원하고 배우면서, 배움의 기량이 향상된다. 그렇기 때문에 배움의 과정에서는 내 배움의 기술을 관찰하고 파악하기가 좋다. 즉, 배움의 과정에서 자기에 집중한다는 것은, 자신이 배움에서 어떤 기술과 방식을 사용하는지 관찰하고 파악한다는 말에 다름 아니다.

　그렇기 때문에 사람은 자기 자신을 알기 위해서라도 자기 자신에 대한 탁월한 관찰자가 되어야 한다. 어려서부터 사물과 사태를 관찰하는 힘을 키우는 게 매우 중요한 이유다. 전통 사회는 어린이들이 자신의 배우는 방법과 힘을 알게 하기 위해 다양한 놀이를 만들어 권장했다. 예를 들어, 남자 어린이들이 주로 하던 전쟁놀이는 지형지물과 변화를 관찰하고 파악하고 이용하는 기예를 늘리는 데 탁월한 놀이였다. 어떤 놀이는 균형감각을 키워주고, 어떤 놀이는 협력의 기예를 키워줄 수 있었다.

이렇게 다양한 놀이를 해보는 과정에서, 어린이들은 자기가 어떤 놀이를 특히 선호하고 선호하지 않는지 구분하게 된다. 이 선호는 놀이 자체의 재미에서 기인하기도 했지만, 어린이가 자기 배움의 태도를 파악하는 데도 큰 기여를 했다. 반면, 어린이가 좋아하지 않는 놀이는 적응하고 파악하고 기예를 늘리는 데 서투른 놀이였다. 좋아하는 놀이는 '재미'를 넘어서 자신이 가진 배움의 힘과 방법을 잘 발휘할 수 있는 놀이였다. 이렇듯 놀이의 역할은 자기가 배우는 태도와 힘을 파악하고, 그 힘과 태도를 선용하게 하는 것이었다. 놀이는 재미뿐만 아니라 자기를 알아가는 과정이다.

배움의 태도가 각자 다르다는 것은 불교의 화두를 통해서도 알 수 있다. 나는 화두에 관해 궁리를 하다 한 가지 사실을 깨달았는데, 화두가 주제이기만 한 것이 아니라 방법론이라는 점이다. 스승은 제자에게, 그가 가장 집중하며 자기 역량을 잘 동원할 수 있는 것으로 화두를 준다. 제자의 배움의 힘과 태도가 잘 선용될 수 있는 게 바로 화두다.

바로 이 점에서 스승의 역할이 중요하고 결정적이다. 사람들은 자기가 스스로를 잘 안다고 생각하지만 천만의 말씀이다. 의외로 내가 나를 잘 알기는 힘들다. 내 얼굴을 내가 볼 수 없기 때문이다. 반대로, 가르치는 일을 업으로 삼은 스승은 제자의 기량과 그 한계뿐만 아니라 제자가 배워나가는 태도를 관찰하고 파악하는 게 '전문'인 사람이다. 그렇기에 그는 제자를 관찰하면서 그에게 잘 맞는 방법을 파악하고 거기에 맞는 화두를 제시한다. 화두는 배움의 태도를 유지하고 지속하게 한다. 스승의 역할은 배움에 있어서 결정적이다.

주제이자 방법인 화두는 세상을 대하는 나의 태도를 의미한다. 내가 궁금해하고 알고 싶어하는 나 자신과 저 세상을 어떤 태도로 대하고 있는가? 이 유일하고 결정적인 태도를 질문의 형태로 집약한 것이 화두다. 다른 말로 하면, '그' 질문일 때 알고 싶은 것에 관해 내가 가장 잘 집중하며, 답을 찾는 일을 가장 잘 지속할 수 있다. 제자의 배움의 태도를 지속시키는 데 최적화된 것이 바로 화두인 것이다.

이런 점에서 공부는 곧 태도다. 배움의 태도란 결국 자기 자신과 대상을 대하는 태도를 의미한다. 세상을 대하고 집중하고 그 집중을 지속시키는 나의 태도를 알아가는 것이 바로 자신에 관한 앎이다. 자신을 알아간다는 것은 곧 자기가 세상을 대하는 태도를 알아간다는 말이 된다. 이것은 듀이가 공부의 과정을 통해 사람은 "학습하는 방법을 학습"[46]한다고 말한 것을 떠올리게 한다.

앞에서 예로 든 숭산 큰스님의 화두인 '오직 모를 뿐'이 이 점을 잘 말해준다. 이 말은 진리에 관한 질문이나 답이 아니다. 오히려 이 말은 세상을 대하는 태도를 의미한다. 자신이 세상을 대하는 태도가 오직 모른다는 것이며, 이런 태도일 때 진리와 가장 잘 대면할 수 있고 그 대면을 이어갈 수 있다는 뜻이다. 화두를 통해 사람은 자신의 태도를 알게 된다.

스님의 화두는 나에게 큰 깨달음을 줬다. 과연, 나는 어떤 태도로 세상을 살아가고 있는가? 그리고 어떤 태도로 나 자신을 만나고 있으며 배움을 지속하고 있는가? 스님의 화두를 디딤돌 삼아 궁리하다 발견한 내 배움의 힘이자 방법, 즉 태도는 '오직 물을 뿐'이었다. 나는 끊임없이 묻는 사람이었다. 질문이 주어지면 그 답을 찾으려고 노력하기보다는 그 질문이 타당한 질문인지, 의미 있는 질문인지, 질문에 관해 질문을 할 정도로 끊임없이 묻는 것이 내가 세상을 대하는 태도였다.

그러면서 나는, 내가 왜 평가를 중심에 둔 제도교육에서 힘들어했는지를, 어떤 강의를 하다가 알게 되었다. 답을 찾고 제시하는 것은 내가 세상을 대하는 태도가 아니었기 때문에, 답을 제시해야 하는 상황에서는 아무것도 배우지 못하고 오히려 배움에 대해 부정적인 태도를 가질 수밖에 없었던 것이다.

나는, 내가 가르치는 일을 할 때 기뻐한다는 것을 알게 되었다. 왜냐하면, 가르치는 일은 답을 알려주는 게 아니라 답을 스스로 찾아갈 수 있도록 끊임없이 질문을 하는 일이기 때문이다. 배우는 이가 질문할 때 답을 바로 알려주는 것이 아니라 질문으로 돌려줌으로써 그가 배움에 이르도록 하는 게 가르침이기 때문에, 오히려 정답을 찾아야 할 때보다 가르칠 때 훨씬 더 많은 것을 나 자신이 배울 수 있었다. 이게 바로 공부가 곧 태도이며, 태도를 아는 것이 자신의 배움을 유지하면서 자기를 배려하고 돌보는 것이라고 말하는 이유다.

나는 숭산 스님의 이 화두를 이야기하며, 다른 이들에게도 자신이 세상을 대하는 태도를 발견해볼 것을 권유한다. 금방 알아듣고 찾아내는 사람도 있지만 그렇지 못한 사람도 있다. 문자 그대로 '오직 부딪칠 뿐'인 사람도 있었다. 그는 나처럼 질문을 통해서, 즉 말로써가 아니라 부딪쳐서 배우는 사람이었다. 때때로 사람들은 '하는 것'이 너무 많아 그 '하는 것'에서 '겪는 것'을 발견하지 못하는 체험의 과잉/경험의 빈곤에 시달린다. 그러나 그는 '하는 것'을 늘 '겪는 것'으로 받아들이는 사람이었기에 부딪침을 통해 훌륭히 배움을 이어갈 수 있었다.

또, '오직 따를 뿐'인 사람도 있었다. 남이 가르치는 대로 따를 뿐이라고 하면 수동적이고 부정적인 태도라고 생각하기 쉽다. 그러나 전혀 그렇지 않다. 그는 따르는 것을 통해 가장 잘 배우는 사람이었다. 혼자 부딪치고 묻는 게 아니라 자기보다 뛰어난 이를 만나 그의 말을 따라가면서, 그는 금방 스승을 따라잡았다. 그게 그의 배우는 방법이고, 세상을 대하는 배움의 태도다.

따라서 공부하는 태도가 좋다, 나쁘다 평가하는 것은 세상에서 가장 쓸데없고 위험한 판단이다. 오히려 가장 나쁜 배움의 태도가 자기 배움의 방식을 알지 못한 채 그저 배우는 것이며, 그런 태도를 강요하는 것이다. 반대로, 가장 좋은 태도는 자기가 세상을 대하는 태도를 잘 알고 그 태도를 유지할 수 있는 환경을 만들어가는 것이다. 자기를 아는 자만이 자기를 배려할 수 있다는 것은 바로 이런 의미다. 자기 태도를 알아야 공연히 헛된 힘을 쓰며 무리하다 배움에 지치는 것을 막고 성장을 도모하며 배움의 기쁨을 향유할 수 있다.

이런 점에서 자기를 배려한다는 것은 자기의 성장을 돌보고 지속적으로 도모한다는 말에 다름 아니다. 그래야 나의 삶이 서사적인 것이 되고, 그런 서사적인 삶이 되어야 그걸 '자기 삶'이라고 할 수 있기 때문이다. 이 서사성이 없다면 내 삶에 '자기'라고 부를 것이 없어진다. 삶에 이미 자기가 없는데 자기에 대한 배려가 어떻게 가능하겠는가. 그렇기에 자기를 배려한다는 것은 자기의 성장을 도모한다는 말이 되는 것이다. 성장과 서사에 관해서는 다음 장에서 좀 더 자세히 알아보도록 하겠다.

이렇게 자기의 성장을 돌보기 위해서는 자기를 잘 알아야 한다. 여기에서 자기를 안다는 것은 곧 자기 자신과 세상을 대하는 자기 태도를 안다는 말이 된다. 그래야 자신의 성장을 목적의식적으로 도모하며 성장을 방해하는 것을 회피하여 무리하지 않을 수 있기 때문이다. 많은 사람이 자기를 알지 못한 상태에서 자연발생적인 배움에만 의지하며 성장을 그저 우연하고 운명적인 것으로 만드는 까닭은, 자기 자신이 세상을 대하는 방법을 모르기 때문이다.

공부, 자기를 다스리며 배려하는 과정

자기 자신과 화해하기 위해 무엇보다 필요한 것이 자기를 만나는 것이다. 자기를 만나기 위해 가져야 할 가장 중요한 태도는, 안다는 착각에서 벗어나 모른다는 것을 명심하고 사는 것이다. 그럴 때에야 다른 무엇보다 자기 자신과 만나기를 원하고 그 만남을 포착하기 위해 깨어 있게 된다. 늘 깨어 자기 자신에게 집중하는 자만이 그 순간을 포착할 수 있다. 따라서 자기를 배려하기 위해 가장 중요한 것은 타자에게 넘이 나가는 것이 아니라 자기 자신에게 집중하는 것이다. 그래야 자기를 배려할 수 있다.

이것이 대표적으로 중요할 때가 자식이나 제자와의 관계 문제다. 내가 만나는 부모들은 어찌되었든 자기 자식이 공부 잘하기를 바란다. '공부 중독'에 관해 강의하고 나면 크게 공감하면서도, 그래서 어떻게 해야 공부를 잘할 수 있게 되냐고 묻는 부모가 많다. 결국 바라는 것은 자식이 공부를 잘하게 만드는 것인데 그렇게 하지 못해서 너무 괴롭다고 토로한다. 공부 중독을 말하는 자리에서도 치료법은 역시 공부인 셈이다.

이 부모들에게, 자식이 공부를 잘하지 못해서 괴롭지 않냐고 묻는다. 그러면 다들 괴롭다고 대답한다. 그럼 그 괴로운 마음을 잘 다스리고 있는가를 물어본다. 그 무엇보다 어렵다고 대답한다. 그러니 이렇게 질문하는 것 아니겠냐고 말이다. 그래서 다시 "아니, 자기 마음도 못 다스리는 분이 어떻게 남의 마음을 바꾸겠다고 말씀하십니까?"라고 물으면 대부분 말문이 막힌다. 자기 마음 다스리는 법을 모르는 사람이 다른 사람의 마음을 바꾼다는 것은 불가능하지 않겠냐고 말하면 고개를 끄덕인다. 그러면서 다시 묻는다. "그럼, 제 자식이 공부를 잘하게 될까요?"

그 마음은 백번 이해하지만, 이것이 바로 타자로서의 자기를 만난 순간 자기 자신에게 집중하지 못하고 남에게 넋을 놓은 모습의 전형이다. 내 마음이 내 마음대로 되지 않고 내가 내 마음을 제대로 다스리지 못한다는 것을 발견하는 순간, 내 마음은 나와 분리되어 타자가 된다. 바로 이때가 내 마음대로 안 되는 존재, 즉 타자로 나를 만나는 순간이다. 나를 발견하는 것이다.

그러나 자기를 만나는 이 결정적인 순간에 대부분의 사람은 자기 마음대로 안 된다는 것을 옆으로 제쳐놓고 자식이 공부를 못한다는 것과 공부를 잘하게 만들고 싶다는 욕망에 넋을 놓는다. 자기에 집중하는 게 아니라 남에게 넋을 놓는 것이다. 자식을 사랑하고 자식이 잘되기를 바라는 마음이 지나쳐 자기에 집중하지 못하고 자식에게 넋을 놓는다. 그러나 이런 '사랑'은 자기도 배려하지 못하고 자식과의 관계도 망친다. 자기 자신이 성장해야 하는 문제를 자식의 공부 문제로 돌려버린다.

이러면 자식도 망가지고 자기도 망가진다. 부모자식 관계만이 아니다. 가르치는 이가 배우는 이를 대할 때도 마찬가지다. 사랑하는 사람을 대할 때도 그렇다. 내 마음대로 안 되는 게 타자라고 하면, 타자의 '3대 마왕'이 있다. 그 첫째가 자기가 사랑하는 사람이고, 둘째가 자기가 가르치는 사람이며, 셋째가 이 둘을 합쳐놓은 존재인 자식이다. 이들을 만날 때 깨닫게 된다. 내 마음대로 안 된다는 걸 말이다.

이 세 존재가 타자의 '3대 마왕'인 이유는 내 마음대로 안 된다고 해서 버릴 수도 없기 때문이다. 다른 경우에는 내 마음대로 안 되면 고개를 돌리고 떠나버리면 된다. 마음대로 안 될 때 유일하게 마음대로 할 수 있는 일이 바로 돌아서는 것이다. 그런데 사랑의 관계로 묶여 있는 연인, 제자 그리고 자식은 마음대로 할 수 있는 것의 최종 카드인 '버림'이 불가능하다. 그래서 완전히 깨닫게 된다. 내 마음대로 되는 게 하나도 없다는 걸 말이다.

이 순간 사람은 타자의 끝판왕을 만난다. 이 3대 마왕의 뒤편에 숨어 있던 끝판왕 말이다. 그게 내 마음이다. 내 마음이야말로 내 마음대로 안 되는 타자의 '끝판왕'이다. 내가 나를 다스리는 기예의 한계에 부딪치고 나서야 내가 내 마음 다스리는 법을 모른다는 사실을 절감하는 것이다. 그렇다면 내가 배워야 하는 것은 자명하다. 내 마음을 다스리는 법이다. 나에게 집중할 때 이 문제를 다룸의 기예, 즉 자식이 아닌 내 배움의 문제로 전환할 수 있다.

이것이 관건이다. 우리는 문제를 나 자신의 배움의 문제로 전환할 수 있는가. 이렇게 전환해야만 우리는 배울 수 있다. 재능의 문제를 기예의 문제로 전환하고, 다른 사람의 문제를 내 기예의 문제로 전환할 때, 내가 배워야 하는 것이 무엇인지 알 수 있다. 문제를 배움의 문제로 전환하지 못하는 한, 우리는 아무것도 배울 수 없으며 해결할 수도 없다. 이것이 자기 배려의 초점이다. 전환의 배움은 문제를 배움으로 전환할 수 있는가에 달렸다.

공부, 재미에서 기쁨으로

공부, 성장의 기쁨
成長

    기말고사를 앞둔 어느 날 한 학생이 찾아왔다. 그 학생은, 공부하느라 너무 바빠서 공부할 틈이 없었다고 했다. 무슨 말이냐고 물었다. 그 학생은 18학점 수업을 듣는 것도 빡빡한데, 대부분의 수업에서 너무 많은 과제를 내준다고 했다. 보고서를 쓰는 것은 기본이고 팀플레이(조별 활동)를 해야 하는 수업도 너무 많다고 했다. 뭘 공부하는지도 모른 채 이것저것 '해치우다' 보니 어느새 한 학기가 다 지나갔다는 것이다. 그런데 그렇게 공부를 해도 머릿속에는 남는 것이 없다고 했다. 무언가 마구 주워 담다가 시험이 끝나면 머릿속을 '리셋'하고 또 새로 담는 것의 연속이라고 했다.

    초등학교에서 고등학교까지의 경험에서도 비슷한 이야기가 나온다. 학교에서 보내는 시간의 대부분은 수업이다. 대학생들에게 초등학교에서 고등학교를 다니는 동안 기억나는 수업에 관해 써 오라는 과제를 낸 적이 있다. 그런데 유독 과제를 해온 학생들이 없었다. 축제 기간도 아니고 시험 기간도 아닌데 왜 이렇게 과제를 안 했는지 물었다. 기억나는 수업이 없다고 했다. 평소에 과제를 늘 해오던 학생들도 마찬가지였다. 일주일 내내 무엇을 쓸까 고민하다가 결국 아무것도 못 썼다고 했다. 정말 기억나는 수업이 없다는 것이다. 수업은 멍하게 듣고 그냥 흘려보냈다는 학생도 있었고, 수업은 '해치우는 것'이라고 대답한 학생도 있었다. 남는 게 하나도 없는 걸 공부라고 한 것이다.

이렇게 '해치우는 것'으로서의 공부에는 '해보는 것'만 넘쳐난다. 더구나 이 '해치우는 것'에는 해보고 난 뒤 결과가 돌아와 나에게 교훈을 주는, 그런 '겪음'이 없다. 그 공부를 하는 동안 내가 무엇을 '겪었고' 그 '겪은 것'으로부터 어떤 교훈을 이끌어내야 하는지 생각할 틈이 없다. 내가 공부한 것의 의미를 되새길 틈은 없고 다만 수량화된 성적만 돌아온다.

이런 공부에는 연속성[47]이 없다. 앞에 한 공부와 뒤에 하는 공부 사이에 아무런 연관성과 연속성이 없다. 다만 그때그때의 공부가 재미를 주거나 고통을 주거나 둘 중 하나일 뿐이다. 성적이 좋으면 기분 좋고, 나쁘면 고통스러운 것으로 끝난다. 학생들 말로는 이런 공부가 가져다주는 교훈은 '이건 공부가 아니다.'와 '공부는 지겹다.'뿐이다. 둘 사이에 연속적인 갱신이 없기 때문에 생각이든 기량이든 발전이 있을 수 없다. 이런 공부에 성장의 기쁨이 없는 이유다.

성장의 기쁨, 연속성

　　　　사람은 배움을 통해 성장한다. 성장이란 생명체가 살아가는 한, 살아 있는 한 지속적으로 수행하는 그 무엇이다. 생명체는 살아가기 위해 늘 환경에 적응할 수밖에 없다. 생명체는 환경에 보다 잘 적응하기 위해 스스로를 갱신해나간다. 자신만 바꾸는 것이 아니다. 배움이 깊어지면 아는 것을 활용해 보다 적극적으로 세상을 바꾸기도 한다. 이처럼 생명체가 배움을 통해 자신과 세상을 바꾸어가는 과정을 '성장'이라고 부르며, 그 성장 과정이 곧 삶이다. 자신의 삶과 세상을 바꾸어내는 힘이 커지는 것, 즉 성장이 배움의 기쁨이다.

　삶에서 배움은 필연적인 것 necessity이다. 듀이가 쓴 《민주주의와 교육》의 옮긴이인 이홍우가 주석으로 말하고 있는 것처럼, necessity는 필요성으로 번역할 수도 있고 필연성으로 번역할 수도 있다. [48] 필요성으로 번역한다면, 이 말은 공부는 삶에 반드시 필요한 것이라는 뜻이 될 것이다. 공부를 하지 않으면 인간은 살아갈 수 없다. 한편 필연성으로 번역한다면, 이것은 사람은 살아 있는 한 의식하지 않더라도 반드시 공부가 함께한다는 뜻이 된다. 전자는 살아가기 위해 목적의식적으로 공부를 해야 한다는 말이 되고, 후자는 살아가는 한 자연발생적으로 사람은 배우고 있다는 말이 된다.

내 전작들에서 여러 차례 강조했듯이, 성장의 핵심은 연속성이다. 경험의 갱신을 통해 삶이 연속적으로 진행될 때, 우리는 그것을 성장하는 삶이라고 할 수 있다. 우리가 삶에서 목적으로 삼아야 하는 것이 바로 삶의 연속성을 만들어내는 것이다. 삶의 연속성을 의도적으로 만들어내는 목적의식적인 과정이 바로 좁은 의미에서의 교육이다. 다른 말로 하면, 교육이란 자기 경험을 연속적으로 바라볼 줄 알고 만들 수 있는 능력을 키워내는 역할을 해야 한다. 성장의 기쁨은 연속성에 있다.

그러므로 사람이 삶의 연속성에 관한 감각을 갖는 것은 필수다. 이야기-문학을 읽게 권장하는 이유가 여기에 있다. 많은 부모가 자녀가 책을 읽으면 좋아한다. 게임이나 만화, 텔레비전을 보는 것보다 훨씬 좋아한다. 그런데 왜 책을 읽는 게 좋다고 생각하는지 물어보면 의외로 답을 하지 못한다. "공부에 도움이 될 것 같아서"라는 말을 대놓고 하는 사람은 없다. 대부분 세계에 관한 간접경험을 쌓기 위해서라거나 혹은 집중력과 진득한 태도를 만들기 위해서라고 한다. 그러나 내가 보기에 이야기-문학이 사람의 삶에서 중요한 이유는 서사에 관한 감각을 키우는 데 좋기 때문이다. 이야기라는 것이 무엇인가? 그것은 그럴듯하게 흘러가는 것, 파편적인 것처럼 보이는 사건들을 연속적으로 이은 것이 아닌가. 근대 소설은 단적으로 기-승-전-결의 구조를 가지고 있다. 이야기가 갱신되며 이어진다. 문학에서는 핍진성逼眞性 혹은 개연성이라고 한다. 우리가 이야기를 읽거나 듣고 나서 흥미를 가지는 것은 흐름이 그럴듯할 때다. 이야기 전개가 중구난방이고 전혀 이어지지 않으면, 우리는 그것에 관심을 가지지 않거나 말도 안 된다고 비판한다.

나는 그럴듯한 이야기, 즉 핍진성이나 개연성으로 표현되는 서사-연속성에 관한 감각을 키우기 위해 이야기-문학을 많이 읽는 것이 좋다고 생각한다. 물론 이 감각을 키우는 데 굳이 책이라는 매체에 얽매일 필요는 없다. 요새는 문학 작품보다 훨씬 더 서사적인 만화(웹툰)도 많다. 영화도 서사성이 강하고, 서사성이 강한 게임도 많다. 중요한 것은 삶의 연속성, 즉 서사성에 관한 감각을 가지는 일이다.

이런 감각이 있어야 자기 삶을 서사적으로 만들기 위해 의도적으로 노력할 수 있다. 지난 경험을 성찰하며 교훈을 이끌어내고, 앞으로 올 것 같은 사건을 예측하며 대비한다. 성찰과 예측이 바로 '생각'이라고 부르는 것의 핵심이다. 자기 삶에 관해 생각한다는 것은, 다른 말로 하면 시간을 축으로 하여 나의 과거와 현재 그리고 미래를 연관 짓는다는 것이다. 그 연관성을 파악하고, 파악한 바에 따라 행동해 상황을 통제할 수 있을 때 공부의 기쁨을 누릴 수 있다. 그때 우리는 공부를 계속할 힘을 얻는다. 공부의 힘이 주는 쾌감을 느껴보았기 때문이다.

지적 쾌감, 관계를 파악하고 연결하는 힘

생각의 핵심은 이렇게 연관 짓는 것[49]에 있다. 지금 일어나는/하는 일과 뒤에 벌어질 일을 관계 지어 생각하는 것이 지적 활동이다. 농부는 가능한 결과를 예견할 때 자연의 성질과 작용을 세밀하고 광범위하게 다룰 수 있다. 자기가 하는 일의 시작과 끝, 다루어야 할 사물의 성질과 작용, 그 둘을 연관 짓는 힘이 증가한다. 아무 상관없어 보이는 것이 서로 관련되어 있다는 것, 즉 연관성을 알게 될 때 무질서해 보이던 것의 질서가 보인다. 분별할 수 있게 된다. 또한, 질서가 보이면 내가 그 사이 어디에 개입해야 하는지 보여서 통제할 수 있다. 개입을 통해 바꿀 수 있는 힘이 생기는 것이다. 이런 힘이 지적 쾌감을 준다. 지적 쾌감으로서 분별의 힘에 관해서는 다음 장에서 좀 더 자세히 다루겠다.

이처럼 지적 쾌감은, 내가 알지 못했다면 연관 짓지 못할 것을 연관 지음으로써, 결과를 예측할 수 있는 기량이 늘어나는 데서 온다. 따라서 지적인 흥미를 가지기 위해서는 결과에 관한 관심이 반드시 필요하다. 어떤 결과가 나올지 궁금한 사람만이 왜 그런 결과가 나오는지에 지적인 흥미를 가질 수 있다. 결과에 관심이 있어야 결과를 예상하거나 원하는 결과를 얻기 위해 현재의 조건을 세밀하게 관찰한다. 또한 가능한 대안들 사이에서 적절한 수단을 고른다. 이 과정에서 사람은 머릿속에서 계속 시뮬레이션을 하고 궁리를 한다. 이것이 지적인 활동이다.

결국 지적 활동이란 원인과 결과, 자기 행동과 영향의 연속성을 가늠하는 것이라고도 할 수 있다. 지적 활동은 연속성에서 중간 과정을 발견한다. 사람이 지식에 흥미를 가지게 되는 것은 자신에게 주어진 시작 단계의 조건과 예상되는 결과 사이에 '무엇인가' 있다는 것을 알 때다. 그 무엇을 알면 시작과 결과를 연결할 수 있다. '현재의 힘'과 '도달해야 할 목적' 사이를 연결하는 수단을 듀이는 "중간 조건"이라고 말한다. 듀이는 사람들이 "중간 조건에 흥미를 가지는 이유는 바로 현재 진행 중인 활동이 장차 예견되는 소망의 결과에 도달하는가의 여부가 그것에 달렸"기 때문이라고 말한다.[50] 이 중간 조건을 알아야 과정을 통제하면서 원하는 것을 얻을 수 있다. 지적 활동이란 중간 조건을 계속해서 알아가는 과정이다.

다시 농사를 예로 들어보자. 내가 씨를 뿌리면 나중에 곡식이 되어 돌아온다. 저절로 되는 게 아니다. 더 잘 가꾸기 위해서는 날씨의 변화를 살펴야 하고 양분을 잘 공급해야 한다. 원인과 결과

사이에 여러 가지 중간 조건이 있다는 것을 경험을 통해 알게 된다. 어떤 곡식은 물을 너무 많이 주면 안 되고 어떤 곡식은 자주자주 물을 줘야 한다. 곡식마다 병충해가 달라서 대처법도 달라진다. 여기서 한 발 더 나아가, 경험을 통해 알게 된 것을 그저 '경험'의 수준으로 내버려두지 않고 그 이치와 원리를 파악하게 되는 것이 바로 지적 과정인 것이다.

이런 배움을 지속하려면 흥미가 계속 유지되어야 한다. 흥미는 듀이가 말한 것처럼 "끈질기게 일을 추구하는 데 필수적인 조건"[51]이다. 흥미는 시작과 목표에 관한 내적 연관, 자기의 삶과 결과에 관한 내적 연관, 공부를 통해 얻는 지식과 기량, 자신의 영향력에 관한 내적 연관이 있을 때 유지된다. 흥미가 이어질 때 사람은 견디는 힘, 즉 지구력을 키울 수 있다. 그리고 이 견디는 힘이 성장하는 것을 보며 기뻐할 수 있다. 이런 점에서 듀이는 흥미란 "예상된 결과의 실현을 위해서 나아갈 때 그것이 얼마나 그 사람을 강하게 사로잡는가의 정도를 재는 기준"[52]이라고 말한다.

이 흥미를 지속하는 것은 듀이가 말하는 '도야'된 사람, 즉 다음 장에서 설명할 능수능란한 사람이 아니고서는 매우 힘들다. 공부의 시작에서 완결에 이르기까지의 과정에는 많은 어려움이 도사리고 있기 때문이다. 무엇보다 결과에 대한 관심을 잃어버리기 쉽다. 또한 능수능란하지 않은 사람은 중간 조건을 찾는 것이 그리 쉽지 않다. 내가 활용할 수 있는 수단을 파악하지 못한다면 전체

과정을 통제할 수 없고 운명에 맡기거나 끌려다니는 수밖에 없으므로 그 과정은 지루하고 힘들다. 아는 것도, 할 수 있는 것도 없기 때문이다. 그래서 초심자는 공부를 하다가 곧 포기하고 만다.

이 때문에 초심자일수록 배움의 과정에서 그 배움의 결과가 자기 삶에 영향을 끼친다는 점, 예상되는 결과에 자신이 영향력을 가지고 개입할 수 있다는 점을 느끼는 것이 중요하다. 나는 이 가장 좋은 예가 우리 부모님 세대의 공부라고 생각한다. 내 어머니는 자신이 까막눈일 때는 속을 수밖에 없었다고 했다. 글자만 읽을 줄 알지 내용을 알지 못하니 계약서를 내밀고 도장을 찍으라고 하면 그냥 찍는 사람들이 허다했다는 것이다. 그래서 어머니는 공부를 했다. 당신이 알지 못하는 어려운 용어들을 알아가면서 더 이상 속지 않게 되었으며 관청에도 따질 것은 따지면서 영향력을 행사할 수 있게 되었다.

반대의 예가 학력고사 시절의 입시다. 당시의 입시는 성적을 내는 도구로서는 의미가 있었지만, 아주 소수의 학생을 제외하고는 자기 삶에 아무런 영향력을 행사하지 못했다. 〈관동별곡〉을 예로 들어보자. 말로는 그 〈관동별곡〉이 조선시대 가사 문학의 백미니 어쩌니 할 수 있다. 그런데 〈관동별곡〉을 배우며 언어의 아름다움, 문학의 아름다움을 느낀 이들이 몇이나 될까. 최상위 학생들의 변별력을 가리는 도구로는 유용했지만 말이다. 〈관동별곡〉을 배움으로써 내 삶이 달라진 것은 아무것도 없었다. 아니 딱 하나, 고전문학은 재미없고 배울 필요도 없다는 부정을 알게 된다.

배우는 이의 기량으로 시작과 결과를 파악할 수 있게 하려면, 현재 배우는 이의 삶/수준에서 너무 멀리 떨어진 것을 시작점으로 삼지 말아야 한다. 중간 조건을 발견하는 것 또한 배우는 자의 기량에 맞춰져야 한다. 이런 점에서, 가르치기 위해서는 배우는 자의 한계와 기량을 파악하고 아는 게 절대적으로 중요하다. 자기 한계를 아는 것이 배움의 목적에서만이 아니라 과정에서도 중요한 이유가 여기에 있다. 한계를 모르고 덤비면 절대 지적 쾌감을 얻을 수 없고, 흥미를 잃어 공부를 포기해버리기 때문이다.

이와 관련해 최근에 재밌는 사례를 들었다. 고등학교에서 한시를 배울 때 '도대체 이걸 왜 배우는가' 하는 생각을 누구나 할 것이다. 한시는 아주 소수의 학생을 제외하고는 재미도 없고 감동도 없고 쓸모도 없어 보인다. 그런데 한 지인이 고등학교를 다닐 때의 얘기를 해주었다. 한문 시간에 한시를 배울 때 교사가 거기에 성조를 넣어 중국말로 읽어줬다는 것이다. 그때 비로소 깨달았다고 한다. 한시가 운율이 있는 노래였다는 것을 말이다. 그저 읽을 때는 몰랐는데 거기에 성조가 들어가자 운율이 무엇인지를 알게 되었고, 시가 노래가 되자 도통 모를 소리에서 아름다운 소리로 바뀌었다. 그러자 한시는 그가 아름다움을 향유할 수 있는 대상이 되었다고 한다.

성조를 통해 운율의 의미를 알고 한시의 아름다움을 깨닫는 것,

이런 중간 조건을 제공받아 경험하며 멀리 떨어져 있는 것과 연관 짓지 못하면 한시는 그저 외우는 것일 뿐이며 무의미하며 고통스러운 것이 되고 만다. 단지 입시만을 위한 도구에 불과한 것이다. 삶의 기예가 되지 못한다. 그러나 이 지인의 경우처럼 성조를 통해 그 아름다움을 느끼게 되면, 한시로써 세상의 아름다움을 향유할 수 있게 된다. 소리가 노래가 되고, 배우는 이가 아름다움을 향유하는 기예가 향상된다. 공부가 쓸모없는 것에서 대단히 쓸모 있는 것으로 바뀐다.

사실 배우는 이 저마다의 중간 조건을 파악하는 것이 정말 힘들다. 배우는 사람 자신이 힘들 뿐 아니라 가르치는 사람에게도 어려운 일이다. 가르치는 사람이 배우는 사람의 기량을 하나하나 알고 중간 조건을 찾기 위해서는 많은 공을 들여야 한다. 그런데 지금 한국의 학교에서는 '슈퍼 울트라 기량'을 가진 교사가 아니고서야 할 수가 없다. 《교사도 학교가 두렵다》에서 이야기했지만, 가르치는 학생들 숫자도 너무 많고, 해야 하는 일도 너무 많다. 게다가 교사의 노동 자체가 지나치게 단속적이다.

배우는 사람의 입장에서도 마찬가지다. 배우기 위해서는 자기 기량과 그 한계를 알아야 하는데, 그러려면 용기를 내야 한다. 내가 모르는 게 뭔지 알기 위해서는 시도해보는 수밖에 없다. 그런 시도를 하기 위해서는 '아는지 모르는지조차 모르는 존재'로 자기 자신을 드러내야 한다. 교실에서 교사와 동료 학생들에게 자기를 완전히 무지한 자로서 드러내야 하는 것이다. 이것은 매우 부끄러운 일이다. 이 부끄러움을 무릅쓰는 용기가 있어야 자기 기량의 한계를 알 수 있다.

이런 점에서, 좋은 배움의 공간이란 무지한 사람이 배움의 용기를 낼 수 있는 곳이다. 무지한 사람이 자기가 모르는 것, 할 수 없는 것, 할 줄 모르는 것을 드러내는 것이 부끄러운 일이 되고, 가르치는 사람이나 함께 배우는 동료로부터 모욕과 무시를 당한다면 그곳은 결코 좋은 배움의 공간이 아니다. 이런 배움의 공간에서는 무지한 자가 아니라 똑똑한 자만이 용기를 낼 수 있다.

학교와 같은 교육현장이 배우는 곳이고 배움을 장려하는 곳이라면, 모르는 자의 용기를 '환대'하는 공간이어야 한다. 배우는 사람이 자신의 무능과 무지를 드러내는 것을 용기 있는 행동이라고 칭찬하는 곳이 배움의 공간이다. 따라서 배우는 사람이 모른다고 말할 때 가르치는 사람은 누구보다 환대하며 기뻐해야 한다. 그 모르는 자가 있기 때문에 비로소 자신이 가르치는 자가 될 수 있기 때문이다.

김현경은 그의 책에서 환대는 자리를 내어주는 행위라고 말한다.[53] 우리는 어떤 사람을 반갑게 맞이할 때 늘 그 사람에게 자리를 내어준다. 자리를 내어주는 것은 그를 그 장소의 성원으로 받아들이는 일이다. 사람은 자기를 위한 자리가 있을 때 그 장소에서 좌불안석하지 않고 안심할 수 있다. 초대받지 않은 불청객이 아니라 초대와 상관없이 환대받고 있다는 것을 바로 이 자리가 보여주기 때문이다. 그래서 나는 다시 한 번 묻고 싶다. 우리의 교육 현장에는 공부를 잘 못하는 무지한 이의 자리가 있는가?

사람을 환대하는 것이 자리를 내어주는 행위라고 할 때, 우리가 내어줘야 하는 자리는 세 가지가 있다. 하나는 사람에게 역할을 주는 '일'자리이며, 두 번째는 그 사람이 의지할 수 있는 '뻗을' 자리이고, 마지막으로 그 사람이 거주할 수 있는 '누울' 자리다.

우선, '역할'이라는 뜻에서의 일자리를 보자. 일자리는 돈벌이 수단이기만 한 것이 아니다. 일을 통해 사람은 그 사회에 기여하고 존재감을 얻는다. 한 사회에서 역할이 없는 사람은 유령과 같은 사람이다. 그 사회에서 좀처럼 존재감을 얻을 수 없다. '인정'받을 수 없기 때문이다. 학급에서 아무 역할도 맡지 못한 학생은 존재감이 심각하게 위축될 수밖에 없다. 한 학생은 이렇게 표현했다. "저는 교실에서 사물함보다 못한 존재였어요."

두 번째로, 뻗을 자리를 생각해보자. 사람은 일을 통해 존재감을 얻지만, 한편으로는 다른 사람과의 관계를 통해서만 삶의 안정감을 얻을 수 있다. 어떤 장소에 있을 때, 고립되어 있지 않고 다른 사람과 연결되어 있다고 느껴야 안심하고 그 장소에 머무를 수가 있다. 발을 '뻗을 자리', 즉 의지할 수 있는 관계가 없을 때는 어떤 장소에 길게 머무를 수 없다. 불편하고 불안하기 때문에 그 장소를 떠나게 된다.

마지막으로, 사람에게는 누울 자리가 필요하다. 수업과 같은 공식적인 배움의 시공간에서, 학교는 공부를 잘 못하는 학생에게 어떤 자리를 제공하는가? 딱 하나, 누울 자리밖에 없다. 수업에 참여하면서 기여할 수 있는 방법이 없다. 공부를 못한다는 것은 공부에서 역할이 없다는 말이다. 또한, 좋은 교사를 만나지 못하면 배움의 과정에서 의지할 '뻗을 자리'도 없다. 그저 자기 책상 앞에 엎드려 잘 '누울 자리'만 있다. 이 말은, 수업과 같은 공식적인 배움의 시간에 교실은, 공부를 못하는 학생에게 자리를 내어주는 곳이 아니라는 말이다.

한국의 학교는 모르는 이의 용기를 환대하고 자리를 내어주기는커녕 박대하고 조롱한다. 좀처럼 자리를 내어주지 않는다. 내가 대학생들과 함께 수업에 대한 경험을 나누면서 알게 된 점이 있다. 대다수 학생은 초등학교 때부터 질문을 했다가 타박을 받은 경험이 있다. 교사로부터 "도대체 너는 수업 시간에 집중 안 하고 뭘 들은 것이냐?"라는 봉변을 당하기도 하지만, 쉬는 시간에 동료 학생들로부터 "에, 넌 그것도 모르냐?"라는 면박을 당하기도 한다. 그러면서 '함부로' 질문해서는 안 된다는 것을 배운다. 입을 다물게 되는 것이다. 이런 모욕의 경험은 절대 질문을 하지 않게 만든다. 공부를 하기 위해서는 질문하는 것이 필수인데, 공부하기 위해 한 질문의 경험이 너무 끔찍한 것이다. 이렇게 되면 학생들은 아예 질문을 하지 않게 되어, 자기가 무엇을 알고 무엇을 모르는지 모르는 상태가 된다.

　대신, 이미 아는 학생들, 똑똑한 이가 학교에서는 절대적으로 환대받고 있다. 소위 공부 잘하는 학생들과 이야기를 나눠보면, 이들이라고 해서 아무 질문이나 하지는 않는다는 사실을 알 수 있다. 이들 역시 자기의 질문이 물어볼 만한 가치가 있다고 생각할 때만 질문한다. 그러다 보니 질문하는 학생은 늘 칭찬을 받는다. 좋은 질문이라고 말이다. 이게 계속되면 모르는 걸 묻기 위해 질문하는 게 아니라 아는 걸 과시하기 위해 질문하게 되어버린다. 무지한 이를 환대하는 것이 아니라 똑똑한 이를 환대하는 순간부터 학교는 배움이 아니라 '잘난 체'의 공간이 된다. 절제하고 겸손한 사람이 아니라 오만하고 교만한 사람이 체계적으로 양산되는 것이다.

　교육학자인 엄훈의 연구에 따르면, "학생들은 정상적인 학년 수준에서 읽기 능력이 2년 이상 뒤떨어지면 교실 수업에서 실질적으로 문맹자가 된다."[54] 즉, 학년은 초등학교 6학년인데 자기의 읽기 능력이 4학년 수준이면, 그때부터는 배움을 포기한다. 다른 교과도 마찬가지다. 수업을 따라갈 수 없는데, 물어보는 것 자체가 부끄러운 일이 된다. 이러니 자기가 모르는 것이 무엇인지를 드러내지 못한다. 아예 질문을 하지 않게 되는 것이다. 이런 일이 반복되면 학생은 자기가 모르는 게 뭔지를 모르는 상태가 된다. "학교 속의 문맹자"가 되는 것이다.

과자와 성과, 쾌락의 뇌물

학생들 한 명 한 명의 기량을 파악하고 그에 맞게 시작과 결과를 설정해 중간 조건을 알아내게 할 때, 학생들은 배움을 통한 성장의 기쁨을 느낄 수 있다. 그러나 현실적으로 이게 불가능하기 때문에 수업에 열의를 가진 교사일수록 '재미'에 강박을 갖게 된다. 어떻게 해서든 한 명 한 명이 아닌 '전체 학생'을 깨우고 수업에 초대하려다 보니 불가피한 일이다. 게임을 하고 과자를 나눠주는 등 온갖 노력을 다한다. 이 때문에 한 교사는 자기가 가르치는 사람인지 레크리에이션 강사인지 모르겠다고 한탄하기도 했다.

공부하는 과정에 재미를 주는 것은 흥미 유지를 위해 필요한 일이다. 그러나 재미는 그 자체가 흥미인 것도, 흥미를 유지시키는 것도 아니다. 다만 흥미를 위한 보조 도구 같은 것이다. 흥미를 지속할 수 없는 구조적 조건에서 재미있어야 한다는 강박만 남을 때, 수업은 점점 더 공동화空洞化되고 배우는 사람은 공부를 지속시키는 흥미로부터 점점 더 멀어진다. 대신 수업을 하나의 오락거리로 구경하는 불상사가 벌어진다.

듀이는 이에 관해 강력하게 경고했다. 배움의 외부적 요인으로 흥미를 끌어내려는 시도를 "쾌락의 뇌물로 주의를 끌고 노력을 짜내려는 것"[55] 이라고 비판했다. 외부적 요인으로만 흥미를 이끄는 것은 교육이 실패하고 있다는 반증이다. 교육이, 배움의 내용과 과정을 배우는 자와 연관 짓지 못해 흥미를 유발하는 데 실패했기 때문에 벌어지는 일인 것이다.

이런 '뇌물'의 최악의 형태가 성적과 같은 성과다. 성과 위주의 사회에서 공부를 지속시키는 것은 '흥미'가 아니라 '성과'다. 성과가 성장을 대체한다. 따라서 성과를 내면 마치 성장하는 것처럼 보인다. 나는 이것을 2013년에 특성화고등학교를 연구하면서 분명하게 알게 되었다.[56] 과거와 달리 특성화고등학교는 학생들의 성과/스펙을 매우 촘촘하게 관리한다. 조금만 노력하면 자격증을 딴다거나 학생부에 무엇인가 기록되는 등의 '성취감'을 얻을 수 있다. 물론 그 성취감의 끝은 인문계고등학교와 비교할 때 취직이 된다는 데 있다. 학교 역시 취업을 목표로 학생들의 성과를 관리해주면서, 자기를 '계발'하고 착취하면서 '소진'될 때까지 공부를 이어나갈 수 있도록 독려한다.

이처럼, 유감스럽게도 한국의 학교는 학생을 성장시키는 데 중점을 두고 있지 않다. 교육의 목적을 학생들이 경험을 통해 다음 경험으로 이어가는 데 두지 않는다. 대신 성과를 관리하고 성과에 따라 움직이는 학생들을 만드는 데 더욱 주력한다. 성적은 성과의 대표적인 사례일 뿐이다. 요즘 학교는 학생들을 대학에 보내기 위해 여러 가지 성과를 관리한다. 학생들은 봉사활동도 해야 하고, 경시대회도 참가해야 하고, 인문학 강의도 들어야 한다. 소위 스팩을 관리하는 것이다. 성과로 이어지지 못하는 경험은 의미가 없는 경험이다. 의미가 경험 내부에 있는 것이 아니라 경험 외부에서 측정된다.

이렇게 되면 공부는 내적 동력과 의미를 잃어버리고, 빨리 해치워야 하는 것이 되고 만다. 공부를 통해 자기와 세계를 바꾸어가지 못하고 세상의 기준에 맞춘다. 공부의 과정은 성과를 향해 질주하는 맹목적인 것이 된다. 여기에는 지적인 것이 들어설 여지가 없다. 지적인 것은 오로지 배우는 자의 개인적인 몫이다. 요행히, 공부를 하면서 무질서에서 질서를 파악하고 분별하는 지적 쾌감을 느끼면 다행이지만, 그러지 못하면 그저 결과를 향해 질주하게 된다.

성장이 불가능한 시대, 재미가 기쁨을 대체하다

앞에서 이야기했듯이, 사람이 지적인 과정에 흥미를 갖는 것은 결과가 나에게 중요한 의미를 가지고 영향을 끼치며 또한 내가 결과에 영향을 끼칠 수 있을 때다. 반대로, 결과가 나와 상관없다고 생각하거나, 아예 결과 따위에 관심이 없거나, 그게 운명이라고 생각하는 사람은 결코 지적인 흥미를 가질 수 없다. 또한 결과가 나에게 영향을 끼친다 해도, 해도 그만 안 해도 그만인 일에 관해 사람은 역시 흥미를 느끼지 못한다. 알아봤자 자기가 개입할 수 있는 일이 없기 때문이다.

바로 이런 점에서, 배움에 관한 흥미와 지적 쾌감은 개인의 성향 문제이기만 한 것이 아니라 사회의 문제이기도 하다. 미래가 예측되지 않거나, 미래를 안다 해도 자기가 할 수 있는 일이 아무것도 없는 사회에서는 사람들은 결코 배우려고 하지 않는다. 내가 열심히 배워도, 그렇게 배운 지식과 기량으로 현실에 손톱만 한 변화도 이끌어내지 못할 때, 사람은 절대 배우지 않는다. 사회가 배운 것과는 무관하게 돌아갈 때, 무기력이 배움을 대체하고 사람은 배움에 냉소하게 된다. 배움이 영향력을 잃은 사회에서는 배움에 관한 흥미가 사라진다. 학생들이 흔히 말하다시피 "배워서 뭐 해요?"가 되는 것이다.

특히 삶의 서사성이 파괴된 사회에서는 대다수의 사람에게 배움에 대한 동기 부여가 일어나지 않는다. 아무리 해봤자 삶의 서사성이 보장되지 않기 때문에, 굳이 삶을 서사적으로 만들기 위해 노력하지 않는다. 노력한다 해서 서사성이 생기는 것도 아니고 오히려 실패와 좌절을 경험하면서 자기만 괴로운 경우가 많다. 그러니 의도적으로 공부를 하지 않게 된다. 이런 삶에서는 성장의 기쁨이 사라진다.

이런 사회에서 성장의 기쁨을 대체하는 게 재미다. 서사성이 사라지면 삶은 시간적으로 파편화된다.[57] 파편화된 삶은 조각난 에피소드들을 아무렇게나 연결해놓은 것에 불과하다. 삶이 기승전결이 있는 한 편의 드라마가 아니라 에피소드들로 이루어진 예능 프로그램처럼 되는 것이다. 예능 프로그램의 최대 목적이 재미이듯이, 에피소드가 된 삶에서 유일하게 추구할 수 있는 즐거움은 재미다.

그 결과, 사람은 성장의 기쁨을 포기하고 그때그때의 즐거움이나 재미에만 몰두한다. 이런 세계에서 재미없는 것, 재미없게 만드는 건 죄악이다. 이 때문에 사람들은 재미있기 위해, 그리고 재미있는 사람이 되기 위해 필사적으로 노력한다. 개인기 하나는 가지고 있어야 한다. 성찰력보다 더 중요한 게 '개그력'이다. 어떤 수단을 써서라도 웃기기만 하면 된다. 그러니 사는 건 기쁘지는 않고 재밌기만 한 것이 된다.

이 때문에 진지하면 안 된다. 진지하다는 건 재미를 파괴하는 짓이고 용서할 수 없는 범죄가 되는 세상이다. 바로 이런 현상이 사람으로 하여금 생각하는 것을 방해한다. 생각이 깊어지면 '설명충', '진지충', 나아가 '씹선비'라는 욕만 먹는다. 굳이 말을 하려면 세 줄 요약이 가능한 '사이다' 같은 말만 해야 한다. 길게 이야기해서는 절대 안 되고 복잡하게 말해서도 안 된다. 이 때문에 더더욱 사람들이 서사적인 삶을 추구하기가 힘들어진다. 다른 사람들에게서 외면받기 십상이기 때문이다. 반지성주의가 횡행할 수밖에 없는 이유다.

따라서 이 시대에 성장의 기쁨을 느끼는 것은 괴로움을 감수할 때만 가능하다. 자칫하면 고립되고 외로워질 수 있다. 재미없는 사람은 기피 대상 1호다. 분위기를 깬다고 비난받을 수도 있다. 공연히 어려운 이야기를 해서 좋은 자리를 망친다는 핀잔을 듣기 쉽다. '프로 불편러'라는 욕을 먹을 수도 있다. 베스트셀러가 된 책 제목처럼, 이 시대에 성장의 기쁨을 맛보기 위해서는 '미움받을 용기'가 필요하다.

재미에서 기쁨으로의 전환

나는 앞으로 두 가지 기쁨에 관해 이야기하려고 한다. 하나는 자유와 창조의 기쁨이고, 다른 하나는 향유의 기쁨이다. 사람은 배움으로써 이 두 가지 기쁨을 누릴 수 있다. 세상의 법칙을 알고 목적에 맞게 잘 사용하는 선용을 넘어, 그것을 변용함으로써 사람은 자유로워지고 창조의 기쁨을 누린다. 창조의 기쁨을 누리기 위해 능수능란한 기예를 배우고 익히며 연마하는 과정이 바로 공부다. 한편, 인간은 창조하지는 못할지라도 여전히 공부를 통해 세상의 아름다움을 느끼고 누릴 수 있다. 창조하고 향유하는 삶, 이것이 멋진 삶이며, 멋지게 사는 것은 삶의 목표이

자 공부의 쓸모다.

창조와 향유, 이 모두에서 인간이 누리는 기쁨이 바로 성장의 기쁨이다. 공부를 함으로써 창조와 향유의 기예가 조금씩 늘어간다. 그 기예가 늘어갈수록 내 자유의 폭이 넓어지고 깊어진다. 더 많은 것을 더 제대로 누릴 수 있게 된다. 이처럼 나의 기량이 조금씩 늘어가는 것이 성장이라면, 성장이 있는 삶은 기쁜 삶이라고 할 수 있다. 공부는 이렇게, 성장을 통해 기쁘게 살기 위해 하는 것이다. 공부의 목적은 재미가 아니라 기쁨이다.

공부, 자유와 창조의 기쁨

創造

이 책의 2부에서 나는 공부의 목적을 자기로 전환해야 한다고 말했다. 무엇보다 자기계발에서 자기에 대한 배려로 전환해야 한다. 자기계발은 이미 자기를 파괴하는 논리가 되었다. 이 자기 파괴로부터 스스로를 보호하기 위해, 사람은 자기 한계를 알고 인정해야 한다. 자기 한계를 인정하라는 말은 포기하고 주저앉으라는 뜻이 아니다. 자기가 할 수 없는 것에 넋을 놓지 말고 자신이 할 수 있는 것에 집중하자는 말이다. 탁월함의 기준을 재능에서 기예로 전환하자는 말이다. 재능에 초점을 맞추는 한 우리가 할 수 있는 것은 없다. 부러워하거나 무리하며 극복하려다 파괴될 뿐이다. 반면 탁월함을 기예의 문제로 전환하면, 자신을 볼 수 있고 무엇을 해야 할지 알 수 있다.

기예란 나에게 주어진 것을 내가 얼마나 잘 다루는가의 문제다. 기예에서 탁월함은 다룸의 정도가 된다. 다룸에서 관건은 5분의 숨과 1분의 숨을 비교하는 게 아니다. 나에게 주어진 것인 1분의 숨을 얼마나 잘 다루고 그 숨으로 무엇을 하는지다. 그 1분의 숨으로 나는 무엇을 하려고 하는가? 그것을 얼마나 잘하고 있는가? 목적에 맞게 주어진 것을 잘 사용하는 것, 바로 선용이다.

그러므로 다룸은 능수능란함을 지향한다. 내게 주어진 것을 능수능란하게 사용할 수 있을 때 기적이 일어난다. 무엇인가를 능수능란하게 다룰 수 있는 사람은 주어진 것을 사용하는 데 머무르지 않고 새로운 것을 만들어낸다. 능수능란함이 주어진 것을 변용할 수 있게 하고, 그 변용을 통해 존재하지 않던 새로운 것을 만들어낼 수 있다. 새로운 것을 만들어내는 것, 사람에게 그것보다 기쁜 일은 없다. 탄생의 기쁨이다. 새로운 것이란 지금 만들어낸 것 자체에 머무르지 않고 새로운 것이 늘 가능하다는, 그 가능성을 보여주기 때문이다.

건축을 예로 들어보자. 능수능란한 건축사는 자연법칙을 거스르지 않는다. 자연법칙을 거슬러 지을 수 있는 건축물이란 존재하지 않기 때문이다. 인간에게 주어진 것인 자연법칙을 얼마나 잘 활용하는가가 건축사의 기예다. 건축사는 자연법칙을 목적에 맞게 잘 활용해 자신이 짓고자 하는 건축물을 용도에 맞게 만든다. 선용이다. 그러나 그는 자연법칙을 활용해 용도에 맞는 건축물을 만드는 것을 넘어, 지금까지 존재하지 않던 새로운 것을 만들어내기도 한다. 변용을 통해 새로운 양식을 창조하는 것이다.[58]

　새로운 것의 탄생을 보는 것만큼 기쁜 일은 없다. 새로 태어난 아이가 왕자든 거지든 그것은 중요하지 않다. 탄생은 인간에게 계속해서 살아갈 힘을 준다. 새로 태어난 아이에게 새로운 것을 주고 싶어진다. 따라서 주어진 것에 만족하지 않고 세계를 새롭게 해야 한다는 책임을 갖는다. 새로운 것이 태어났기에 세계를 새롭게 할 수 있다는 희망이 생긴다. 그렇기에, 철학자 아렌트가 말했듯이, 탄생이 없는 세계는 죽은 세계이며 세계의 끝이다.[59]

앎, 선용의 출발

　　　　　　새로운 것을 낳는 탄생의 시작점은 주어진 것의 활용이다. 이 활용의 대상에는 6장에서 말한 '나에게 속한 것'이 당연히 포함된다. 나에게 속한 것이므로 그건 나에게 주어진 것이다. 그러나 우리가 활용해야 하는 것은 '나'라는 개인뿐만 아니라 인간 전체에게, 혹은 존재 전체에게 주어진 것들도 있다. 이런 점에서 활용을 좀 더 넓은 범위로 해석할 때는 '속한 것'을 넘어 그리스인들이 말한 대로 '주어진 것'이라는 말을 사용하는 것이 좀 더 타당할 듯하다. 사람은 주어지지 않은 것으로부터는 아무것도 할 수 없다. 그러므로 사람은 주어진 것과 주어지지 않은 것을 구분할 수 있어야 한다. 나는 이와 관련해서 중요한 이야기를 독일에서 철학을 공부하고 있는 친구 김강기명에게서 들었다. 교육적 관심의 초점을 주로 활용과 선용에 맞추고 있던 나에게, 그는 "사람은 주어지지 않은 것을 활용할 수는 없다."라는 말을 했다. 사람은 신이 아니기 때문에 주어지지 않은 것을 만들 수 없으며 주어진 것으로부터 출발할 수밖에 없다는 의미다.

당연한 말로 들리지만, 이 말이 가진 의미는 지대하다. 인간이라는 존재가 직면한 근원적인 한계를 지적하는 말이기 때문이다. 인간은 무에서 유를 창조하는 존재가 아니므로, 이미 있는 것, 주어진 것에서 시작할 수밖에 없다. 주어지지 않은 것을 주어진 것으로 착각할 때 그 사람이 할 수 있는 일은 아무것도 없다. 따라서 인간이 무엇인가를 선용하기 위해 먼저 해야 하는 것이 나에게 주어진 것이 무엇인지를 아는 것이다. 앎은 활용의 전제다.

우리는 '주어진 것'을 세 가지 차원에서 생각해보아야 한다. 첫째, 나 개인에게 주어진 것이다. 육체적 한계나 재능이 바로 그것이다. 둘째, 사회적으로 주어진 것이 있다. 신분이나 재산 같은 것이다. 이것은 주어질 수 있는 것이 주어지지 않은 것이기 때문에 적극적인 정의를 요구해야 할 문제다. 개인의 역량 문제가 아니다. 셋째, 인간을 넘어서 존재 전체에 공통적으로 주어진 것으로서 자연법칙이 있다. 자연법칙은 모든 존재에게 근원적인 한계로 주어진다.

활용의 전제가 앎이라는 사실을 가장 잘 보여주는 것이 자연법칙이다. 인간은 자연법칙을 어길 수 없다. 자연법칙을 어겨서는 원하는 것을 얻을 수 없을 뿐 아니라 존재할 수도 없다. 따라서 인간은 존재하기 위해서라도 자연법칙을 알아야 한다. 자연법칙을 안다는 것은 곧 존재의 유지라는 목적에 맞게 자연법칙을 최대한 활용한다는 말이다. 여기서 인다는 것과 활용한다는 것은 동의어가 된다.

자연법칙은, 주어진 것을 활용하기 위해 인간이 먼저 해야 하는 것이 무엇인지 알려준다. 바로 '아는 것'이다. 자연법칙을 모르면서 그것을 활용할 수는 없다. 그게 왜 그런지, 어떻게 그런지는 아직 모른다 해도, 그것을 일관되게 활용하기 위해서는 적어도 패턴이라도 알아야 한다. 그 이후에 그것이 왜 그런지, 즉 법칙을 알면 인간은 그것을 활용할 수 있게 된다. 앎은 활용의 절대적 전제조건이다. 활용하기 위해서는 활용 이전에 알아야 한다. 지식 공부가 반드시 필요한 이유다.

주어진 것과 주어지지 않은 것을 구분하지 못한 상태, 즉 앎이 없는 상태에서 자기를 망가뜨리는 망상과 만용이 시작된다. 열역학의 법칙만 알아도 하지 않을 것을 아직도 하고 있다. 무한동력 같은 실험뿐만이 아니다. 지하철 환기구 바람으로 발전發電하는 장치에 투자가 이뤄질 뻔한 적도 있었다. '창의 시정' 우수 사례로 선정되기도 했다. 조금만 생각하면 벌어지지 않을 일이었다. 안전 문제까지 무시했다는 비판이 쇄도했고 결국 무산되었다.

자기에 관한 앎도 마찬가지다. 2부에서 말한 재능이다. 나는 주어지지 않은 재능을 주어진 재능이라고 착각하다 망가지는 경우를 많이 봤다. 혹은 주어지지 않은 것을 억지로 만들려고 하다가 사달이 나는 경우도 많다. 앞에서도 이야기했지만, 재능은 영어로 gifted, 즉 받은 것인데 이걸 만들 수 있는 것으로 착각해서 자녀를 몰아붙이다가 오히려 망가뜨리는 것이다. 대표적으로 '영재 교육' 같은 것이 그렇다. 한국의 많은 부모와 교육 제도는 수학 문제를 잘 푸는 학생에게 수학적 재능이 주어졌다고 생각한다. 학생 자신도 자기가 수학을 잘 다룰 줄 안다고 착각하다 영재고등학교 같은 곳에 가서 좌절하는 경우가 종종 있다. 재능이 있다는 것은 수학을 잘 다룰 줄 아는 것인데, 그저 주어진 문제를 잘 푸는 것을 다룰 줄 아는 것이라고 착각한다. 한국의 교육 제도는 학생의 착각을 부추긴다.

이처럼, 앎은 활용의 출발점이다. 안다는 것은 주어진 것과 주어지지 않은 것을 구분하고 주어진 것이 무엇인지 아는 것이다. 주어지지 않은 것은 그 어떤 경우에도 출발점이 될 수 없다. 출발점이 될 수 없는 것에서 시작한 일은 아무리 노력해도 사상누각이 될 뿐이다. 주어진 것과 주어지지 않은 것의 경계를 아는 것, 그게 바로 자기 한계를 아는 것이다. 한계를 아는 사람만이 무리수를 두지 않고 자기를 배려할 수 있다.

주어질 수 없는 것과 주어질 수 있는 것

주어진 것과 주어지지 않은 것을 구분하고 난 다음에 구분해야 하는 것이 또 하나 있다. 주어질 수 있는 것과 주어질 수 없는 것의 구분이다. 만일 우리가 주어진 것과 주어지지 않은 것만을 구분한다면, 사람의 삶에 성장이란 있을 수 없다. 다만 주어진 것에 만족하고 살아갈 뿐이다. 그러나 우리에게 주어지지 않은 것은, 결코 주어질 수 없는 것과 어떤 경우에는 주어질 수 있는 것으로 구분된다. 전자를 얻기 위해 노력하는 것은 어리석은 짓이지만 후자를 포기하는 것 역시 어리석다.

내가 아무리 노력해도 주어지지 않는 재능이 있다. 아무리 노력해도 가질 수 없는 재능을 가지려고 노력하거나 그 재능을 가진 사람을 질투하는 것은 자기를 망가뜨리는 지름길이다. 예를 들어 나는, 내가 노력한다고 해서 소설가 김애란의 아름답고 투명한 문체를 가질 수 있다고 생각하지 않는다. 그게 선천적으로 타고난 것인지 아니면 후천적 노력으로 얻을 수도 있는 것인지 모르겠지만, 적어도 나에게 주어진 것은 아니며, 주어질 수 있는 것도 아님은 분명하다.

노력도 안 해보고 어떻게 아느냐, 지레 포기한 것 아니냐고 말할 사람들이 있다. 바로 이 점에서 중요한 것이 5장에서도 말한 '충분히 시도해보는 것'이다. 내가 충분히, 원 없이 시도해보고 난 다음에는 알 수 있다. 이게 나에게 주어진 것인지, 혹은 주어질 수 있는 것인지를 말이다. 스스로 느끼기에 충분히 해보지 않았을 때, 사람은 더 욕심을 내고 자기에게 주어지지 않았다는 것을 부정하며 무리해서 그것을 가지고자 탐내다가 자신을 망가뜨리게 된다.

그러나 반대의 경우도 있다. 충분히 해보면서 자신에게 재능이 주어지지 않았다는 걸 알게 되기도 하지만 그 과정에서 다른 재능을 발견하기도 한다. 김애란과 같은 문체를 가질 수 없다고 해서 애초부터 좋을 글을 쓰려는 노력을 포기할 필요는 없다. 내가 아는 한 편집자는 글을 잘 쓰고 싶어 많은 노력을 했다. 아쉽게도 그 과정에서 자기가 좋은 글을 쓸 수 없다는 사실을 알았지만, 좋은 글을 잘 파악하고 방향을 제시할 수 있다는 걸 알게 되었다. 그래서 편집자의 길로 들어섰다.

《책 먹는 여우》와《책 먹는 여우와 이야기 도둑》이라는 동화책이 있다.《책 먹는 여우》는 책이 맛있어서 도서관 책까지 먹다가 감옥에 간 여우 이야기다. 여우는 먹을 책이 없어 굶주리다가 자기가 먹을 책을 스스로 써서 베스트셀러 작가가 되었다. 그 한참 후에 나온《책 먹는 여우와 이야기 도둑》은 글 쓰는 걸 좋아하는 생쥐가 좋은 글을 쓸 수 없어 고민하다 책 먹는 여우의 이야기를 훔치는 이야기다. 생쥐는 여우의 동정을 사 작가 수업을 받지만 작가의 재능은 없었고, 정작 이야기 도둑질에 대한 처벌로 도서관 자원봉사를 하다 도서관 일에서 재능을 발견한다. 중요한 것은 재능이 있는가 없는가가 아니라 자기를 발견하는 것이라는 점을 일깨워주는 이야기다.[60]

따라서 주어진 것이 아니고 주어질 수 없다는 것을 안다고 해서 실망하거나 좌절할 필요는 없다. 이때 중요한 것이 이 책에서 말하는 '전환의 역량'이다. 내가 김애란 같은 문장을 쓸 수 없으면 안 쓰면 된다. 대신 나에게는 그런 문장의 아름다움을 향유할 수 있는 힘이 있다. 내가 그 문장이 아름답다는 것을 아는 한, 이미 그 문장을 향유하고 있는 것이다. 그 사실에 충실하면 된다. 주어지지 않았고 주어질 수 없는 것을 가지려고 무리하지 않아도 된다. 이미 나에게 주어진 이 힘을 잘 활용하면 나는 아름다운 문장의 탁월한 향유자가 될 수 있다.

문학뿐 아니라 수학도 마찬가지다. 과거에 한 특수한 고등학교에서 있었던 일이다. 이 학교에서는 학생들에게 매우 어려운 수학 문제를 풀게 했다. 9시간 정도를 들여야 풀 수 있는 문제인데, 학생들은 대부분 끝까지 풀기를 포기하고 중간에 그만둔다. 그때 학생들은 자기에 관해 알게 된다. '내가 수학을 잘하고 좋아한다고 생각하며 살았지만, 이 정도까지 하고 싶지는 않다.' 자신에게 수학 원리의 근본을 찾아가는 게 기쁨인지, 그 정도까지는 아니고 활용하면서 사는 게 기쁨인지 스스로 알게 되는 것이다. 충분히 해보는 과정을 통해 자기를 알게 되는 사례다. 향유에 관해서는 다음 장에서 좀 더 살펴볼 것이다.

재능과 같이 개인에게 주어지지 않은 것이 아니라 사회적으로 주어지지 않은 것에 관해서는 이야기가 달라진다. 앞에서 말했듯이, 그것은 사회적 노력을 통해 주어질 수 있는 것으로 바뀐다. 재산이나 신분, 정체성에 따른 불공정하고 불평등한 자원의 배분과 인정의 문제 등이 그렇다. 이것은 주어질 수 있는데도 주어지지 않은 것이다. 따라서 이 문제를 고려하지 않고 그저 주어진 것과 주어지지 않은 것의 구분에만 머무른다면 우리는 사회적 부정의를 정당화하는 잘못을 저지르게 된다.

주어진 것을 활용할 수 없는 것으로 만드는 '사회'가 있다. 이런 경우 '사회적으로 주어진 것' 사이의 불평등 문제를 반드시 제기해야 한다. 예를 들어, 남성 중심적인 사회에서 남성인 것을 활용해 자신을 배려하는 것과 여성인 것을 활용해 자신을 배려하는 것 사이에는 현격한 차이가 있다. 전자는 활용할 수 있겠지만 후자는 활용이 아니라 부정의 대상인 경우가 많다. 이 차이를 인지하지 않고 그저 주어진 것을 활용하라는 말에만 머무른다면 매우 보수적이고 차별적인 이야기가 된다.

오히려 '사회적으로 주어진 것'에 우리가 물어야 하는 것은 바로 '활용의 불평등'이며 이 불평등을 시정하는 것이다. 이렇게 말할 수 있다. 사람은 누구나 자기를 배려하기 위해 자기에게 주어진 것을 활용하며 살아야 한다. 그런데 주어진 것에 불평등이 심해 활용할 것이 없는 사람들이 있다. 이때 필요한 것은 첫째, 이들에게 활용할 것이 공평하게 분배되는 것, 둘째, 이들이 가진 것을 활용할 수 있는 것으로 인정하는 것, 이 두 가지다.

따라서 좋은 사회란 주어질 수 있는데 주어지지 않은 것을 평등의 관점에서 적극적으로 보정하는 사회다. 좋은 사회란, 사회만 훌륭하고 그 사회에서 살아가는 시민들은 별 볼 일 없는 사회가 아니라 그 사회의 구성원 하나하나가 훌륭해지는 것을 공공선으로 삼는 사회이기 때문이다. 만일 신분이나 재산, 성별 등에 의해 불평등하게 주어지거나 주어지지 않은 것 때문에 누군가 훌륭해질 수 없다면, 그건 더 이상 훌륭한 사회일 수 없다. 한 개인이 아니라 구성원 전체로 볼 때 한 명 한 명이 훌륭해지는 것은 사회적인 공공선의 문제이지 개인의 역량 문제가 아니라는 점을 분명히 해야 한다. 물론 이런 공공선을 실현하기 위해서도, 그 출발점은 앎이다. 내가 누리는 것을 다른 이들도 모두 누리고 있는지 알아야 한다. 또한 내가, 혹은 다른 누군가가 누리지 못하는 것에 사회가 대는 이유가 타당한지 알아야 하는 것이다.

능수능란함, 자유의 다른 이름

앎은 활용의 전제다. 문제는, 안다고 해서 우리가 그것을 곧바로 활용할 수 있는 게 아니라는 점이다. 공부를 해본 사람은 안다. 안다고 생각했는데 막상 그걸 해보려고 하면 생각대로 안 된다는 것을 말이다. 건축을 배워 건축술을 안다고 해서 곧장 그걸 활용해 건물을 지을 수는 없다. 문법을 알고 그 문법을 활용하는 법을 안다고 해서 바로 펜이 술술 나가지 않는다. 오히려 법칙을 알고 나서 그것을 활용하려고 하는 순간, 인간은 곧 깨닫는다. 마음대로 되지 않는다는 것을 말이다. 이때 만나는 것이 '서투른 자기'다.

이 서투른 자기는, 알기는 하되 활용할 줄은 모르는 상태다. 요리를 예로 들어보자. 요리사가 재료의 특성과 조리 방법 등을 잘 알고 있다 하더라도 막상 가스레인지에 불을 켜고 그 앞에 웍을 들고 서는 순간 깨닫게 된다. 자기가 마음먹은 대로 웍이 돌아가지 않고 불이 다루어지지 않는다는 것을 말이다. 이때 그가 처하는 상태가 바로 '부자유'다. 자신이 전혀 자유롭지 않다는 사실을 절감하는 것이다.

이때 요리사는 소망하게 된다. 능수능란하게 도구를 다루고 싶다는 갈망이다. 이게 바로 자유다. 자신이 손에 들고 있는 조리 기구의 무게를 거스르고 이기는 게 자유가 아니다. 그 조리 기구의 무게를 이용해 불의 흐름을 타면서 능수능란하게 음식을 만드는 것이 자유다. 자유란 멋대로 하는 걸 의미하지 않는다. 자유란 내가 다루는 도구들의 결을 알고 흐름을 타면서 내 몸의 일부처럼 이질감 없이 능수능란하게 다루는 것이다.

노자나 장자는 이것을 '도道'라고 불렀다. 그들의 글은, 뻥이 아주 심하긴 하지만, 도구를 잘 다루는 것이 무엇인지 잘 말해준다. 그들이 예로 드는 것 중의 하나가 소 잡는 기술이다. 소를 잡을 때에도 도가 있다. 능수능란한 백정은 소를 잡을 때 소가 아픔을 느끼지 않게 한다. 그의 칼이 소의 살과 살 사이, 뼈와 뼈 사이를 파고들어 억지로 끊어내는 것이 없기 때문이다. 그래서 소는 자기가 죽는 줄도 모른 채 죽고 칼은 억지로 베어낸 것이 없기 때문에 전혀 상하지 않는다. 이 엄청난 뻥이, 능수능란함의 최고 경지인 '도'가 무엇인지를 말해준다. 소에게 고통을 주지 않고 자신의 기술을 목적에 맞게 잘 사용하는 것, 이것이 바로 선용이다.

미국의 인류학자인 리처드 세넷Richard Sennett은 이것을 "생각하는 손"[61]이라고 불렀다. 나는 배움의 목적에 관해 이보다 더 멋진 표현을 본 적이 없다. 배움은 머리-앎을 넘어 손-다룸으로 옮겨와야 한다. 그래야 비로소 자유로워질 수 있다. 배움이 사변적인 것이라면 익힘은 그 배움을 육화, 즉 물질로 만드는 과정이다. 육화되지 않는 배움은 쓸 수 없는, 그렇기에 쓸모없는 배움이다. 그렇기에 배움은 앎의 문제에서 다룸의 문제로 전환된다.

장인들을 보면 세넷이 왜 생각의 주체를 '손'이라고 불렀는지 알 수 있다. 그가 인용하듯이, 수술을 하고 있는 탁월한 외과의사를 생각해보자. 이들은 머리로 생각한 대로 움직이지 않는다. 만약 머리가 아는 대로만 움직인다면 예기치 못한 순간에 당황할 수밖에 없다. 손은 멈추고 실수를 하게 된다. 그러나 탁월한 외과의사는 자기가 예상한 것과 다른 상황을 마주칠 경우 손으로 판단한다. 손이 새로운 길을 우회하여 뚫거나 불가능해 보일 때 물러나는 것까지 판단한다. 이렇게 능수능란한 손이 바로 '생각하는 손'이며, 배움은 정확하게 이 손이 되는 것을 목적으로 한다.

도구를 능수능란하게 다루는 '생각하는 손'은 자유로운 손이다. 그 자유가 단지 자유자재와 동의어로서 능수능란함에 그치는 것은 아니다. 그보다 더 근원적인 자유가 있다. 인간은 자신의 육체에 갇힌 존재다. 이것이 인간이 가진 근원적인 한계다. 자신의 육체를 넘어설 수 없다는 것 말이다. 그러나 인간은 도구를 통해 자신의 육체라는 물리적 한계를 넘어선다. 그 도구를 자유자재로 다룸으로써 도구와 사람이 하나가 될 때, 그 사람은 인간의 근원적 한계를 넘어서는 존재가 된다. 인간의 근원적 한계에서 자유로운 존재가 되는 것이다.

내가 만나본 사람들 중에서 이 말을 가장 잘 알아듣고 고개를 끄덕인 이들은 요리사들이었다. 왜냐하면 그들은 자신이 구체적으로 다루고 있는 도구가 있고, 그 도구를 자유자재로 다루고 싶다는 강렬한 열망을 가지고 있으며, 또한 한두 번은 도구와 자신이 하나가 되는 쾌감을 누려봤기 때문이다. 그들은 하나같이 그때의 기쁨은 그 무엇과도 바꿀 수 없다고 말했다. 그리고 그것이 '자유'라고 말하니 다들 고개를 끄덕거렸다. 자유를 맛본 사람들이기에 자유가 무엇인지, 자유의 기쁨이 무엇인지를 안다.

반대로, 다룰 줄 아는 도구가 없는 사람은 이 말을 추상적이고 관념적으로 느낀다. 다룰 줄 아는 도구가 없기 때문에, 역설적으로 부자유를 구체적으로 느껴본 적이 없으며 부자유의 무게에 짓눌려본 적도 없다. 부자유가 추상적이기에 자유에 대한 갈망 역시 추상적이어서, 부자유로부터 자유로워지고 싶다는 강렬한 열망에 휩싸여본 적도 없다. 다룰 줄 아는 것이 없는 상태에서 꿈꾸는 자유는 그저 '내 맘대로 하고 싶다.'라는 공허한 바람에 불과하다. 활용이 없는 자유, 다룸이 없는 자유를 꿈꾸지만, 이런 자유는 불가능하다. 이런 자유를 꿈꾸는 한 그는 영원히 자유롭지 못하고 그저 불만 상태에 머무를 수밖에 없다.

나는 4장에서 '실제적인 공부'라는 이름으로 사람들이 방법에 관해 너무 쉽게 빨리 물으며, 그게 공부를 망친다고 말했다. 다룸의 관점에서 생각해보면 이 방법론에 관한 질문이 얼마나 쓸모없는 것인지 알 수 있다. 능수능란함의 방법론은 가르쳐줄 수 있는 것이 아니다. 손을 다루는 기본에 관해서 말할 수는 있지만 손의 힘을 조절하는 것은 자기가 해보면서 깨닫는 수밖에 없다. 다룸은 익힘의 문제다. 익힘을 통해 알아가는 과정이다. 따라서 익혀가는 경험 없이 다룰 줄 알게 되는 것은 불가능하다. 이런 점에서 '어떻게'라는 질문은 다룰 줄 아는 것이 없는 사람이 던지는 질문이다. 가장 구체적인 것을 묻는 듯하지만 사실은 가장 관념적이고 추상적인 것을 묻는 것에 불과하다.

이 익힘의 과정에서 꼭 필요한 존재가 스승이다. 스승이라고 방법에 관해 가르쳐줄 수는 없지만 제자가 익혀가는 과정을 관찰하면서 그가 주의해야 할 것과 좀 더 연마해야 할 것이 무엇인지를 알 수 있다. 어디서 쓸데없이 힘을 넣고 있는지, 언제는 좀 더 힘을 줘야 하는지를 가르쳐줄 수 있다. 보지 않고서는 가르쳐줄 수가 없는 것이 익힘의 과정이다. 그래서 지금 당장 방법론을 묻는 사람에게 해줄 수 있는 답은 단 하나다. 익힘의 과정을 함께할 수 있는 스승 혹은 그 익힘의 과정을 함께하고 있는 동료를 만나라는 것이다.

변용, 창조의 기쁨

이처럼, 알고 능수능란하게 다룰 수 있을 때 사람은 새로운 것을 만들어낸다. 먼저, 자연법칙과 관련한 자유를 보자. 인간은 자연법칙에 구속된 존재다. 물리학 법칙을 지키는 한에서 집을 지을 수 있었고, 천문학을 아는 한에서 항해를 할 수 있었다. 자연법칙으로부터 자유로울 수는 없다. 자연법칙으로부터 자유로움을 시도한 인간은 다 죽었다. 물리학의 법칙을 어기고 건축을 하던 이들은 다 돌에 깔려 죽었다. 천문학에 관한 지식 없이 여행을 떠난 이들도 다 죽었다. 자연법칙에 관한 한 인간이 마음대로 할 수 있다는 그 자유는, 자유가 아니라 망상이며 죽음일 뿐이었다.

그렇다면 인간은 자유로울 수 없는 존재일까? 아니다. 인간은 다른 자유를 꿈꿀 수 있었다. 법칙에 종속된 존재라서 오로지 법칙에 따라 살아야만 하는 것은 아니었다. 법칙은 지키되 그 법칙을 활용할 수 있는 것이다. 여기에서 자유는 전혀 다른 의미를 가진다. 내가 법칙을 얼마나 능수능란하게 활용할 수 있는지가 자유의 척도가 된다. 법칙을 어기고 마음대로 하는 것이 아니라 법칙을 알고 다룸으로써 그는 법칙에 매인 노예가 아니라 자기만의 스타일을 만들어내는 자유로운 존재[62]가 되는 것이다.

이를 잘 보여주는 것이 이 장을 시작하며 예로 든 건축이다. 다시 말하지만, 자연의 법칙을 어기면서 건축을 할 수는 없다. 그렇기에 물리학과 기하학을 잘 알아야 한다. 그러나 자연법칙에 종속되었다는 것이 그 안에서 하나의 삶의 방식, 하나의 건축만이 가능하다는 것을 의미하지는 않는다. 오히려 인간은 물리학의 법칙을 활용하고 응용해 수많은 건축 양식을 만들었다. 건물을 떠받치는 기술만 보더라도 기둥을 이용하는 법, 두터운 벽체를 이용하는 법, 돔을 쌓아 올리는 법 등 수많은 양식이 있다. 이 양식은 주어진 것이 아니라 주어진 법칙으로부터 인간이 창조한 것이다.

요리도 마찬가지다. 요리사의 꿈은 자기만의 스타일이 있는 음식을 만드는 것이다. 자기 마음에 든다고 아무것이나 섞어서는 요리가 되지 않는다. 요리는 재료를 알고 재료 간의 연합작용에 관해 알아야 가능하다. 이걸 모르면서 자기만의 스타일이 있는 음식을 만들어내는 것은 불가능하다. 그런 걸 모르는 상태에서 요행수로 어떻게 지금까지 존재하지 않던 음식을 만들었다 하더라도, 그 음식을 다시 만들기 위해서는 한 재료와 다른 재료가 어떤 비율로 조합되어 어떤 연합을 이끌어냈는지를 다시 찾아내야 한다. 이처럼 앎은 '다룸'과 다룸의 '일관성'을 위해 필수적이다.

자연법칙이 아닌 경우에도 마찬가지다. 자연의 경우와 달리 사회생활이나 예술의 경우, 사람은 법칙을 지키고 활용하는 것을 넘어, 법칙을 위반하면서 새로운 것을 탄생시키기도 한다. 대표적인 것이 문학이다. 문학이 문법을 활용하는 방식은 지키기만 하는 것이 아니라 어기기도 하는 것이다. 문법은 말을 주고받으며 그 의미를 제대로 전달하기 위한 법칙이다. 그러나 이 법칙대로만 말해야 하는 것이 아니다. 법칙을 어기는 것을 통해 지금까지 존재하지 않던 새로운 언어와 말하기 방법을 만들어내기도 한다. 그러나 이렇게 위반을 통해 새로운 말과 말하기 방법을 창조하기 위해서도 문법을 알아야 한다. 내가 어기려고 하는 문법이 무엇인지 알고 있어야만 그것을 어김으로써 어떤 효과를 볼 수 있는지 알 수 있다. 요리와 마찬가지로, 어쩌다 어김을 통해 새로운 효과를 보았다 하더라도 그것을 반복해서 생산하기 위해서는 무엇을 어겼는지 알아야 하는 것이다. 이처럼, 새로운 탄생은 요행수로 걸린다 하더라도 철저하게 앎을 통해서만 반복적으로 재생될 수 있다. 자유의 기예이자 토대로서의 앎의 중요성은 아무리 강조해도 지나치지 않다.

이것은 다른 차원에서도 확인할 수 있다. 명품을 휘감아도 전혀 멋스럽지 않은 사람이 있다. 반면, 벼룩시장에서 산 옷만 걸쳐도 멋진 사람이 있다. 그 사람은 자기 체형의 장단점을 잘 알고 옷감의 재질과 색감 등을 능수능란하게 조합해서 자기만의 스타일을 만들어낸 것이다. 자기만의 스타일이 있기 때문에 그의 옷차림은 다른 어디에도 존재하지 않는 그 사람만의 작품이 된다. 이 작품을 만들어낸 사람은 다른 사람을 매혹한다. 나도 그런 사람이 되고 싶다는 욕망을 불러일으킨다.

'생각하는 손'이 매혹적이며 아름다운 이유는 이 자유가 새로운 양식을 만들기 때문이다. 푸코는《주체의 해석학》에서 자유란 법칙을 어기는 것이 아니라 활용하여 새로운 양식을 만드는 것이라고 했다.[63] 법칙이 '주어진 것'이라면, 자유는 주어진 것의 바깥으로 탈출하는 게 아니라 그 주어진 것을 '능수능란'하게 활용하여

'걸림'과 '거침' 없이 새로운 스타일을 만들어내는 것이다. 그것은 새로운 양식이 된다. 이런 활용을 변용이라고 할 수 있을 것이다. 주어진 것을 활용하고 목적에 맞게 잘 사용하는 것을 넘어, 변화를 주어 새로운 것을 창조하기 때문이다.

사람을 배움의 길로 이끄는 것이 이 자유다. 자유로운 손을 만날 때 사람들은 매혹된다. 자유가 그저 기술의 문제가 아니라 예술의 문제인 이유가 여기에 있다. 그래서 기술이라고 하지 않고 기예技藝라고 부른다. 이렇게 자유로운 손을 만나 매혹되었을 때, 사람들은 '나도 저렇게 되고 싶다'고 생각한다. 이 욕망은 성공에 대한 욕망이 아니라 예술적 완성에 대한 욕망이다. 이런 매혹 없이 사람이 공부의 길로 들어서기란 불가능하다.

안타깝게도 우리는 자유를 성공으로 전도시킨 사회에서 살아간다. 한계를 인정하고 자기를 배려하며 자유를 추구해야 한다고 말하면 사람들이 꼭 묻는다. 한계를 인정하면 자기 꿈과 이상을 포기해야 하느냐고 말이다. 꿈이 뭐냐고 물으면 요리사와 같이 어떤 일을 하는 사람을 든다. 그러면 동네 중국집 요리사가 되는 것도 요리사이니 꿈을 이루는 것 아니겠냐고 말하면, 그건 아니라고 한다. 동네 중국집 요리사도 자기만의 스타일이 있는 자장면을 만드는데 그건 왜 아니냐고 물으면, 성공한 삶이 아니라서 그렇다고 답한다. 7성급 호텔 요리사는 아니더라도 '어느 정도'는 해야 한다. 꿈과 이상이라고 말하지만 그 실체는 사실 '성공'이다. 자유에 대한 매혹이 아니라 성공에 대한 매혹일 때 그건 자기를 파괴하는 지름길이 된다.

다룸, 익힘을 통한 기예

　　매혹은 또한 자유로워지는 과정을 견디게 한다. 자유로워지려면 능수능란해져야 하고, 능수능란해지려면 익혀야 하기 때문이다. 익힘의 과정은 고단하고 지루하다. 같은 일을 반복해야 하고, 그 반복에서는 새로운 것을 만드는 기쁨을 누리기 힘들다. 창조를 기대할 수 없다. 그렇기 때문에 변용을 통해 새로운 것을 만들어내는, 생각하는 손의 능수능란함에 대한 매혹 없이는 이런 익힘의 과정을 견딜 수 없다. 배움은 미적 매혹에서 시작하고, 이 매혹이 배움을 견디게 한다.

　아는 것만으로는 자유로울 수 없다. 아는 것을 다룰 수 있게 될 때 사람은 자유로워진다. 동서고금을 막론하고 공부에서 익힘을 강조하는 이유다. 배움에 이어 익힘이 있지 않으면 사람은 절대 자유로워지지 않는다. 공자가 말했듯이, 배우고 때때로 익힐 때만이 배운 것을 내가 다룰 수 있는 것으로 만들 수 있다.

　내가 뭔가를 다룰 수 있을 때 비로소 나는 자유로워진다. 또한 지금까지 없던 새로운 양식을 만들어낼 수 있다. 창조가 시작되는 것이다. 창조의 기쁨. 이것이 자유가 제공하는 가장 큰 기쁨이다. 누군가 왜 공부를 해야 하는지 묻는다면 답은 간단하다. 기쁘기 위해서다. 슬프기 위해 공부하는 이는 없다. 공부하는 자만이 법칙을 알 수 있고 법칙을 아는 자만이 그것을 활용해 새로운 것을 탄생시킬 수 있다. 새로운 것의 끊임없는 탄생을 통해 인간은 영속할 수 있게 된다. 탄생이 없는 사회는 죽어가는 사회이며 곧 멸망할 사회다. 반면 탄생이 있는 사회는 영속하며, 그 안에서 인간은 자신에게 주어진 근원적인 한계인 죽음을 넘어설 수 있다.

이런 점에서, 법칙은 변용을 통해 수많은 '새로운 것'을 창조할 수 있는 원천이다. 법칙은 사람을 구속하고 웅크리게 하는 숙명이 아니다. 법칙은 인간이 만든 것이 아니지만, 인간은 변용을 통해 새로운 것을 탄생시키는 창조자가 될 수 있다. 새로운 것이 하나 창조될 때마다 사람은 기쁨을 누린다. 인간은 새로운 것의 탄생과 더불어 지금까지와는 다른 것이 가능하다는, 가능성을 보게 된다. 다른 것의 가능성이 인간에게는 희망이다. 희망이 있을 때 인간은 지치지 않고 끊임없이 새로운 것을 시도한다.

창조는 앎의 문제에서 다룸의 문제로 공부의 초점을 이동시킨다. 아는 데 그치는 것이 아니라 다룰 수 있을 때, 그것도 능수능란하게 다룰 수 있을 때 새로운 양식을 창조할 수 있기 때문이다. 이 다룸이 바로 그 사람의 탁월함의 척도가 된다. 탁월함의 척도가 전환되는 것이다. 5장에서 말한 것처럼, 탁월함은 내가 물속에서 숨을 얼마나 오래 참을 수 있느냐가 아니라 나에게 주어진 숨의 길이를 얼마나 잘 활용하고 다룰 수 있느냐의 문제다.

이런 관점에서 보면 한국의 교육이 가진 문제가 보다 선명하게 드러난다. 배우는 것은 많은데 다룰 수 있는 것이 없다. 배우기만 할 뿐 익히는 과정이 생략되어 있기 때문이다. 익히는 것이라고는 문제 풀이밖에 없다. 주어진 문제만 풀 줄 알지 그 문제를 다룰 줄 아는 사람은 만들어지지 않는다. 수업 시간에 상투적으로 하는 말도 "여러분 아시겠지요?"다. 묻는 것처럼 보이지만 질문이 아니다. 학생들 역시 상투적으로 "예."라고 대답하고 다음으로 넘어간다. 익힘이 없이, 배움에서 그다음 배움으로 넘어가는 것이다.

그 결과, 우리는 교육을 통해 체계적으로 무능력자를 양산하고 있다. 다시 강조하지만, 배운 것은 많은데 다룰 줄 아는 게 하나도 없다. 한 법대 교수는 학생들이 그 많은 법 공부를 하고 난 다음에도 전세계약서나 노동계약서 한 장을 쓸 줄 모른다고 말했다. 나 또한 학생들에게 질적 방법론을 강의하지만, 제대로 인터뷰하는 학생을 본 적이 거의 없다. 시험을 치면 무슨무슨 면접법에 무슨무슨 조사법은 기가 막히게 알고 있는데, 그걸 익히고 현장에서 활용해 의미 있는 인터뷰를 해오는 경우는 거의 없다.

정답만 외우는 공부를 하다 보니 익힘의 과정이 없어지고, 익히는 게 없다 보니 할 줄 아는 게 없는 무능한 상태가 되는 것이다. 참혹한 것은, 이렇게 익힘이 생략된 채 배우는 것만 많은 상태가

10년 넘게 이어진 결과, 익힘의 과정을 견디지 못하는 학생이 속출하고 있다는 점이다. 내가 가르치고 있는 현장연구 수업에서도 그런 모습이 보인다. 현장에서 사람을 만나는 것을 익힘의 과정으로 생각하지 않고 기대만큼 빨리 결과가 나오지 않으니 견디지 못하고 초조해하다 그만두는 학생도 있다. 익힘의 과정을 지루하고 힘들고 고통스럽거나 귀찮은 것으로 여긴다.

그 결과, 이렇게 익힘의 과정 없이 배우기만 한 존재는 자기 한계를 알지 못하고 만능감에 빠진다. 머릿속으로는 저 산도 옮길 수 있고 지금이라도 당장 기발한 아이디어로 뭐든 할 수 있다고 생각하는 만능감이다. 사실 익힘이란 이 만능감이 깨지는 과정이다. 익힘이 가진 육화라는 물질성이 관념의 만능감을 깨뜨리고 자기 자신이 자유롭지 못한 상태임을 깨닫게 해 자유를 향한 '연마'의 과정으로 이끈다.

그러나 익힘의 과정이 부재하므로 자기가 자유롭지 못한 상태라는 사실을 알 도리가 없어진다. 대신 자기가 자유롭지 못한 것은 오로지 외부의 문제 때문이라고 생각한다. 외부의 문제만 해결되면 자기는 자유롭게 뭐든지 할 수 있을 것이라는 착각에 빠져 헤어나지 못한다. 기예의 문제를 조건의 문제로 돌려버리는 것이다. 그러니 배움을 넘어 익힘을 통해서만 연마되는 기예가 늘 리 없다. 나는 이것이 지금 한국 교육이 처한 가장 큰 위기 중 하나라고 생각한다.

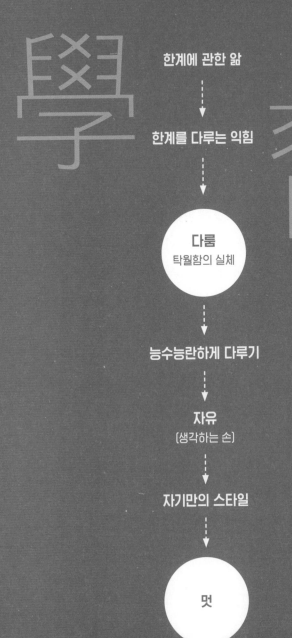

| 능수능란함과 자유 |

學 習

한계에 관한 앎

↓

한계를 다루는 익힘

↓

다룸
탁월함의 실체

↓

능수능란하게 다루기

↓

자유
(생각하는 손)

↓

자기만의 스타일

↓

멋

익힘, 배움의 기술에 관한 배움

여기서 우리가 다시 짚어야 하는 것이 있다. 익힘의 과정이 즐거울 수 있는가 하는 문제다. 사실 익힘의 과정은 지루하다. 내가 뭔가를 익힐 때도 그랬다. 익히려고 할 때마다 좌절하게 된다. 익히는 과정에서 사람이 경험하는 것은 부자유다. 이 부자유의 경험이 기쁨을 주기보다 좌절감을 갖게 하는 것은 당연하다. 그렇기에 익힘의 과정은 그 자체로 지루하고 고통스러울 수밖에 없다. 익힘의 과정에서 탈락하는 사람이 나오는 것은 어쩌면 당연한 일인지 모른다.

익힘의 시작 단계에서 이 지루함을 견디게 하는 것은 매혹이다. 그러나 매혹의 힘이 끝까지 가는 경우는 별로 많지 않다. 익힘을 지속하기 위해서는 익히는 과정에서 또 한 번의 전환이 필요하다. 그것은 익힘의 결과에서 과정으로의 전환이다. 결과보다 과정이 중요하다는 진부한 이야기가 아니다. 익힘의 과정에서 자신에게 어떤 변화가 일어나고 있으며 어떤 기량이 생기는지 알기 위해 다시 한 번 자기에게 집중해야 한다는 것이다.

무언가를 익힐 때, 많은 경우 우리는 익힘 자체에 집중하지 못하고 익힘의 결과에 집중한다. 그러다 보니 익힘의 과정에서 배우고 익히게 되는 차원이 하나 더 있다는 것을 알지 못하고 넘어간다. 익힘 자체의 기예가 향상되는 것 말이다. 2부 마지막에서 나는 자기에 집중해서 자신이 배울 때 어떤 기술과 방식을 사용하는지 관찰하고 파악해야 한다고 말했다. 익히는 과정에서도 마찬가지다. A라는 기술을 익힐 때, 그 과정에서 A의 기술뿐만 아니라 배움과 익힘의 기술도 같이 향상된다. 그러나 A라는 기술의 결과에만 집중하면 내가 익히고 있는 배움 자체의 기술, 익힘 자체의 기예는 간과하고 보지 못한다. 그래서 익힘의 과정에서 배움의 기쁨을 느끼지 못하는 경우가 많다.

익힘의 과정에 있는 이는 익힘의 결과에 넋을 놓지 말고 익힘의 과정에 있는 자기 자신에게 집중해야 한다. 익히고 있는 자기 자신에게 집중할 때, 내 몸에 익혀지는 것이 무엇인지 발견할 수 있다. 무엇보다, 익힘의 기예에서 가장 중요한 '견디는 힘'이 생긴다. 그중에서 가장 중요한 것은 '지루함'을 견디는 힘이다. 배우는 과정에서 필연적으로 생겨날 수밖에 없는 지루함을 견디는 힘이 있어야, 우리는 익힘을 통해 능수능란함에 도달할 수 있다. 지루함을 견디는 힘 없이 도달할 수 있는 기예는 없다고 해도 과언이 아니다.

물론 여기서 절대 간과해서는 안 되는 것이 있다. 우리는 이 견디는 과정에서 다시 자기 한계를 생각해야 한다. 아무리 지루함을 견디는 것이 중요하고 그것을 통해 배움이 다음 단계에 이른다고 해도, 견딜 수 없는 지점, 견뎌서는 안 되는 지점에 도달했을 때는 견딜 수 없다는 것을 명확히 해야 한다. 무작정 견디는 것은 우매

한 짓이다. 다시 강조하지만, 배움의 중요한 목적은 자기 한계를 아는 것이고 그 한계를 아는 사람만이 자기를 돌볼 수 있다.

나아가, 무작정 견디라고 요구하는 것은 폭력이고 착취다. 특히 지금처럼 배움을 미끼로 사람을 착취하는 사회에서는 이것이 매우 중요하다. 많은 회사나 기관이 배우고 익히게 한다는 핑계로 사람이 견딜 수 없는 모욕과 무시, 그리고 착취를 일삼고 있다. 이에 대해서는 반드시 아니라고 말할 수 있어야 한다. 그것이 바로 자기에 대한 배려다. 자기 배려가 없는 견딤은 자기계발과 같이 기만적인 자기 착취에 불과하다. 우리는 이런 이데올로기에 의해 이미 충분히 착취당했다.

자기에게 집중할 때 사람은 익힘의 지루한 과정에서도 배움의 기쁨을 느낄 수 있다. 자신의 역량이 증강하기 때문이다. 또한, 자신의 배우고 익히는 법 자체의 특질을 발견하는 것을 비롯해 자기에 관한 앎에 도달하고, 그 앎으로부터 (다음의 앎을) 좀 더 수월한 것으로 만들거나 불가능한 것에서는 물러나는 등 배움과 익힘의 기예 자체를 키울 수 있다. 이것은 내가 지금 배우고 있는 기술의 결과에만 집중하면 결코 보이지 않는 배움의 기술이다.

이 배움의 기술 역시 머리가 아니라 몸의 문제다. 듀이는 이것을 습관이라고 말했다. 배움을 통해 가져야 하는 가장 중요한 것이 바로 '배우는 습관'을 가지는 것이다. 배우는 습관이 생긴 사람만이 계속 배움을 이어나갈 수 있다. 이렇게 배움을 이어나가는 사람이 지속적인 성장을 도모할 수 있는 사람이다. 이게 익힘의 과정에서도 우리가 결과가 아닌 자기 자신에게 집중해야 하는 이유다.

　이 배움과 익힘 자체의 기예는 앞으로 더 중요해질 것이다. 자본주의자들이 가끔 진실을 이야기할 때가 있다. 그들은 이 시대를 살아가는 사람에게 중요한 것은 배운 자가 아니라 배우는 자가 되는 것이라고 말한다.[64] 즉, 어떤 내용을 배우는 것만큼이나 그 배움을 통해 배움과 익힘 자체의 기예를 가지는 것이 중요하다는 말이다. 특히 지금처럼 한 사람이 자기 생애에서 적어도 두세 번은 완전히 새로운 것을 배우며 삶을 전환해야 하는 시대에는 배운 자가 아니라 배우는 자, 아니 배울 줄 아는 자가 되는 것이 중요하다. 배울 줄 아는 자가 배움의 기쁨을 지속할 수 있다.

03_9

공부, 지적 쾌감과 향유의 기쁨

享有

    8장에서 나는, 공부의 목적이 무엇인가를 능수능란하고 자유롭게 다룰 수 있는 손을 갖는 것이라고 말했다. 그런 손, 세넷이 말한 '생각하는 손'을 볼 때 우리는 경탄한다. 무엇보다 놀랍다. 저렇게 자유자재로 도구를 다룰 수 있으리라고 생각해본 적이 없기 때문이다. 내가 그 전에 생각하던 것 이상이기 때문에 우선 놀라고, 탄성을 지르게 된다. 그래서 경탄이다.

    능수능란하게 수술하는 손, 게임을 하면서 마우스와 키보드를 자유자재로 다루는 손, 이런 손을 보면 매혹되지 않을 수 없다. 자유자재로 무언가를 다루는 손은 멋지다. 기대한 것을 넘어서기 때문에 놀라움을 넘어 멋진/아름다운 것이다. 더구나 그 능수능란한 손이 지금까지 없던 새로운 것을 선보인다. 그래서 다시 사람을 놀라게 한다. 바로 이런 점에서 자유는 멋짐 혹은 아름다움, 즉 미학의 영역에 속한다. 자유는 우리를 미적으로 매혹한다.

이처럼 능수능란함은 그저 기술이 아니라 예술의 영역이 된다. 뛰어난 기술을 가진 사람에게 우리가 경탄하는 이유는 그의 기술 자체가 아니라 그 놀라운 기술이 보여주는 '멋짐' 때문이다. 사람의 배를 쩨고 장기를 잘라 피가 흐르는 '징그러운' 수술 장면이라 하더라도, 그 기술이 보여주는 아름다움이 징그러움을 압도하며 보는 이를 매혹한다.

글을 쓰는 이는 아름다운 문체를 보면 반한다. 이론을 공부하는 이는 논리정연한 이론을 보면 반한다. 기계를 만지는 이는 빈틈없이 체계적으로 돌아가는 정교한 메커니즘을 보면 반한다. 컴퓨터를 만지는 이들은 아무리 낡은 컴퓨터라도 그것을 다루는 사람이 군더더기 없이 최적화해놓은 것을 보면 반한다. 대충 옷을 걸친 것 같은데도 재질과 색, 디자인이 조화를 이루며 하나의 멋진 스타일을 연출할 때 사람들은 그 아름다움에 경탄하며 반한다. 그러나 멋짐/아름다움은 그 기술에 관해 잘 아는 전문가뿐만 아니라 비전문가도 매혹한다.

그래서 '생각하는 손'은 기술이 아니라 기예다. 예술적이지 않은 기술은 소모적으로 쓰이고 사라진다. 반면, 기술적이지 않은 예술은 다른 이가 배울 수 없는 우연의 산물인 경우가 많다. 우리는 기술을 배우되 항상 그 기술을 넘어 예술이 되기를 원한다. 그것이 바로 우리가 공부를 통해 향상시키고자 하는 기예다.

경탄, 배움의 출발점

우리를 매혹하는 것은 이런 '작품'이다. 어떤 멋진 작품을 만났을 때 우리는 경탄한다. 그것이 예술 작품이든 자연 작품이든 말이다. 다른 말로 하면, 우리는 멋진 예술과 자연을 하나의 작품으로 대한다. 그저 아름답다, 멋지다고 느끼는 데 그치는 게 아니라 그것을 '작품'으로 생각할 때, 우리는 작품 너머에 있는 기예를 고민하게 된다. 사람의 기예가 아니더라도 도대체 무엇이, 어떤 과정으로 이런 멋진 것을 만들어냈는지 궁금하고 알고 싶다. 그러므로 사람을 공부로 이끄는 것은 멋진 대상을 넘어, 그것을 만들어낸 기예다. 이 기예에 눈이 가야 사람은 순간적인 경탄을 넘어 기예에 관한 호기심을 가지게 된다.

이처럼 경탄은 기예에 호기심을 가지게 하는 출발점이다. 경탄할 만한 대상과의 만남이 선행하고서야 그 대상을 작품으로 만드는 기예에 관한 호기심이 생긴다. 그렇기 때문에 공부를 시작하게 하는 첫걸음은 바로 경탄이다. 사람은 자기를 경탄시키지 않는 대상에 주목하지 않는다. 그리고 한 번 주목한다 해도 그 경탄과 매혹이 강렬하지 않으면 그 주목은 지속되지 않는다. 주목을 지속시킬 만큼 강력한 경탄을 일으키는 대상과 만나지 않는 한 배움은 일어나지 않는다.

따라서 먼저 경탄에 관해 알 필요가 있다. 우리는 어떤 것에 경탄하는가? 그리고 경탄은 왜 배움에 대한 열망을 일으키는가? 이에 관한 좋은 사례가 있다. 내가 피렌체에서 만난, 미학을 공부하던 여성의 이야기다. 나는 이 사례를 이전에 쓴 책 《우리가 잘못 산 게 아니었어》에서 언급했지만, 구태여 다른 사례를 가져오기보다 여기서 '재활용'하겠다.

내가 피렌체에 도착했을 때 그녀는 다비드 상 앞에서 넋을 놓고 있었다. 나 또한 내 기대를 뛰어넘는 그 아름다움에 경탄해 한참이나 그 앞에 서 있었다. 보통 관광객들이 다비드 상을 보고는 "와!" 하고 한번 감탄하고 그 앞에서 사진을 찍고 사라지는 데 반해 내가 30분 이상을 천천히 돌아보고 있는 것이 신기했던 모양인지, 이분이 나에게 다가와 말을 걸었다. "대단하지 않습니까?" "네, 정말 대단하네요."

그리고 그녀와 함께 하루 종일 이야기를 나눴다. 그녀는 유럽 여행의 다른 일정을 다 그만두고 피렌체에 머무르고 있었다. 오직 다비드 상 하나 때문이었다. 나를 만난 때가 그렇게 머문 지 사흘째라고 했다. 아침에 박물관 문이 열리면 다비드 상 앞에 와서 하루 종일 쳐다보고 있다가 저녁에 문이 닫히면 돌아간다고 했다. 원래는 하루만 머물고 베네치아로 떠날 생각이었는데, 다비드 상에 완전히 매혹되어서 떠날 수가 없다는 것이다. 그리고 언제 떠날지 아직도 모르겠다고 말했다.

그녀가 다비드 상을 떠나지 못하는 이유는, 그 전까지는 한 번도 남자의 몸이 아름다울 수 있다고 생각하지 못했기 때문이라고 했다. 바티칸에서 토르소를 보면서도 흔들리긴 했지만 다비드 상이 처음이자 가장 강력한 충격이라고 했다. 남성의 몸이 이렇게 아름다울 수 있다는 것을 아는 순간 충격을 받았고, 그 충격에서 헤어날 수가 없다는 것이다.

나는 이분의 이야기가 아름다운 '작품'을 넘어 아름다움의 '기예'에 관해, 그리고 기예를 넘어 아름다움 '그 자체'에 매혹되는 경탄의 실체가 무엇인지 말해준다고 생각한다. 이분이 다비드 상 앞에서 느낀 감정은 경악이다. 탄복하기 이전에 너무 놀라서 "악!" 하는 소리만 내고 말문이 막혀 그 앞을 떠나지 못할 정도로 이분의 몸과 마음 모두를 얼어붙게 한 이것은 '경악'이다. 아름답지만 상상해보지 못한 아름다움인지라 징그러움과 위협감까지 느낄 정도였을 것이다.

너무 아름다워 위협감을 느끼게 하는 이 감정은 유쾌하지 않다. 미학에서 이야기하는 바로는 '숭고미'에 가깝다. 칸트는 인간의 미적 체험을 숭고미와 아름다움으로 나눈다. 아름다움은 사람이 질서정연한 것을 보았을 때 나오는 쾌快의 감정이다. 쾌락의 쾌다. 즐거운 감정이다. 반면 '단적으로 큰 것'을 만났을 때 느끼는 것이 경악이다. 내가 이전에 경험하고 상상했던 것보다 훨씬 더 큰 것을 만나면 사람은 경악하게 된다. 이 경악은 쾌가 아니라 불쾌의 감정이다.

피렌체의 다비드 상 앞에 섰을 때 이분이 느낀 것이 바로 이런 숭고미로서 경악이다. 이분은 미학을 전공했는데, 자기가 이전에 아름다움을 설명하던 말들이 다 쓸모가 없어졌다고 했다. 이제 아름다움이 무엇인지 어떻게 설명해야 할지 몰라서 괴롭다고 했다. 다비드 상을 볼 때마다 저절로 경탄이 나오는데 그 경탄이 즐거움이 아니라 괴로움이라는 것이다. 그러나 그 괴로움은 그저 괴롭기만 한 것이 아니라 지금까지 상상하지 못한 것을 만났다는 흥분에 넘치는 괴로움이었다. 칸트가 말하는 숭고미라고 볼 수 있다.

경탄 중에서도 이런 경악이 가장 강렬한 체험이며, 사람을 공부의 길로 이끄는 경탄이다. 공부라는 게 뭔가? 왜 그런지 이해하려고 하는 것이다. 사람이 어떤 대상을 보고 경악하는 것은 그걸 이해할 수 없기 때문이다. 그 전까지 내가 가지고 있던 지식이나 말로는 설명이 되지 않는다. 미학을 전공한 사람이지만, 자기가 이전에 아름다움을 설명하던 말로는 다비드 상의 아름다움이 설명되지 않는다. 그렇기 때문에 이분은 다비드 상 앞에서 경악한 것이다. 경악은 내가 모르는 것, 절대적으로 모르는 것과 만나는 경험이다.

지식의 쾌감: 분별의 힘

한 번도 만나거나 생각해본 적 없는 것, 따라서 절대적으로 모르는 것이 나를 매혹한다. 불쾌하지만 아름답기 때문이다. 그래서 사람은 그것을 이해하고 싶어진다. 질문이 생겨난다. 저건 왜 아름다운가? 저 아름다움을 어떻게 설명해야 하는가? 무엇이 저것을 아름답게 하는가? 더 나아가 아름다움이란 무엇인가? 나를 혼란에 빠뜨린 저것을 알고 싶어하는 것, 그것이 질문으로 나타난다. 경탄이 배움의 문을 여는 까닭이 여기에 있다. 질문을 던지게 하는 것이다. 다른 말로 하면, 나를 경탄시키는 것이 없다면 나는 결코 질문하지 않는다.

나는 경탄을 통해 공부의 길로 접어든 몇몇 청소년을 알고 있다. 그중 한 명은 그리 공부를 잘하거나 열심히 하던 친구가 아니었다. 사실 약간 말썽을 부려서 부모가 속앓이를 하던 친구다. 그 친구를 데리고 아버지가 비박 캠핑을 같이 갔다. 아버지는 친구 관계에서 마찰이 있던 아들과 그저 산에서 이야기를 나누고 싶어 했을 뿐이다. 그런데 밤이 되고 아들은 밤하늘에 떠 있는 별을 봤다. 그리고 소리를 질렀다. "와!"

이 '와!'가 경탄이다. 이때의 경탄은 불쾌하거나 위협적이지 않다. 생각해본 적도 없는 것이어서 놀랍긴 하지만 위협적이지는 않다. 왜냐하면 이 학생에게는 그에 관련된 '선先'지식이 없었기 때문이다. 피렌체의 미학자는 다비드 상 앞에서 자신의 미적 언어가 위협받는 걸 느꼈다. 그러나 도시에서 나고 자란 이 학생에게 그날의 밤하늘은 난생처음 보는 장관이었다. 밤하늘의 별을 본 것에 선행하는 지식과 경험이 없기 때문에 위협감이나 불쾌감을 느끼지 않고 그저 감탄할 수 있었다.

이 청소년의 경탄은 밤하늘의 경이로움으로부터 곧바로 온 것이다. 밤하늘의 별은 전적으로 새로운 것이기 때문이다. 경악이나 경탄의 실체는 바로 이 경이驚異다.* 전적으로 이질적인 경험이다. 그것은 한 번도 만나보지 못했다는 의미에서 알지 못하던 존재, '타자'이다. 이 학생은 자기를 매혹하는 타자를 밤하늘에서 만난 것이다. 그리고 자신을 매혹한 그 타자를 이해하고 싶어졌기에 아버지에게 질문을 했다. "저게 뭐예요?"

---

* 이 책에서 나는 경탄과 경악, 그리고 경이를 구분해서 사용하지만, 이 셋의 공통점은 말을 잊을 정도로 놀라는 것이다. 아렌트는 소크라테스를 인용해 철학이 바로 이 경이를 통해 시작되고 말 없음으로 끝난다고 말하는데, 이 둘은 사실 같은 것이다. 따라서 경이는 '의견의 형성'이 아니라 '파토스'다. 이 파토스를 겪은 사람의 마음은 "이제 나는 모른다는 것이 무엇을 의미하는지를 안다." 그는 "다수는 경이라는 파토스에 대해 아무것도 모르는 것이 아니라 오히려 그것을 겪기를 거부한다."65라고 말한다. 아렌트는 이런 경이가 의견과 반대되는 위치에 있다며, 이런 태도가 가진 위험함에 관해 이어서 이야기하며 "인간의 복수성을 경이의 대상으로 만들어야 할 것"66이라고 말한다. 자세한 것은 그의 책 《정치의 약속》을 읽어보라.

아버지는 별자리를 잘 아는 사람은 아니었지만 아들의 질문에 자기가 아는 몇몇 별자리의 이름을 알려줬다. 그는 그저 많은 별, 밤하늘에 흩뿌려져 있는 압도적으로 많은 별에 제각기 이름이 있다는 게 신기했다. 그리고 무질서하게만 보이는 별들이 질서정연하게 움직인다는 말에 경탄했다. 그 질서에 관해 더 알고 싶어졌다. 별들이 그저 무질서하게 뿌려져 있기만 하다면 경탄으로 끝났겠지만, 그 이면에 질서가 있다는 걸 알게 되자 그 질서를 알고 싶어진 것이다.

나를 경악시킨 '무질서'의 뒷면에 이름이 있고 질서가 있다는 것, 이것이 미적인 매혹을 지적인 과정으로 이끈다. 공부를 통해 분별하고 싶어지는 것이다. 이름이 있다는 것은 분별의 결과다. 분별할 수 있기 때문에 각각에 이름을 붙일 수 있다. 거꾸로 이야기하면, 이 학생이 별들에게 이름이 있다는 것을 알았을 때, 그것이 그저 많기만 한 것이 아니라 분별할 수 있는 것이라는 사실을 알게 되었다.

지식의 가장 큰 힘이 바로 분별력이다. 경이롭지만 아직 분별하지 못하던 것을 분별할 수 있게 만드는 것이 지식의 힘이다. 공부는 이 힘을 키우는 과정이다. 별자리에 이름이 있다는 것을 안 다음 이 학생을 이끈 것이 분별의 힘이다. 아버지가 몇몇 별자리의 이름을 알려줬을 때, 그는 그것에 질서가 있다는 것을 알게 되었고 무질서에 굴복하지 않게 되었다. 또한, 자기가 공부를 하면 그 질서를 알 수 있다는 것을 깨달았다. '나도 저 무질서한 것을 분별할 수 있는 힘을 가지고 싶다.' 이것이 공부를 시작하게 하는 마음이다.

앎과 향유

공부는 분별의 힘을 키워가는 과정이다. 분별의 힘이 있을 때 비로소, 대상에 압도당하기만 하는 것이 아니라 대상을 향유할 수 있게 된다. 불쾌에서 쾌로 나아갈 수 있다. 무질서에서 질서로, 경악에서 아름다움으로 나아갈 수 있는 것이다. 이처럼 이 분별의 힘이 향유와 연결되지 않는다면 공부는 지루하고 고통스러운 것이 될 뿐이다. 바로 이런 점에서, 우리는 그저 공부를 강조할 것이 아니라 공부의 쓸모와 목적을 명확히 해야 한다. 아름다움을 향유하는 힘을 키우는 게 공부다. 공부는 향유의 기예를 익히는 것이다.

알면 향유할 수 있다. 향유하는 과정에 앎이 배치되어야 한다. 또 별 이야기지만, 내가 경험한 것도 같다. 몇몇 친한 사람과 몽골에 여행을 간 적이 있다. 몽골의 밤하늘에는 상상할 수도 없는 별들의 향연이 펼쳐신다. 누가 보더라도 경탄하지 않을 수 없다. 다들 넋을 놓고 그 밤하늘을 바라보게 된다. 얼마의 시간이 지나면 사람들은 '충분히' 즐겼다고 생각하고 하늘에서 지상으로 돌아온다. 돗자리를 깔고 술을 마시면서 그 기분을 이어간다.

같이 간 일행 중에 '별 박사'라 불리는 친구가 있었다. 이 친구는 별을 너무 좋아해서 대학 다닐 때부터 천문 동아리에서 활동했다. 별을 연구하는 직업을 갖지는 않았지만, 별을 보러 다니는 데 필요한 장비를 사느라 꽤 많은 돈을 들인다. 별을 보던 첫날, 나는 우연히 그 친구 옆에서 별을 보며 감탄하고 있었다. 일행 대다수가 별을 보는 것을 그만두고 술을 마시러 갔지만 그 친구는 계속 밤하늘을 보고 있었다.

나도 그 옆에서 그와 함께 계속 별을 봤다. 아무리 봐도 질리지 않는 아름다움이었다. 간간이 나는 별자리에 관해 물어보았고 그 친구가 설명을 해줬다. 이름만 알고 있던 별자리들을 실제로 보는 건 큰 즐거움이었다. 얼마의 시간이 지났을까, 그가 말을 건넸다. "너무 대단하지 않냐, 저 수많은 별이 저렇게 질서정연하게 움직인다는 게?" 그 말을 하는 그의 표정은 여전히 환희에 차 있었다.

그 순간 나는 벼락같이 깨달았다. 그는 별을 아는 것을 넘어 향유하고 있었다. 내 눈에는 그저 많은 별, 압도적으로 경이로운 별이었지만, 그에게는 그 하나하나에 다 제자리가 있었다. 모르는 자에게는 무질서해 보일 수밖에 없는 것이 아는 자에게는 그렇게 질서정연한 것이었다. 이때 나는 지식의 힘과 쓸모가 무엇인지 확실히 알 수 있었다. 지식의 힘은 사물과 사리를 분별하는 것이고,

분별하는 자만이 경탄을 넘어 향유할 수 있다.

모르니 자유롭지 못하다. 알지 못하니 눈을 옮길 때마다 무엇이 무엇인지 분별하지 못하고, 그 움직임을 모르니 아름다움을 향유할 수 없다. 무지가 감탄을 막고 향유를 방해한다는 걸 절실히 깨닫게 된다. 무지하니 자유롭고 능수능란하게 향유하지 못한다. 충분히 즐길 수 없다. 그러니 무지하면 아름다움 앞에서 기쁨을 느끼는 게 아니라 답답함, 즉 슬픔을 느낀다. 이런 답답함이 공부를 시작할 마음을 먹게 한다. 나도 그 별 박사 친구처럼 자유롭고 싶다는 마음이 생기는 것이다.

공부의 목적은 이 향유하는 힘을 키우는 데 있다. 사물과 우주, 세계와 삶의 아름다움을 향유하려면 반드시 배워야 한다. 배우지 않고 우주의 아름다움을, 삶의 아름다움을 향유하는 법은 없다. 아름다움이란 분별하는 힘을 통해 각각에 이름을 붙이는 것이고 그 이름들이 움직이는 질서를 보는 것이기 때문이다. 곤충의 모양과 움직임, 별의 모양과 움직임, 인간 언어의 모양과 움직임. 이 모든 것의 이치는 같다. 각각이 만들어내는 움직임, 즉 운동의 무질서와 질서를 분별해내는 것, 그게 바로 향유다.

이런 점에서, 자연은 경탄을 통해 향유로 나가게 하는 좋은 대상이며 향유의 언어는 수학적이다. 무질서에서 질서를 분별하고 그 움직임이 만드는 아름다움을 읽어내는 언어가 바로 수학이기 때문이다. 단적인 예를 들면, 기하학을 모른다면 세상에서 가장 아름다운 궁전이라 말하는 스페인 그라나다의 알람브라 궁전의 아름다움을 향유할 수 없다. 알람브라 궁전에 흐르는 물의 배치와 흐름, 그리고 궁전의 벽을 통해 들어오는 바람과 빛이 만들어내는 아름다움은 기하학을 모른다면 결코 향유할 수 없는 것이다. 이 아름다움을 읽어내기 위해서는 기하학이라는 지식이 필요하다.

더구나 이런 아름다움에 대한 매혹은, 안다고 해서 사라지지 않는다. 별 박사 내 친구는 이미 숱하게 별을 봐왔고 별에 관한 많은 지식을 갖고 있지만 싫증을 내지 않는다. 오히려 그는 별을 알기에 더 감탄하며 별을 보러 다닌다. 이런 것이 배움을 지속시키는 경이로움이다. 압도적인 무질서가 주는 경악은 질서를 파악했다고 해서 사라지지 않는다. 한 번으로 끝나지도 않는다. 절대 존재하지 않을 것 같은, 절대 존재할 수 없을 것 같은 질서와 아름다움을 그 안에서 계속 느낄 수 있다. 안다고 생각한 순간 다른 것이 보인다. 이 때문에 공부하는 이들이 하는 한결같은 말이 있다. "알수록 더 경이롭다."

공부를 끔찍한 것으로 경험하다

그러나, 경탄을 통해 공부하고 싶다는 마음을 먹는다고 해서 모두가 공부를 지속하는 것은 아니다. 오히려 앎으로써 향유하고 싶다고 마음먹었다가도, 공부를 시작하면 이내 포기하는 경우가 허다하다. 여러 가지 경우가 있을 것이다. 공부를 하면서까지 즐기고 싶지는 않다는 사람도 있고, 이 정도면 충분히 즐겁다는 사람도 있다. 경이로움을 느낀다고 해서 모두가 그 경이로움을 배움으로 이어가는 것은 아니며, 이는 자연스러운 일이다.

그럼에도, 한국의 교육현장에서 일어나고 있는 실패는 좀 더 세밀히 살펴볼 필요가 있다. 배움에 관해 반짝 눈을 빛내던 학생들도 곧 그 호기심을 죽이고 무기력하게 주저앉아버린다는 이야기가 들리기 때문이다. 혹 경이로움에 관한 경험을 배움으로 이어갈 수 있는 사람들까지 실패하게 만들고 있는 것은 아닌지, 만일 그렇다면 왜 그런 일이 일어나고 있는지 살펴봐야 한다.

이런 경우는 상당히 많다. 특히 부모가, 이제 막 열린 공부에의 문을 어떻게 '보기 좋게' 닫아버리는지에 관해 학생들의 이야기를 많이 들었다. 자녀가 질서에 관한 호기심, 즉 공부에 조금 관심을 보이면 "공부하고 싶어?"라고 말하며, 아직 자녀에게 필요하지도 않는 교재며 교구를 잔뜩 사주거나 지나치게 많은 것을 미리 설명해줘버린다. 그 결과, 자녀는 자기가 압도당한 대상과 그 대상의 이면에 있는 질서에 관한 호기심을 지속하지 못한 채 공부에 압도당하고, 공부를 기피하게 된다.

앞에서 이야기했듯이, 공부를 하지 않아도 경탄하고 압도당할 수 있지만, 공부 없이는 그것을 향유하지 못한다. 무질서에서 질서를 파악하고 이름을 붙이는 지적 과정의 쾌감을 느끼지 못한다. 반대로, 이런 지적 쾌감을 느끼지 못할 때 공부는 그저 괴로운 것이 될 뿐이다. 이게 바로 공부하게 만들려다 자주 일어나는 '공부를 죽이는' 방식이다.

왜 이런 일이 벌어지는지 알려면, 경험의 구조를 다시 생각할 필요가 있다. 배우는 이가 자신을 압도해 경탄을 일으키는 대상을 만날 때, 그 경험을 공부에 관한 경험으로 바꿔치기하는 일이 비일비재하게 일어나기 때문이다. 이러면 배우는 이는 분별하는 힘을 가지고 싶다고 생각했다가도 공부 자체에 압도된다. 공부는 '지겹고 고통스럽기만 한 것'으로 겪어버리기 때문에 다시는 공부에 흥미를 갖지 않게 되는 것이다.

1부에서 말했듯이, 듀이는 인간의 경험을 '해보는 것'과 '겪는 것'으로 구분했다. 무엇을 할 때마다 우리는 무엇을 겪는다. 불에 손을 넣으면 화상을 입는 것처럼, '겪는 것'이 반드시 있다. 그러나 겪는다고 해서 이 모든 것이 인지되는 것은 아니다. 겪는 것들 중에서 대다수는 그저 지나간다. 이렇게 지나가는 겪음으로는 배움이 발생하지 않는다.

따라서 겪음을 통해 사람이 배운다고 할 때 그 겪음은 내가 예기치 못한 것, 알지 못하는 것과 만나는 순간이다. 이 장 앞부분에서 말했듯이, 나를 압도할 정도로 경탄을 불러일으키는 것을 경험해야 한다. 앞에서 말한 피렌체의 다비드 상이나 밤하늘의 별과 만난 것이 나를 압도하며 경탄을 불러일으키는 겪음, 경험이다. 이런 경험이 사람을 배움으로 이끈다.

그러나 겪는다고 바로 배움이 일어나는 게 아니다. 중간에 또 다른 과정이 있다. 그것을 하나씩 들여다보자. 첫째, 내가 예기치 못한 것을 겪었을 때 사람에게 반드시 떠오르는 것이 질문이다. "어, 이게 뭐지?" "이게 왜 이렇지?" "어떻게 이렇게 되지?" 예상하지 못한 것을 만나게 되는 순간 깨닫는 것은, 지금 일어난 일이 무엇인지 나는 모른다는 사실이다.

모르기 때문에, 그 반응은 일단 '질문'의 형태로 떠오른다. 다른 말로 하면, 질문이 발생하지 않는 겪음은 겪음이라고 할 수 없다. 겪자마자 그게 무엇인지 알면, 해결하면 그만이다. 프랑스의 유명한 속담처럼, 사람은 아는 것에 관해서는 생각하지 않는다. 생각하지 않는다는 것은 곧 질문이 없다는 말이다. 질문을 거치지 않고 바로 해답으로 직행하게 된다.

그렇기 때문에 사람은 질문을 통해서 배운다고 할 수 있다. 다른 말로 하면, 질문은 내가 이제까지 알고 있던 말이나 해답으로는 설명되지도 않고 문제가 풀리지도 않기 때문에 나타나는 말의 형식이다. 앞에서 이야기한 경탄도 처음에는 "억!" 소리가 나며 말문이 막히지만 곧 자기가 경험한 경이가 무엇인지에 관해 질문을 하게 된다. 답이 없는 곳에서 질문을 하는 것이라 질문과 함께 답을 찾는 과정이 시작된다. 이 과정이 바로 공부다.

경이로움으로 배움의 길에 들어선 많은 사람이 배움을 더 이상 지속하지 못하는 이유가 여기에 있다. 이 과정에서 무엇보다 필요한 것은 생각이다. 질문을 하고 답을 찾기 위해 생각하는 것은 이 과정 자체에 매혹된 사람을 제외하고는 그리 재미있는 일이 아니다. 질문하고 답을 찾기 위해 씨름하는 이 '지적인 과정'이 주는 쾌감, 즉 분별의 힘이 커지는 걸 경험한 사람만이 이 과정을 견딜 수 있다.

이 점은 분명히 해두자. 공부를 재미있게 하기 위한 노력은 해야겠지만, 공부의 과정 전체가 재미있을 수는 없다. 그 재미없는 시간을 견디게 하는 것은 공부의 어떤 순간, 공부가 가져다주는 '유레카!'의 순간이다. 공부하는 매 순간이 '유레카'라는 건 거짓말이다. 다시 말하지만, 이 지적 쾌감을 경험하지 못한 사람은 싫증을 느끼고 흥미를 잃기 쉽다. 그 정도로까지 알고 싶지는 않다고 생각하며 공부를 그만두게 된다.

여기까지는 자연스러운 일이다. 그러나 한국의 교육현장에서는 좀 더 나쁜 일이 발생한다. 배우는 이가 경탄을 느낀 다음에 그것을 너무 재빨리 공부의 과정으로 전환시켜버린다는 점이다. 경이로움을 느꼈다 하더라도 그 경이를 배움으로 이어가고 싶은 마음이 발생하지 않는다. 생기지도 않은 배움이 강요되고 있으며, 이것이 공부를 고통스러운 것으로 경험하게 한다.

또한, 경이를 경험했을 때 그 경험이 바로 배움을 만들어내는 것은 아니라는 사실을 무시한다. 경이로움에 충분히 젖고 난 다음에, 그 경이로움을 설명할 수 있다는 것을 알 때 호기심을 갖는다. 그러나 지금의 교육은 지나치게 빨리 무엇을 배웠는지 묻고 답하게 한다. 경이에서 배움으로 가기 위해 필수적인 '충분한 시간'이 주어지지 않는다. 경험을 통해 무엇인가를 느끼고 질문이 떠오르면, 그것에 관해 생각할 충분한 시간이 주어져야 한다. 그러나 그런 시간을 주지 않은 채 바로 답하게 하니 공부가 고통스러운 것이 되지 않을 수 없다.

그 대표적인 예가 1부에서 말한 '글쓰기' 교육이다. 체험학습을 하고 난 다음에 바로 글을 쓰라고 하면 경험한 것을 쓰는 게 아니라 뻔한 내용을 쓰게 된다. 경험한 것에 관해 느끼고 생각하고 질문할 틈이 없기 때문이다. 또는, 경험에서 느낀 게 없는 학생들도 '분량'에 맞춰 글을 써야 한다. 경험에 대한 글쓰기에서 글쓰기에 대한 경험으로 넘어가버리는 것이다. 이러니 글쓰기는 그저 재미없고 고통스러운 것이 된다. 가뜩이나 질문하고 생각하는 것도 재미없는데, 공부 과정이 아예 공부를 고통스러운 것으로 구조화해 놓은 것이다.

나는 이것이 '경험을 통한 공부, 경험에 관한 공부'를 '공부에 관한 경험'으로 바꿔치기하는 나쁜 방식이라고 생각한다. 듀이가 말한 개념을 사용한다면, 공부를 고통스러운 것으로 겪는 것이다. 공부는 고통스럽기는 하지만 지적 쾌감도 주는 것임을 알 수 없다. 후자는 빠지고 그저 고통스러운 것이라고 경험해버리면 다시는 공부를 하고 싶어지지 않는다.

아이러니하게도 이런 공부에서 배우는 것이 있다. 공부를 하지 말아야 한다는 것을 배운다. 그래서 아예 질문도 하지 않고 경이로운 걸 만나도 잠시 반짝였다가 이내 호기심의 문을 닫아버린다. 공부하지 않는 게 그나마 자기를 보호하는 방식이 되기 때문이다. 학생들의 이야기를 들으면, 슬프게도 한국의 교육현장에서 가장 많이 일어나는 일이 이런 것이다. 공부는 어쩔 수 없이 하는 것일 뿐, 지적 쾌감을 느끼면서 과정을 견디는 힘을 키우는 과정과는 백만 광년의 거리에 있다.

향유에서 소비로, 공부 구경

배움을 방해하는 또 다른 문제가 있다. 경탄이 공부의 출발점이라고 할 때, 경탄은 감수성의 문제이기도 하다. 감수성이 좋은 이는, 다른 사람은 그저 그런 일로 넘어가는 것도 새롭고 경탄할 만한 일로 경험한다. 관심과 취향의 차이도 있겠지만, 지금 배움이 좀처럼 발생하지 않는 중요한 이유 중 하나가 바로 이 감수성의 문제다. 자극에 지나치게 많이 노출되는 바람에 역치가 높아져서, 어지간한 자극으로는 경탄하지 않게 된 것이다. 모든 게 시시해져버려 경탄할 만한 것을 만나기가 힘들어진다. 이런 경우에도 배움은 잘 발생하지 않는다.

이 시대의 사람들이 어지간한 일에는 경탄하지 않게 된 데는 스펙터클의 문제가 있다. 기 드보르Guy Ernest Debord라는 프랑스의 철학자는 우리가 스펙터클, 즉 구경거리의 시대를 살아가고 있다고 말한다.[67] 스펙터클은 시시하지 않다. 그것은 언제나 우리를 압도한다. 더 큰 크기로, 더 빠른 속도로, 더 짜릿한 것으로 사람을 압도한다. 이런 식으로 스펙터클에 압도당하고 나면 다른 모든 것은 시시해지지 않을 수 없다.

스펙터클 사회의 더 큰 문제는 모든 것을 스펙터클, 즉 구경거리로 만들어버린다는 점이다. 아무리 경탄을 불러일으키는 것이라 해도, 구경거리가 되면 더 이상 배우고 싶다는 욕망이 생기지 않는다. 스펙터클은 구경, 즉 소비의 대상이기 때문이다. 배움도 마찬가지로 소비가 되고 있다. 지금은 대가를 만나 그의 이야기를 듣고 배우는 것이 귀하고 드문 일이 아니다. 인터넷에 들어가거나 텔레비전을 틀면 언제든지 그들의 이야기를 들을 수 있다. 그것도 공부를 구경거리로 만든 사례지만, 이미 강의 자체가 구경거리로 최적화되어 제공된다. 강의라는 구경거리를 관람하게 만드는 것이다.

이처럼 스펙터클 사회에서는 배움의 과정이 구경하는 것으로 전락한다. 나는 강의할 때 학생들에게 이런 질문을 종종 한다. "당신들은 여기에 공부를 하러 온 것입니까? 아니면 공부를 구경하러 온 것입니까?" 많은 사람이 이 질문에 당황한다. 자기가 하는 게 공부인지 공부 구경인지 생각해본 적도 없지만, 조금만 생각하면 그게 공부가 아니라 공부 구경인 것을 금방 알 수 있기 때문이다. 공부 구경을 통해서 우리가 배울 수 있는 것은 없다.

배우는 사람과 공부를 구경하는 사람은 여러 가지 지점에서 구분할 수 있다. 첫째, 배우는 사람은 자기에게 집중한다. 공부를 통해 나에게 늘어나는 것이 있는지, 그것이 잘 늘어나고 있는지 관찰한다. 배움의 목적은 자기 자신이기 때문이다. 그래서 누구로부터 배우든, 가르치는 사람이 아니라 자기에게 집중하는 게 배우는 사람이다. 다른 말로 하면, 자기에게 집중하지 않으면 배우는 것이 없다. 반대로, 구경하는 사람은 자기가 아니라 말하는 사람, 가르치는 사람에게 집중한다. 특히 그가 잘 가르치는지 못 가르치는지에 집중하며, 그가 가르치는 것을 '즐기고자' 할 뿐이다. 따라서 놀랍게도, 구경하는 사람은 자기의 성장에 관심이 없다. 자기에게서 무엇이 성장하는지 보는 게 아니라 상대가 나를 잘 '접대entertain'하는지 아닌지에만 관심이 있다. 서비스가 좋으면 만족하고 그렇지 않으면 불만을 제기한다. 그래서 구경하는 사람의 말은 언제나 품평이다. 말하는/가르치는 사람에게 집중하니 그 사람에 '대한' 품평만 있지 자기 성장에 관한 말은 없다.

스펙터클의 가장 큰 문제가 여기에 있다. 대상에 넋을 놓게 만드는 것이다. 경탄이 대상에 압도당한 다음 그 이면의 질서에 관한 강한 호기심을 발동시킨다면, 스펙터클은 그것을 품평의 언어로 바꿔치기해버린다. 품평을 통해 마치 내가 그것을 알고 있는 듯한 착각에 빠지는 것이다. 왜냐하면 나는 '그것'에 관해 품평, 즉 말을 하고 있기 때문에, 압도당한 순간 죽어버렸던 말을 되찾은 것처럼 느끼기 때문이다.

이것이 많은 배움의 현장에서 일어나는 일이다. 성인의 경우, 배우는 사람 스스로가 자기 배움의 현장을 구경거리로 만든다. 여기저기에서 인문학 강좌니 뭐니 듣고 배우는 자리는 많아졌지만, 그런 자리의 상당수는 공부를 구경거리로 만들어서 소비하고 품평하는 자리다. 성경에 나오는 것처럼, 그것이 배움이었는지 구경이었는지는 열매를 보면 알 수 있다. 자기가 뭘 배웠는지에 관해서는 거의 말하지 않고 강의에 관한 말만 넘쳐나는 게 그것이 구경이었다는 증거다.

어린이나 청소년의 경우는 그 반대다. 자녀가 경탄할 만한 것을 만나 배움의 길로 겨우 들어섰을 때 부모나 교사가 그 과정을 구경거리로 만들어버리는 경우가 많다. 앞에서 예를 든 별 소년의 경우는 매우 예외적이다. 대다수 부모는 저런 일이 자녀에게 일어나면 "별에 대해 공부하고 싶어?" 하면서 필요하지도 않은 천체망원경부터 구입하고 천문학교실에 데리고 다니면서 공부 쇼핑을 시킨다. 질서에 관한 지적인 과정을 겪게 하는 것이 아니라, 질서

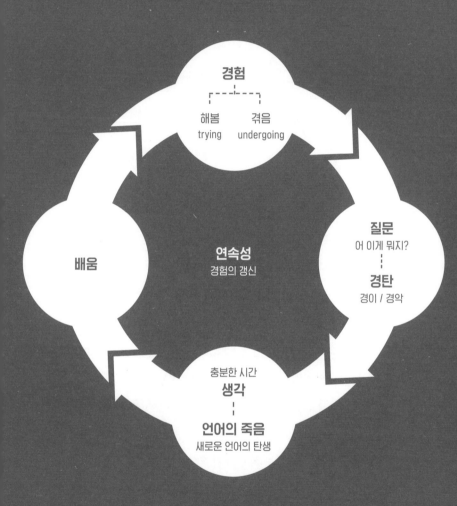

에 관한 여러 공부를 구경시키고 쇼핑하게 만든다. 그래서 알지도 못한 상태에서 경탄에 대한 역치만 높아져 경탄이 시시한 것으로 전락한다.

공부, 향유의 기예로의 전환

이처럼 우리는, 세상의 아름다움을 향유하는 기예로 공부를 해본 적이 없다. 다만 공부는 입시, 출세, 생존 같은 목적을 위해 어쩔 수 없이 해야 하는 귀찮고 고통스러운 것이었다. 그러다 보니 향유에 대한 갈망이 있어도, 그 끔찍한 경험을 반복하고 싶지 않다고 말하면서 금방 포기해버린다. 알람브라 궁전의 아름다움을 좀 더 멋지게 향유하기 위해 기하학을 공부해보는 게 어떻겠느냐고 제안하면, 대부분 손사래를 치면서 그렇게까지 하고 싶지는 않다고 말한다. 공부에 관한 끔찍한 경험 때문에 향유 자체를 포기해버리는 안타까운 일이 벌어지는 것이다.

적극적으로 새로운 것을 알고 향유하려는 마음을 먹지 못하고, 소극적으로 즐길 수 있는 것만 향유한다. 스페인을 여행할 때 함께했던 친구가 있다. 그는 사람들이 박물관이나 옛 건물을 보며 감탄하는 것을 보며, 자기는 솔직히 말해 그게 그렇게 아름다운 것인지 잘 모르겠다고 털어놓았다. 또 굳이 공부까지 하며 그걸 향유하고 싶지는 않다고 덧붙였다. 내가 이 책에서 말하는 향유에 관해 이야기하자, 그는 자기가 즐기고 향유할 수 있는 더 쉽고 간단한 것이 있다고 말했다. 그게 뭐냐고 물으니, 음식이라고 대답했다. 내가 분별의 힘에 관해 말한 것을 떠올리며, 그는 자기가 다른 것은 몰라도 맛은 분별할 수 있는 것 같다고 말했다.

지금 텔레비전만 켜면 나오는 먹방이나 인터넷에 넘쳐나는 맛집에 관한 정보가 바로 이런 점을 말해주는 것 같다. 우리에게 남은 유일한 향유의 기예가 먹는 것이라고 말이다. 이 학생의 말처럼, 먹는 것은 어쨌든 우리가 일상에서 반복해온 것이고 그 반복을 통해 분별하는 힘이 생겼다. 오로지 먹는 것에서만 향유가 가능하다는 것은 슬프지만, 그럼에도 향유 자체를 완전히 포기한 것은 아니라는 점에서 그리 비관적인 소식이기만 한 것은 아니다. 여전히 향유는 남아 있기 때문이다.

물론 여기에서 우리가 경계해야 하는 것이 있다. 향유와 문화자본의 관계다. 향유와 문화자본의 관계에 대한 긴장이 없으면 '먹방'이나 보고 있는 사람들을 속물이라고 경멸하게 된다. 대신, 문화자본이 많은 이들만 향유의 기예가 있다고 생각하기 쉽다. 하층계급에 대한 경멸과 혐오는 대부분 이 문화자본의 부족에서 기인한다. 학교에서도 옷을 촌스럽게 입거나 친구들의 '문화'에 끼지 못하는 학생이 소외되고 따돌림당할 가능성이 크다.

여기서 몇 가지를 생각해보아야 한다. 첫 번째, 문화자본이 적은 하층계급은 정말 향유의 기예가 없으며 먹는 입만 남은 존재일까 하는 점이다. 그렇지 않다. 오히려 삶에서 터득한 분별과 그 분별을 통한 향유를 개인의 기예가 아닌 사회적 현상으로 볼 필요가 있다. 이 점에 관해서는 프랑스의 사회학자 피에르 부르디외Pierre Bourdieu의 《구별짓기》가 훌륭하게 이야기하고 있다. 계급과 계층에 따라 먹는 것에서부터 스포츠, 좋아하는 음악에 이르기까지 구별된다는 것이다.[68]

이런 점을 고려하면, 무엇을 향유라고 하고 무엇을 향유라고 하지 않는가에 구별 짓기가 미리 존재함을 알 수 있다. 나는 공부를 아주 못하지만 축구를 좋아하는 학생과 대화를 나누면서, 그가 축구를 통해 세상의 아름다움을 향유하고 있는 데 감탄한 적이 있다. 그는 축구의 즐거움을 이야기할 때 '골 결정력', '카타르시스' 같은 것만 말하지 않았다. 오히려 그가 나에게 설명한 것은 축구공의 아름다움, 빈틈이 없어 보이는 곳에 공을 찔러 넣고 사람이 치고 들어가는 전략, 즉 사람의 동선이 만들어내는 아름다움이었다. 그는 수학적 개념을 단 하나도 사용하지 않았지만 그가 향유하고 있는 것은 수학의 아름다움이었다.

나아가 그가 말하는 것은 협력의 아름다움이기도 했다. 팀에 축구를 매우 잘하는 사람이 한 명 있다 해도 나머지 팀원과 협력하지 않으면 이기기가 힘들다. 다시 말해서, 축구를 잘하려면 혼자 공을 잘 차거나 혹은 대단한 지략가가 있어 전략을 잘 짜는 것이 아니라 모든 이의 협력을 잘 이끌어내야 한다. 선수들뿐 아니라 관중석에 앉아 응원하는 이들까지 포함해 모두의 협력을 이끌어내는 것이 중요하고, 그럴 때 축구가 큰 기쁨이 된다. 그는 공부를 별로 열심히 하지도 않고 학교생활에 협조적이지도 않지만, 축구에 있어서만은 '협력의 기예'와 그 아름다움을 잘 알고 있었다.

축구 시즌에는 그 협력을 이끌어내기 위해 그가 자기 태도를 달리하는 것은 물론이다. 그러지 않으면 동료 학생들의 협력을 이끌어낼 수 없기 때문이다. 평소에는 흐트러지고 널브러져 있지만 축구 시즌에만큼은 스스로를 절제하고 엄격해진다. 그럴 때 자신이 대견하다고 느낀다고 했다. 자기 자신에 관해서도 윤리적 아름다움을 생각하고 실천하고 있는 것이다. 이처럼 세상의 아름다움을 향유한다는 것은 수학의 아름다움, 협력이라는 사회적 아름다움, 자기 자신에 관한 윤리적 아름다움을 모두 포괄하는 말이다.

문제는, 이 학생이 향유하고 있는 것을 다른 언어로 바라볼 수 있게 도와주는 사람이 없다는 것이다. 가르치는 이는 이 학생에 대해 그저 '축구를 좋아하는 아이', 나아가 '축구에 미쳐 있는 아이'라고만 여겼다고 한다. 그래서 그가 축구를 하는 동안에는 사고를 치지 않으니 다행이라고 여겼을 뿐이라는 것이다. 당연히 이 학생 역시 자기가 좋아하는 것은 축구이지 축구의 아름다움이라고는 생각해보지 못했다고 말했다. 나와 이야기를 나눈 후 그가 말했다. "그렇네요. 축구는 아름다워요."

나는 학교가 해야 하는 일이 두 가지 있다고 생각한다. 이 책 전체를 통해 강조한 것처럼, 배우는 이를 잘 관찰하고 그가 가진 향유의 기예를 발견해 같이 언어화하는 일이다. 그가 좋아하는 것, 혹은 흔히 취향이라고 부르는 것을 아름다움의 향유라는 관점에서 보고 그 아름다움이 어디에서 오는 것인지를 같이 찾아보고 이야기할 수 있어야 한다. 그래야 배우는 이 스스로도 자기가 좋아하는 것을 다른 차원에서 바라볼 수 있게 된다. 위에서 축구를 좋아하는 학생의 말을 통해 수학의 아름다움, 협력하는 기예의 아름다움, 윤리적 아름다움에 관해 이야기할 수 있었던 것처럼 말이다. 그가 한 번도 생각해보지 못한 언어로 자기를 바라볼 수 있게 하는 것이 가르치는 일 아니겠는가.

다른 하나는, 학교가 학생들의 경제적/사회적 차이와 상관없이 모두 여러 가지 문화적인 것을 즐기고 그 향유의 기예를 키울 수 있도록 하는 것이다. 한국의 제도교육은 '공'교육이다. 공교육의 가장 큰 장점은 그 안에 들어와 있는 이를 계급과 상관없이 보편적인 시민으로 양성한다는 점이다. 귀족만 데려다가 귀족 취향으로 키우는 게 아니라, 이 나라의 보편적인 시민으로서 누구나 어느 수준의 '교양'을 가지고 세상을 향유할 수 있게 만드는 일이다. 문학이며 음악을 가르치는 게 이런 이치 아니겠는가.

이것은 학교만의 문제나 사명이 아니다. 사실 학교가 이런 일을 할 수 있도록 제 역할을 해야 하는 것은 국가라고 할 수 있다. 내가 영국에 갔을 때 가장 부러웠던 것은 미술관과 박물관 입장료가 무료라는 점이었다. 누구나 수준 있는 문화를 감상하고 향유할 수 있게 할 때 그 나라의 수준이 높아진다. 복지의 문제를 '빈곤'에서 탈출시키는 차원으로만 생각하면, 우리는 경제적/사회적 약자를 사회적 삶이 있는 사람으로 보지 않고 짐승의 수준으로 격하하게 된다. 문화자본에 따라 경멸과 혐오가 판을 치는 지금은 '가난한 이에게 문화를'이라는 구호가 정말 필요한 때다. '향유'를 가진 자들의 독점물로 만들고 빈민이나 서민과는 먼 이야기로 만들어서는 안 된다.

세상은 아름다움을 향유한 사람들이 바꾼다. 젠트리피케이션 gentrification 을 불러오는 도심 재개발에 반대하는 사람들 중에 이런 사람들이 있다. 이들은 여행을 다니면서 슬럼화한 동네를 재생하는 곳에 가보고 그 아름다움에 반한 사람들이다. 도시 재생이 재개발이나 그럴듯한 벽화 몇 개 그린 후 관광지로 바꾸는 것이 아니라, 사람이 만나고 교류하며 그 만남을 가꾸는 것이며 그게 아름답다는 걸 느끼고 돌아온 사람들이다.

아름다움을 알기 때문에 이들의 눈에는 추한 것이 바로 들어온다. 사람의 삶을 파괴하고 흩어지게 하는 것이 추하다. 벽화 몇 개 그려놓고 사람들의 삶을 구경거리로 전락시키는 것이 추하다. 이들에게는 지금 곳곳에서 벌어지는 재개발이 '정화', '미관'이라는 이름으로 얼마나 추하게 진행되는지가 눈에 들어오기 때문에 그

추함에 맞서는 일도 할 수 있다. 아름다움에 대한 안목이 없었다면 이런 저항이 가꿈, 돌봄, 재생의 방식으로 일어나지는 않았을 것이다.

우리가 공부의 목적으로 '실제적으로 쓸모 있는 것'의 의미를 적극적으로 전환해야 하는 이유가 바로 여기에 있다. 진로 교육이니 실용 교육이니 하는 말로 공부의 쓸모를 직업과 돈벌이 수단으로만 국한해서는 안 된다. 이것은 공부의 의미와 목적을 너무나 도구화한다. 신분 상승이나 성공과 별반 다를 바 없는 목적이다. 그렇기 때문에 4장에서, '실제적으로 쓸모 있는 공부'로의 전환은 모든 것을 바꾼 것 같지만 아무것도 바꾸지 않는 전환이라고 비판한 것이다.

공부의 쓸모를 획기적으로 바꾸어야 한다. 향유를 위한 기예로 공부를 전환해야 한다. 특히 지식 공부의 쓸모를 바꾸어야 한다. 지금과 같은 지식 교육에서는, 아무리 강권하더라도 지식의 쓸모가 먹고사는 문제에서 벗어나지 못한다. 아니다. 지식의 쓸모는 먹고사는 것을 넘어 세상의 아름다움, 우주와 역사의 아름다움을 향유하는 데 있다. 이렇게 향유하는 삶이 멋진 삶이다. 딱 한 번 주어진 삶, 멋지게 살아야 하지 않겠는가.

설령 자기를 얻는다 하더라도
: 사회를 만드는 기예를 향하여

"건축가의 tekhne에 입각해 아름다운 사원을 구축하기 위해서는 물론 필요불가결한 기술적 규칙에 따라야 합니다. 하지만 훌륭한 건축가는 사원에 아름다운 forma, 즉 아름다운 형식을 부여하기 위해 충분히 자신의 자유를 활용하는 사람입니다. …… 그리스 로마인들의 정신에 있어서 규칙에의 복종도, 복종 자체도 아름다운 작품을 만들어낼 수 없습니다."

— 미셸 푸코 [69]

이 책의 구상은 약 5년 전 푸코의 저 문장에서부터 시작되었다.

나는 규칙에 얽매이는 것이 아니라 규칙을 알기에 그것을 잘 다룬다는 것, 그것이 자신의 자유를 활용하는 것이라고 말하는 대목에서 무릎을 치며 감탄했다. 아마도 성경의 "진리가 너희를 자유롭게 하리라."는 말의 뜻도 이와 다르지 않을 것이라 생각한다. 우리에게 주어진 것이 규칙만은 아니다. 규칙이 주어짐과 동시에 자유(의 가능성)도 주어졌다. 규칙을 활용할 것인가 아니면 그저 복종할 것인가에 따라 자유민과 노예의 운명이 갈릴 것이다.

공부는 나에게 무질서해 보이는 것에 패턴이 존재하고 그 패턴이 규칙적으로 반복되면서 아름다운 질서를 보여준다고 속삭였다. 잠자리의 눈에서부터 별들의 운행에 이르기까지 '수많은 것'에 규칙적으로 움직이는 질서가 있었다. 공부란 이런 패턴을 읽으며 질서를 파악하는 것이었다. 공부를 하면서, 세상을 볼 때마다 거기에 어떤 패턴이 있는지 그리고 그 변칙은 무엇인지 파악한다. 그건 정말 아름다움을 읽고 아름다움을 향유하고 경이를 표하는 아름다운 일이다.

더구나 그 질서를 알면 다룰 수 있다. 질서를 다루기 위해 도구를 발명했고 도구를 통해 활용할 수 있다. 규칙을 알면 규칙에 매이는 것이 아니라 다룰 수 있으며, '다룸'을 통해 새로운 것을 만들 수 있다. 모르면 다룰 수 없다. 다룰 줄 안다 해도 그것을 반복할 수 없다. 그래서 공부는, 알고 다루고 읽고 향유하고 다시 경탄하는 순환의 과정이다.

본문에서도 말한 밤하늘의 별들을 생각해보자. 내가 어렸을 때 시골 밤하늘에 펼쳐진 은하수는 문자 그대로 선명했다. 그 수많은 별을 보며 나는 그 아름다움에 감탄하곤 했다. 게다가 수많은 별에 각각의 이름이 있고 하나하나의 별자리마다 이야기가 있다는 것이 나를 매혹했다. 소년잡지들에 부록으로 나오는 별자리표를 들고 밖에 나가 별자리를 찾으며 몽환적인 신비감에 젖곤 했다.

여기에는 적어도 다섯 가지 차원이 통합되어 있다. 패턴과 규칙, 법칙과 질서를 찾는 과학. 질서가 주는 아름다움이라는 미학. 별자리 각각에 대해 인류가 만들고 붙여온 신화와 같은 매혹적인 이야기. 그것을 다루는 기술. 그럼에도 불구하고 알면 알수록, 다루면 다룰수록 더 신비로워지는 종교적인 혹은 영성적인 것. 이 다섯 가지 차원이다.

공부 자체에는 이 다섯 가지가 다 통합되어 어느 것 하나 빠질 수 없다. 나는 천체물리학을 공부하는 이들 중 신을 믿는 사람을 여럿 알고 있다. 가장 어려운 과목 중 하나라는 천체물리학을 공부하는 과학적인 사람들이지만, 그들의 공부에는 '경외'가 포함되어 있다. 공부할수록, '안다'는 것을 넘어 자신이 공부하는 주제의 무한함과 신비로움에 침묵하며 고개를 숙일 줄 아는 겸손한 사람들이다. 종교적/영성적인 것에 윤리가 더해진다.

물론 '전문적' 공부는 이 다섯 가지 중 어느 것 하나에 관한 지식을 축적하고 새로운 언어를 만들어내는 것일 테다. 다섯 가지를 다 느낀다 해도 그중에서 특히 자기를 더 끌어당기는 언어를 택해 공부하며, 실용을 넘어 '지식' 자체가 주는 아름다움과 신비로움에 매혹된다. 거기에 새로운 것을 발견하여 내 이야기를 보태서 뒷사람에게 물려주며 '기여'한다면, 이보다 더 큰 기쁨은 없을 것이다.

푸코는 훌륭한 삶이란 주어진 규칙에 복종하는 것이 아니라 아름다운 형식을 만드는 것이라고 말한다. 즉, 훌륭한 삶이란 자유를 활용할 때 비로소 가능한 것이다. 나는 여기에서 공부 혹은 교육의 목적이 무엇인지를 다시 생각하게 되었다. 공부는 자유롭기 위해 하는 것이다. 교육은 사람을 해방하는 과정이다.

문제는 현대 사회에서 '자유'가 처한 운명이다. 우리가 살아가는 이 시대를 흔히 신자유주의 시대라고 부른다. 자유/해방을 통해 사람을 통치하고 지배하는 시대다. 자유를 억압함으로써만이 아니라 사람을 자유롭게 해방시켜 통치한다. 각자에게 표준적인 삶을 획일적으로 강요하는 것이 아니라 각자 개성을 가지고 살아가라고 권장한다. 그렇지 못한 삶은 지질하다고 비난하고 조롱한다. 그래서 우리는 개성을 가진 존재가 되기 위해 각자 자기계발하느라 '노오력'하며 살아야 한다.

여기에 이 시대의 자유의 딜레마가 있다. 한편에서 그토록 갈망했던 자유/해방이 사람들의 삶을 위험으로 몰아붙이고 있다. 본문에서 누차 강조했듯이, 자기계발이라는 이름으로 노오력하며 사람의 삶을 파괴하고 있는 것도 자유/해방이다. 마르크스가 초기 자본주의 시대에 농노들이 얻은 자유는 '굶어 죽을 자유'라고 말한 것처럼, 이 자유는 곳곳에서 사람들의 삶을 일회용으로 착취하고 폐기하며 파탄으로 몰아넣고 있다. 파탄에 몰린 이 '자유로운 사람들'은 자기를 탓하는 수밖에 없다. 처음에는 자기 노력과 능력의 부족을, 나중에는 많은 것을 물려주지 못한 부모를, 그리고 최종적으로는 이 모든 것을 이번 생에서의 운명 탓으로 돌리며 죽어간다.

우리는, '사회'라는 이름으로 우리가 처한 이런 공통의 운명에 관해 알아야 하고, 또 저항할 수 있어야 한다. 이 책에서 나는 세상의 아름다움과 향유에 관해 이야기했지만, 이 아름다움의 반대편에는 잔인함이 있다. 작가 한강의 말처럼 "세상은 이토록 아름답고 고통스럽다." 이 중에서 아름다움만을 향유한다면 그것은 세상의 절반에 관한 이야기밖에 되지 않는다. 세상의 고통을 외면하는 아름다움의 향유는 세상의 절반을 외면한 추함일 뿐이다.

그렇기 때문에, 교육 혹은 공부가 사람을 자유롭게 만드는 과정이라면 사회에 관한 이야기로 이어져야 한다. 사람을 노예 상태로 묶어두고 '보호'하는 것을 교육이라고 말할 수는 없다. 이런 점에서, 이 시대의 교의인 신자유주의는 자유를 통해 사람들을 위험에 빠뜨렸지만 동시에 자유 자체를 위험에 빠뜨렸다고도 할 수 있다.

사람이 알고 다루며 스스로의 양식을 만들기 위해 노력하는 모든 과정을 통치로 흡수함으로써, 자유를 추구하는 게 자유를 위협하는 것이 되는 딜레마를 만들었기 때문이다. 나와 이 문제에 관해 오래 토론한 한 친구는 이를 "자유, 위험해지다."라는 말로 표현했다. 자유가 위험하게 하고, 자유가 위험해진다는 말이다.

따라서 사회를 외면한 자기 배려, 타인의 해방을 저버린 자유란 또 다른 자기계발이 되고 말 것이라는 점을 분명히 해야 한다. 자기계발이란 이 모든 과정을 사적인 자원을 동원해 사적으로 실행하고 사적으로 그 열매를 독점한다는 사사화私事化/privatization 과정을 의미하기 때문이다. 사람이 자기 삶에 새로운 형식을 만들기 위해 노력하는 것에서 모든 공공적 과정과 의미를 빼버린 것이, 자기계발로 이어지는 신자유주의의 핵심적 교리이기 때문이다. 핵심은 개인個人이나 자기自己가 아니라 사사화에 있다. 자기의 사사화에는 타인의 고통이 들어설 여지가 없다. 개인 또한 자기 안에 고립된다. 개인은 개별적인 고립의 다른 이름이 될 뿐이다.

개인이 추구하는/해야 할 덕목에는 여러 가지가 있다. 그런데 이 중 개인화하고 사사화하여 사람을 위험에 빠뜨린 것이 바로 '용기'다. 덕목을 사사화/개인화하는 것의 가장 큰 문제는 공공성을 파괴한다는 것이다. 즉, 그 사회의 구성원 개개인이 용기를 가지고 살아갈 수 있도록 기운을 북돋우는 것이 공공적 과정이 되지 못하고, 전적으로 개인이 자신의 사적 자원을 가지고 알아서 해야 하는 문제가 되는 것이 개인화다. 그리고 거기서 발생하는 '위험'도 개인이 모두 떠맡아야 한다. 이렇게 되면 사적인 자원을 많이 가진 사람이 아니면 절대 용기를 낼 수 없다.

실로 우리는 모든 것이 개인화한 사회에서 살아가고 있다. 대표적인 것이 안전이다. 시민의 안전을 국가와 사회가 책임지는 것이 아니라 개개인이 알아서 자기를 방어하고 보호해야 한다. 이것이 '안전의 개인화'다. 안전을 도모하는 것의 공공성이 사라지고 책임은 전적으로 개인의 몫이 된다.

사회의 모든 구성원이 배움을 향해 용기를 낼 수 있게 하는 것이 좋은 사회다. 반대로, 용기를 개인의 덕목으로 치켜세우지만 대다수의 사람이 배움을 향한 용기를 낼 수 없게 만든다면, 그것은 비겁한 사회다. 사람이 용기를 낼 수 없도록 하는 사회가 비겁한 것이지, 용기를 낼 수 없는 사람을 비겁하다고 비난해서는 안 된다. 그러므로 사람이 자기를 배려하며 성장을 도모하는 것은 개인의 덕목이 아닌 공공선公共善이 되어야 한다. 소크라테스의 말처럼, 시민 한 명 한 명이 훌륭해질 수 있도록 신경 쓰는 사회가 훌륭한 사회이지, 사회만 훌륭하고 시민들은 별 볼 일 없다면 결코 좋은 사회가 아니다.

이것을 퀴어 페미니스트인 버틀러Judith Butler의 도식을 빌려 좀 어렵게 말하면, 사람을 해방emancipation하는 것이 새로운 형식의 구축이 아니라, 낡은 자유주의적 삶의 형식으로 방출liberation하는 것이 되었다. 자유는 사적인 자유를 추구하는 것이 되며 자기를 돌보는 것은 사적인 자기 일'만' 돌보는 비즈니스가 된다. 이 경우 자유와 해방은 '낡은' 자유주의로 포획되는 것에 지나지 않는다. 자유와 해방의 새로운 구축은 발생하지 않는다. '사회'는 건드려지지 않고 '개인'만 건드려진다. 아테네의 정치인 페리클레스는 이런 사람을 자기 일만 하는 사람이 아니라 아무 일도 하지 않는 사람이라고 불렀다.

한 사람 한 사람이 해방되고 자유를 추구하는 것이 공동선共同善이 되는 사회를 도모할 때 자유는 위험한 것도 아니고, 자유가 위험해지지도 않는다. 그러므로 자유를 '구원'하기 위해 우리가 해야 하는 것은, 마르크스가 말했듯이 "한 사람 한 사람의 자유로운 발전이 만인의 자유로운 발전"이 되는 사회를 만드는 것이다. 이 말에서는 개인도, 만인도, 자유도, 발전(계발)도 포기하지 않는다. 계발을 개인의 사적인 몫으로 돌리는 것도, 만인을 위해 개인의 계발과 자유를 포기하는 것도 아니다. 개인의 발전과 자유를 공공성, 공동선 혹은 공동의 과정으로 통합하고 있다. 다른 말로하면, 개개인이 발전을 도모하고 자유로워지는 것을 공통의 목표이자 과정으로 삼는다.

따라서 자기를 배려하며 멋진 삶을 추구하는 기예는 그런 '좋은 삶'이 가능한 '사회를 만드는 기예'로 이어져야 한다. 그런 사회는 규칙과 명령의 체계가 아니다. 즉, 좋은 삶이 무엇인지 알려주고

"인생을 무엇으로 만들어야 되는지에 대해 말"[70]해주는 사회가 아니다. 오히려 좋은 사회란 인생이 무엇으로 되어야 하는지에 관해 사람들이 생각하고 도모할 수 있도록 하는 사회일 것이다. 이런 도모가 가능한 사회를 도모할 수 있어야 한다.

이런 해방은 어떻게 가능해지는 것일까? 그 점에 관해 우리가 확실히 아는 게 하나 있다. 모른다는 것이다. 이 책에서 내가 강조한 것이 여기에도 적용된다. 그러나 또한 우리가 알 수 있고 도모할 수 있는 게 하나 있다. 좋은 사회를 어떻게 만드는지는 잘 모르지만 그런 사회를 '도모하는 기예'가 있다는 것을 안다. 그것은 민주주의, 협력, 신뢰, 존엄, 환대, 연대, 사회 등 다양한 이름으로 불렸다. 한 사람 한 사람이 자유롭기 위해 모두를 자유롭게 하는 사회를 도모하는 기예에 관해, '인류'는 오랜 시간 동안 여러 가지 지혜와 방법을 축적하고 전승하고 바꾸어왔다.

역사에는 이런 사회를 도모하는 기예를 착각해서 파국에 처한 집단이 무수히 많다. 그중 하나가 1960년대 말에서 1970년대 초반 일본의 전투적 학생운동이었던 전공투다. 일본의 전공투가 남긴 유명한 구호가 "연대를 구하기 위해 고립을 두려워하지 않는다."라는 것이다. 특히 도쿄대학생 같은 초엘리트 집단이 소외된 자들과의 연대를 추구하기 위해 엘리트집단 내부에서 고립되는 것을 두려워하지 않는다는 결의를 이렇게 '멋지게' 표현했다.

그러나 그 결과는 적군파 같은 테러리즘으로의 퇴폐적 후퇴였다. 당연한 귀결이다. 그들은 '연대'를 구한다고 말했지만, 사실상 그들이 탐닉한 것은 고립의 미학이었기 때문이다. 그들은 고립되면 될수록 자신들이 연대하고 있다는 착각에 빠졌다. 눈에 보이고 손을 마주 잡는 연대의 주체는 없었지만, 그들은 고립이 보이지 않는 추상체와의 연대의 결과라고 착각했다. 그리하여 더더욱 스스로를 고립시킨 결과 망하는 길로 접어들었다.

전공투의 저 구호는 다음과 같이 바뀔 때 비로소 의미를 가진다. '자존을 구하기 위해 연대를 두려워하지 않는다.'라고 말이다. 구해야 할 것이 자존이고 두려워하지 말아야 할 것이 연대다. 내가 해방되고 자유롭기 위해 연대를 두려워하지 않는 것이다. 내가 파괴될까 봐 연대를 두려워하는 태도로는 만인을 구원할 수도, 나 자신을 구원할 수도 없다. 그 자세로 구할 수 있는 것은 기껏해야 '고립'일 뿐이다. 이래서는 아무것도 도모할 수 없다.

그러므로 자기에 관한 앎과 마찬가지로 사회에 관해서도 안다고 착각하고 확신하는 사람들이 해방을 도모하는 것을 망친다. 버틀러의 말에서 착안한다면, 자유와 해방이 더 확장되는 것이 정말 자유와 해방의 전환이자 재편인지, 아니면 낡은 자유로 확장되며 포획되는 것인지 우리는 사전에 정확히 알 수가 없다. 그렇기 때문에 가능한 것을 시도하며 경계하는 것이다. 경계하지 않고 시도하거나 시도하지 않고 경계하는 것이 아니다. 사회에 관해서도 무지를 아는 것이 지혜로움이다. 무지에 관한 무지가 모든 것을 망친다. 반대로, 모르는 게 무엇인지를 아는 것이 우리를 지혜로운 자에서 지혜를 사랑하는 자로 이끌어, 자기와 세상을 가까스로 구원한다.

"그렇다면 요점은 이들 질문에 답을 내놓는 게 아니라 그 질문들에 열린 틈을 허용하는 것, 또한 그 질문들을 유지하는 동시에 어떤 민주주의든 그것이 자신의 미래에 대해 어떻게 무지해야 하는지를 보여주는 정치 담화를 환기하는 것이다."

— 주디스 버틀러 [71]

출처

01 이 표현은 나와 하지현 교수의 대담집인 《공부 중독》(위고, 2015)에서 하지현 교수가 쓴 것이다.

02 한나 아렌트, 김선욱 옮김, 《정치의 약속》, 푸른숲, 2007, 50쪽.

03 스피박 외, 태혜숙 옮김, 《서발턴은 말할 수 있는가?》, 그린비, 2013.

04 플라톤, 김주일·정준영 옮김, 《알키비아데스 I·II》, 이제이북스, 2014, 119쪽.

05 위의 책, 66쪽.

06 https://search.naver.com/search.naver?where=image&query=%EB%8C%80%ED%95%99%EC%A7%84%ED%95%99%EB%A5%A0%20%EB%B3%80%ED%99%94&nso=so%3Ar%2Ca%3Aall%2Cp%3Aall&ie=utf8&sm=tab_nmr#imgId=news0320002142138_2&vType=rollout

07 동아일보 1987년 8월 4일자 보도.

08 엄기호, 《이것은 왜 청춘이 아니란 말인가》, 푸른숲, 2010.

09 부정성에 관해서는 여러 학자가 말했다. 여기서는 바우만의 《쓰레기가 되는 삶들》(정일준 옮김, 새물결, 2008)에서 아이디어를 얻었다.

10 이반 일리치, 박홍규 옮김, 《학교 없는 사회》, 생각의나무, 2009.

11 민가영, 《신자유주의 시대 신빈곤층 십대 여성의 주체에 관한 연구》, 이화여대 박사학위논문, 2008.

12 존 듀이, 이홍우 옮김, 《민주주의와 교육》, 교육과학사, 1989, 219쪽.

13 위의 책, 222~224쪽.

14 민가영, 《신자유주의 시대 신빈곤층 십대 여성의 주체에 관한 연구》.

15 폴 윌리스, 김찬호·김영훈 옮김, 《학교와 계급 재생산》, 이매진, 2004.

16 조주은, 《현대 가족 이야기》, 이가서, 2004.

17 조한혜정, 《학교를 거부하는 아이, 아이를 거부하는 사회》, 또하나의문화, 1996, 141쪽.

18 위의 책, 140쪽

19 angttoa, 〈추억팔이툰〉 23화, 네이버 웹툰, 베스트도전. 필통 만들기는 12화에 나온다.

20 조한혜정, 《학교를 거부하는 아이, 아이를 거부하는 사회》, 197쪽.

21 위의 책, 197쪽.

22 조한혜정, 《왜, 지금, 청소년?》, 또하나의문화, 2002, 22쪽.

23 김홍중, 《마음의 사회학》, 문학동네, 2009.

24 http://www.hankookilbo.com/v/216f34a7a3fb47768672eb26327a7e7b

25 엄기호, 《교사도 학교가 두렵다》, 따비, 2013, 23쪽.

26 미국에서 나타난 이런 양육의 변화에 관해서는 로버트 D. 퍼트넘, 정태식 옮김, 《우리 아이들》(페이퍼로드, 2017)을 참조했다.

27 조주은, 《기획된 가족》, 서해문집, 2013.

28 한병철, 김태환 옮김, 《피로사회》, 문학과지성사, 2012.

29 좌절을 다루는 데 서투른 청소년/청년에 관한 이야기는 《공부 중독》의 공저자 하지현 교수에게서 듣고 나눈 이야기다.

30 만능감은 하지현 교수를 비롯해 여러 정신의학자들과 이야기를 나눌 때 반복적으로 나온 주제다. 이에 관한 책이 많이 있지만, 그중에서 가타다 다다미의 《철부지 사회 – 성장을 거부하는 사람들》(오근영 옮김, 이마, 2015)과 이에 관한 하지현 교수의 채널예스 칼럼(http://ch.yes24.com/Article/View/27589?Scode=050_002)을 참조하라. 이 책에서 이야기하는 한계를 받아들이는 것과 성장에 관한 이야기와도 연결된다.

31 마이클 톰슨 외, 김경숙 옮김, 《아이들의 숨겨진 삶》, 세종서적, 2003.

32 엄기호, 《교사도 학교가 두렵다》, 295쪽.

33 헤어프리트 뮌클러, 공진성 옮김, 《제국 – 평천하의 논리》, 책세상, 2015, 91~101쪽.

34 듀이, 《민주주의와 교육》, 74~82쪽.

35 이에 관해서는 많은 사람이 이야기했다. 대표적인 이가 50+인생학교 교장인 정광필 선생이다. 《시사인》, 2016년 450호.

36 곽숙철, 〈배운 사람이 아니라 배우는 사람이 되자〉, 《ㅍㅍㅅㅅ》, 2017년 2월 25일자.

37 엄기호·하지현, 《공부 중독》.

38 《공부 중독》에서도 이야기했지만, 이에 대해 한윤형은 '평균압'이라는 말로 탁월하게 표현했다.

39 한병철, 《피로사회》.

40 한나 아렌트, 《과거와 미래 사이》, 푸른숲, 2005, 263쪽.

41 이박혜경, 《신자유주의적 주부주체의 담론적 구성과 한국 중산층가족의 성격》, 이화여대

박사학위논문, 2008.

42 플라톤, 김주일·정준영 옮김,《알키비아데스 I·II》, 이제이북스, 2014, 117쪽; 신재길, "나를 돌보는 방법? 압구정 아니라 광장으로!", 한국철학사상연구회,《철학자의 서재 2》, 알렙, 2012, 81~90쪽.

43 마이클 거리언, 안진희 옮김,《소년의 심리학》, 위고, 2013, 77쪽.

44 아렌트,《정치의 약속》, 64쪽.

45 위의 책, 50쪽.

46 듀이,《민주주의와 교육》, 75쪽.

47 위의 책, 11쪽.

48 위의 책, 9쪽.

49 위의 책, 200~201, 227~229쪽.

50 위의 책, 200~201쪽.

51 위의 책, 204쪽.

52 위의 책, 205쪽.

53 김현경,《사람, 장소, 환대》, 문학과지성사, 2015.

54 엄훈,《학교 속의 문맹자들》, 우리교육, 2012, 29쪽.

55 듀이,《민주주의와 교육》, 199쪽.

56 서울시립직업체험센터,《비진학 청소년 실태조사연구》, 서울시여성가족정책실, 2014.

57 엄기호,《단속사회》, 창비, 2014.

58 미셸 푸코, 심세광 옮김,《주체의 해석학》, 동문선, 2007, 450쪽.

59 아렌트,《과거와 미래 사이》, 263쪽.

60 프란치스카 비어만, 김경연 옮김,《책 먹는 여우》, 김영사, 2001; 프란치스카 비어만, 송순섭 옮김,《책 먹는 여우와 이야기 도둑》, 김영사, 2015.

61 리처드 세넷, 김홍식 옮김,《장인》, 21세기북스, 2010.

62 푸코,《주체의 해석학》, 450쪽.

63 위의 책, 450쪽.

64 곽숙철,〈배운 사람이 아니라 배우는 사람이 되자〉.

65 아렌트,《정치의 약속》, 64쪽.

66 위의 책, 69쪽.

67 기 드보르, 이경숙 옮김,《스펙타클의 사회》, 현실문화연구, 1996.

68 피에르 부르디외, 최종철 옮김,《구별짓기》, 새물결, 2005.

69 푸코,《주체의 해석학》, 450쪽.

70 위의 책, 474쪽.

71 슬라보예 지젝, 주디스 버틀러, 어네스토 라클라우, 박미선·박대진 옮김,《우연성, 헤게모니, 보편성》, 도서출판b, 2009, 70쪽.

공부 공부

자기를 돌보는 방법을 어떻게 배울 것인가

지은이 엄기호
초판 1쇄 발행 2017년 7월 13일
초판 8쇄 발행 2023년 3월 10일

펴낸곳 도서출판 따비
펴낸이 박성경
편집 신수진, 차소영
디자인 박대성

출판등록 2009년 5월 4일 제2010-000256호
주소 서울시 마포구 월드컵로28길 6(성산동, 3층)
전화 02-326-3897
팩스 02-337-3897
메일 tabibooks@hotmail.com
인쇄·제본 영신사

엄기호 ⓒ 2017

ISBN 978-89-98439-36-1 03370
값 15,000원